# 寻·青浦

上海市青浦区农业农村委员会
上海市青浦区文化和旅游局 ◎ 编

上海人民出版社

# 序　言

党的十九大报告为我国农村未来发展指明了方向、确定了抓手，即实施乡村振兴战略，提出"产业兴旺、生态宜居、乡风文明、治理有效、生活富裕"的20字总方针。为贯彻党的十九大精神，上海市在2018年发布了《上海市乡村振兴战略实施方案（2018—2022年）》，全面推进"美丽家园""绿色田园"和"幸福乐园""三园"工程，让乡村成为上海现代化国际大都市的亮点和美丽上海的底色，为建成与迈向卓越全球城市相适应的现代化乡村奠定扎实基础。同时根据"坚定文化自信，推动社会主义文化繁荣兴盛"的要求，上海市出台了《全力打响"上海文化"品牌　加快建成国际文化大都市三年行动计划（2018—2020年）》，提出要充分用好红色文化、海派文化、江南文化资源，让内容生产精品迭出、文化活动精彩纷呈、文艺名家群星璀璨、文化地标绽放魅力。

作为"上海之源"的青浦区，历史悠久，人杰地灵，江南水乡文化、农耕文明特色浓郁。这里，氤氲着古今交融的气质，弥漫着鱼米之乡的风情。这里，唐宋诗词走出来的诗情画意，唤起人们心中对乡村的美好记忆。这里，正整装待发，从"上海之源"迈向"上海之门"。

自从青浦区委区政府明确将打造"长三角乡村振兴先行区"和"长三角江南文化示范区"纳入城市发展战略布局以来，青浦区农业农村委员会与青浦区文化和旅游局积极响应号召、勇担使命，从本土实际出发，挖掘资源优势、人文底蕴，描绘一幅"望得见水，看得见绿，记得住乡愁"的宜居画卷。在乡村振兴方面，着力于搭建集体经济发展、特色产业发展、城乡融合发展和农村综合帮扶四大平台，打好"特色牌"，写实"水"文章，尤其是依托美丽经济，释放"生态宜居+""乡土风情+""特色产业+"所发挥出的叠加效应，促进农业生产与生态的和谐共生，促进生态优势转化为发展优势，真正让青浦乡村既有"颜值"又有"温度"。在文化建设方面，明确构筑"一廊一轴三区"文化共建发展新格局，致力于将江南文化资源转化为城市发展资本，展示"上海之门"的良好形象，打响"上海文化"的金字招牌，既传承崧泽文化的古韵，又开拓新的文化传播载体和形式，乡村面貌焕然一新。

在青浦区农业农村委员会、青浦区文化和旅游局及东方广播中心路平工作室的统筹策划下，禾汇撰稿团队经过前期大量的资料搜集，实地采访调研及合理化论证，与60期精品系列短音频稿件配合，最终形成了44篇文稿，编撰成《寻·青浦》一书。以寻味、寻梦、寻根三个主题，分别涵盖农产品、业态融合、美丽乡村、经典文化、古镇遗址和文化表演与传播等内容。通过来自青浦的声音，带领读者踏上一场乡间青浦诗和远方的发现旅程，寻找青浦乡村的好味道、好风光，寻找文化万象、产业百态，寻找致力于"三农"事业的领军人物、优秀代表，寻找最真实、最质朴、最独特的乡村情怀，将青浦"三农"建设成果和青浦具有当代价值的文化精神传播开来，以飨读者。

谨以此书，向青浦这片广袤的农村田野上，农业一线生产者、美丽乡村建设者、产业融合先行者、非物质文化遗产传承者、文物保护工作者、文化盛事组织者——这支乡村振兴主力军，致以最崇高的敬意！

# 目　录

## 寻·根

# 寻·味 |

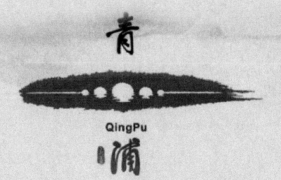

QingPu

似一抹丹青，积淀千年古韵；
似一座虹桥，传递内外交融；
似一片绿叶，勾画碧水江南；
似一字争先，书写崭新青浦。

# 青浦薄稻，粒粒清香

"绿波春浪满前陂，极目连云䅟稏肥。更被鹭鹚千点雪，破烟来入画屏飞。"这诗中的"䅟稏"便是古代水稻的别称。碧绿的池水连着一望无际的稻田，微风拂过，漾起一阵阵稻浪，一幅动态的江南水稻图在脑海浮现，令人心旷神怡。青浦是长三角地区著名的鱼米之乡，这片土地上产出的大米优质、安全、生态，从古至今都受到人们的青睐。近年来，青浦区的专业合作社在传承历史基因的基础上创建了多个富有特色的稻米优质品牌，为绿色青浦打造了一张张崭新的名片。

## 一把稻谷带来千年文明

稻米的文化源远流长，水稻栽培起源于中国，后来逐渐传播到世界各地。稻米与青浦的渊源要从长江下游的另一种文化——马家浜文化说起。几千年前，马家浜地区的先民来到上海青浦崧泽地区，他们在这里挖水井、种稻谷、打猎捕鱼、繁衍生息，他们将稻谷带进了上海，也为上海带来了千年的农耕文明。1961年，在崧泽遗址发现的人工培植稻谷被称为"上海第一稻"，崧泽人也成了上海最早的先民，创造了灿烂的文化。

在稻作文化发达的青浦地区，人们自然也充分利用了这里的原料优势，制作出许多独具青浦特色的吃食。食物美味，技艺更是独具匠心，在明朝期间就有记载的练塘"熯糕"便是代表之一。熯糕中的"熯"，表示装米入甑，形象地表现了做糕过程：将以糯米粉为原料搭配上薄稻米、红曲米、紫米米粉制成的彩色溲粉装模，填馅，盖粉，脱模，最后上笼蒸熟。制作熯糕，原料的选择十分重要，只有经过筛选的优质米粉才能做出色泽鲜艳、软糯香甜的一方米糕。青浦区的熯糕选用本地优质薄稻米，不仅能让糕粉"溲"得好，蒸熟脱模时也不易沾模，还能闻到浓郁的米香味儿。刚出炉的煮糕热气腾腾，象征着温暖的家庭氛围。作为上海的传统味道，这种寓意为"年年高"的"方糕"是青浦很多农村人家不可或缺的年味。

上海地区的水稻生产在唐朝末年代表了当时国内粮食生产的最高水平。而朱家角是有名的江南米市，米农们都愿意把自家的米运到这里来卖。这要得益于朱家角得天独厚的地理条件，贯穿朱家角镇的漕港河，西通太湖、东达上海，是运粮的交通要道。两百年前的漕港河，每天要运送上千万石的粮食。清末民初时，朱家角的商业繁荣程度已位列青浦县之首，成了周围乡村的农副产品集散地，镇上的店铺多达千余家，素有"三泾（朱泾、枫泾、泗泾）不如一角"的美誉。朱家角米业在民国进入鼎盛时期，这里生产的青角薄稻，在上海米市独占鳌头，远销京城海外。每年新谷登场，朱家角就成了当时长三角地区的米业"信息枢纽"，苏浙沪的商家都竞相摇船来看这里的米市牌价。

满载着千年传承的农耕文明，青浦农民们不断开拓新思路，一方面继续保留传统的优质水稻基因，另一方面向现代农业聚集，建立专门的合作社，开发绿色生态种植技术，打造优质品牌。目前，青浦区已有上海优禾谷农产品专业合作社、上海青角稻米专业合作社、上海西翼农业合作社、上海自在青西农业发展有限公司、青浦静逸稻米专业合作社等经营组织，为绿色农业的发展不断贡献力量。

## 生态种植成就绿色产品

"希望自己的产品传递给消费者的，是小时候的味道"，这是上海优禾谷农产品专业合作社（以下简称优禾谷合作社）"80后"农场主丁晓欢最大的心愿。曾经的他是研究基金、信托的金融精英，每天西装革履、进出高级写字楼，在父亲刚成立农村合作社时认为种地远比不上"高大上"的金融。初为人父，食品安全问题始终让丁晓欢放心不下，尤其是每天都要吃的米饭，如果水稻种植这个源头出现了问题，何谈质量与放心？认识到水稻种植的重要性后，丁晓欢回到老家青浦区练塘镇，从父亲的手中接过了农业的接力棒。丁晓欢说："民以食为天，米又是五谷之首，大米的质量安全问题关系到我们每个人的健康，是一件非常重要的事情，我是新型职业农民，是农产品质量安全的先行军，保障农产品质量安全是我们的义务，我们的信心来自我们产品的力量。"在金融圈打拼多年的丁晓欢深刻地知道市场的重要性，要使自己合作社生产的产品能够在市场的激烈竞争中

青浦薄稻米

脱颖而出，必须得"自身硬"。因此，丁晓欢在传统农业种植的基础上积极应用新技术，追求更好品质的稻米。

练塘镇地处太浦河上游，地势低洼、水质优良、水网密布，这里土地肥沃，有着上海地区种植水稻最好的土壤之一——青紫泥，加上稻种优良，"好水好土好种"的完美搭配孕育出茁壮饱满的水稻，进而生产出优质的青浦薄稻米。作为中国第一代绿色农业的农场主，丁晓欢更注重都市现代绿色农业的探索和创新，让更多的人吃上放心、健康的好大米。2017 年，丁晓欢开展了"鳖稻共生"的种稻养殖模式。水稻田里养了甲鱼，所以在种植水稻过程中肯定不能用农药，甲鱼的粪便又是天然

丁晓欢接受采访

的有机肥，由此生长的稻谷米质优良，也不残留农药，完全绿色生态。绿色生态种植模式保障了每一粒稻米的健康、营养、安全，其品质明显优于传统方式种植的水稻所生产的大米。优禾谷合作社的薄稻米黏性适中，吃起来软、糯、松、香，营养丰富，以其绝佳的品质享誉大江南北。

近年来，青浦区的稻米种植始终围绕着绿色和有机不断发展，引进新模式从而减少化肥农药的使用，不但提高了大米的品质，还使生态环境得到了保护。在此过程中，涌现出多种生态共生模式，如"鳖稻米""蛙稻米""鸭稻米"等。这些大米品质都极佳，米粒饱满、色泽油亮，口感软糯、回味绵长，深受人们喜爱。满载着对这片土地的热爱之情，青浦的米农们力求生产安全的、品质过关的大米，不仅做到色香味俱全，更要让老百姓买得放心、吃得安心。

## 机农一体做好稻米服务

在粮食实行机械化烘干以前，以往每到收获的季节，农民们收获粮食之后的传统做法就是直接晾晒。粮食自然晾晒固然成本低、操作简单，但同时也需要较大的晾晒场地以及较长的时间与一定的人力。特别是上海地区，湿度较大，有时候在粮食连年丰收的形势下，却因连绵阴雨等天气问题导致粮食受潮霉变，给农民带来相当大的经济损失。例如青浦有名的"蛙稻米"，它虽拥有大面积的土地种植，但稻米烘干问题却一直困扰着种植稻米的农户。随着规模化种植扩大，收获后的粮食烘干、清理及代储等需求也日益突出。

上海青角稻米专业合作社是粮食一体化经营发展的粮食专业合作社，主要从事粮食种植、粮食烘干、粮食仓储、大米加工等工作。社长巢庭芳19岁进入青浦粮食局，无论是成立上海青角稻米专业合作社，创建"青角薄稻香"品牌，还是成立上海青西粮食烘干中心，将粮食烘干服务从合作社内部一步步扩大到整个市场，巢庭芳一直致力于农业粮食营销。在粮食烘干中心，一排排烘干设备整齐罗列，在一旁"待命"的稻米堆成一座座小山，大卡车正在倾倒刚刚收集的大米，整个场景繁忙又井然有序。合作社的稻米包装车间内弥漫着大米的清香，车间里堆满了各式各样精心包装的大米产品，工人们忙着包装，一派丰收忙碌的景象。

**巢庭芳接受采访**

稻米具有季节性生产、集中收购、常年消费的特点，生产和消费不论在时间上还是在空间上都存在一段间隔，在产地和销地必然需要进行商品的储存，进而形成储藏文化。中国稻米储藏文化历史悠久，考古已发现了汉代地上粮仓。《史记・太史公自序》就有"夫春生、夏长、秋收、冬藏，此天道之大经也"的论述。这种储藏既是保质保鲜、防霉防变的需要，也是保证常年供应所必需。这个占地面积80多亩的粮食烘干中心拥有1.8万吨的仓储能力，还能为其他的合作社和农户提供仓储服务。粮食烘干以后农户可以自行带回去保管，也可以由烘干中心代为储藏。巢庭芳为农户们增建了专门的仓库以便于对粮食进行保管，等到需要的时候再拿出来加工。这样既节约了土地、人工成本，还保证了粮食的品质，为种粮农户彻底解决了粮食霉变、稻米水分不达标的问题。与此同时也保障了食品安全，使得粮食的品相更佳，更利于粮食的进一步销售。巢庭芳不仅是对自家收购、仓储能力有信心，更是因为随着青浦打造"淀湖源味"全品类农产品区域公用品牌，稻米有了统一的准入标准，品质更有保障，他对其他合作社和农户种植的稻谷也充满着信心。

除了巢庭芳家的大米加工储藏服务，上海馨祥农机专业合作社的耕、种、收全程一体化服务也受到众多农民的青睐。社长怀晓华是土生土长的青浦人，从小就跟

自走式植保机示范

水源湖牌大米

着父母在田间，看着农户们辛勤劳作。作为"80后"青年，他对新兴技术接受得很快，当发现很多农村的机械化程度不够，许多老年人不懂如何机械化收割时，怀晓华决定回归农田。2012年年底，25岁的他继承父业，创办了上海馨祥农机专业合作社，吸纳本村20多户农户加盟，成为当时沪郊最年轻的合作社理事长。

大米从种植到加工流程较多，怀晓华从中发现了商机。怀晓华认为现代农业生产一定要搞好"机农一体化"，他心中稻米服务的理想，是"农民只要管好自己的地，不要让草长出来。耕地、收割、插秧、运输、烘干，我帮你全干了"。为此，他不仅向老农请教传统的种稻知识，还上网学习现代农业科学技术。合作社里的现代农业机械一应俱全，拖拉机、收割机、直播机、施肥机、烘干机、种子催芽机等，在此基础上，怀晓华自己熟练掌握了各类农机的驾驶技能，还经常组织社员参加区、镇的农机操作安全培训。经过不断努力，合作社逐渐形成现代机械播种、收割、烘干、碾米、包装等一条龙服务流水线，根据周边农户的不同需求为他们提供服务，大大提高了大米生产的效率。

## 品鉴活动吹响优质号角

大米好不好当然是消费者说了算，只有让他们亲自品尝，这"优质"的标签才能贴得牢固。为了向市民们展示青浦的稻米，青浦区农业农村委员会从 2012 年开始，每年举办一次"青浦薄稻米品鉴会"，邀请专家和市民一起品评各个品牌的青浦薄稻米，到 2018 年为止已经连续举办了七届。品鉴会也从最初单一的稻米种植技术和产品评比，扩展为集种植技术评比、品牌推广、优质农产品宣传销售、乡村旅游推介等为一体的综合性展会。

最近一次以"百年嘉禾、青浦薄稻"为主题的第七届"青浦薄稻米品鉴会"，于 2018 年 12 月 8 日在朱家角镇张马村举办，来自青浦本地的 20 种大米品牌齐齐亮相，竞相展开角逐。20 个电饭煲一同打开，现场顿时饭香扑鼻。面对锅中粒粒饱满的米饭，食客们排着长队逐个品尝，被这些晶莹剔透、香甜软糯的薄稻米所征服。每位市民通过"看、闻、品、比"四道环节，完成整个品鉴过程，评选出自己喜欢的大米品牌，并在记分牌上贴上选票。大家吃得津津有味，连连称赞，竟不知道该选哪个好。随着"青浦薄稻米品鉴会"活动的规模一年比一年大，参加评比的合作社越来越重视每年的年终"大考"，很多家合作社都积极培育优质稻米品种。因此，青浦的大米整体质量都很高，都具有口感软糯、爽滑，气味清香，品相完整等特征。品鉴会如同吹响了优质的号角，让青浦的大米以此为目标向前"冲锋"。最终上海优禾谷农产品专业合作社推选的"沪软 1212"荣获金奖，为上海实施乡村振兴战略呈现了青浦样本。

为了更好展示青浦区优质农产品，传播青浦的农耕文明，品鉴会之后还有青浦农耕文化表演、农耕文化体验、民俗项目体验等活动，让市民们体验、玩乐，从这些趣味活动中感受青浦的独特魅力与风采，一派"稻花香里说丰年"的和乐景象。

通过声音，更了解绿色青浦

# 百年匠心，赵家香干

做生意的人经常会开玩笑说：做豆子，怎么都赔不了。豆子加水磨豆浆，豆浆卖不掉点豆腐，豆腐还可以压成豆干，不小心放坏了还能变成臭豆腐……小小的玩笑中，蕴含着中国人善于利用食材的智慧。豆制品的制作工艺在中国已有几百年或上千年的历史，不仅种类繁多，各地豆制品的特色也各有不同。比如一提到臭豆腐，大家就想到湖南。可要说到豆腐干，那就必定要谈谈青浦赵家豆腐店了。

## 悠久的历史，波折的经历

众所周知，青浦位于上海的西面，而在青浦的最西端，是一个名为"金泽"的小镇。这个已有千年历史的小镇，用自己的水和土滋养了一代又一代的金泽人，他们靠着大自然的馈赠、自己的聪慧与辛劳创造出一个又一个的名优产品，让本地人越来越骄傲，也让越来越多的外地人认识这里，爱上这里。

"您知道这里卖豆腐干的店在哪吗？"

"赵家豆腐店是哦？侬就这样走……"不用提名字，也不用说自己要干什么，只要在金泽提起"豆腐干"，当地人都会给你指向赵家豆腐店的方向，这就是赵家豆腐店在当地人心中的分量。自 1894 年开店起，赵家豆腐店在金泽已经有了一百多年的历史。当地人以此为傲，外地人则冲着"赵家"的名声纷至沓来。

然而，来往赵家豆腐店的顾客都知道在上海他们家豆制品的味道和口感是一绝，却很少有人知道这百年的历史并非一帆风顺，而是在三代人手中慢慢成为我们今天所知道的"赵家豆腐店"。

一百多年前，金泽镇上一个叫赵端身的人在自己的家门口开了一家前店后工场

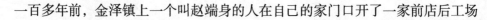

的豆腐店，取名为"赵洽昌豆腐店"，要的是一个"融洽、昌盛"之意。为了让自己家的产品更符合顾客的口味，得到大家的青睐，掌门人赵端身一边辛勤经营店铺，一边用心钻研各种豆制品的产品配方和加工技术。除了熟练掌握豆制品的常规技艺，赵端身还发明了一套独特的制作秘籍，即用桂皮、盐冰糖、豆瓣曲、酱油等调配出卤料，连同新鲜脱箱的豆腐干一起放入铁锅按时辰用文火烧煮。这种经特殊工艺处理过的豆腐干，被称作金泽黑豆腐干，也是最初版本的赵家豆腐干。因其细腻柔韧的口感，鲜咸适中的滋味，一经推出便在苏浙沪交界处方圆百里内小有名气。正如店名中所蕴含的寓意，在店主赵端身的精心经营之下，"赵洽昌豆腐店"在周围乡亲们的口口相传中慢慢昌盛起来，在周边城镇也颇具盛名。

时间到了 20 世纪 30 年代末，随着创始人赵端身的年纪一天天变大，赵家豆腐店的生意逐渐传到了儿子赵国屏手中。虽然有父亲经营的基础在，但赵国屏对待自家生意也是丝毫不敢懈怠，每天起早贪黑，跟着父亲学手艺。同时随着自家豆腐店的名声越做越响，在父亲的基础上他扩大了生产规模，豆腐作坊的生意越来越红火，获得了当地百姓、还有同行业经营者的称赞。这样的境况一直延续到了新中国成立后的 1956 年，随着社会主义改造的进行，赵家豆腐店和镇上其他 10 多家豆腐店一同参加了合作化的运营运动，合并成了一家集体性质的金泽豆腐店。一开始，

**赵善徕接受采访**

赵国屏依旧负责配方、点卤等技术性工作，后来由于一些原因，赵国屏不再磨浆点卤，赵家豆腐店在此暂时中断经营，金泽的小镇上再也闻不到赵家豆腐的香味。

就这样到了 1978 年，创始人赵端身的孙子，也就是如今赵家豆腐店的掌门人赵善徕结束了自己在新疆阿克苏垦荒的人生经历，携妻儿回到了家乡金泽镇。和自己土生土长的家乡阔别多年，赵善徕对家乡更是比别人多出了一种独特的情感，在家乡干一番事业，为金泽镇的建设添砖加瓦的想法在他心里扎了根。1982 年，在改革开放春风的沐浴下，他动了子承父业的念头，叔叔也劝他为什么不把赵家豆腐店再开起来，把赵家香干的这门手艺继续传承下去。可是父亲不想让他重操旧业，做又苦又累的豆腐生意，所以态度漠然。然而，赵善徕却对此孜孜不倦，他找到曾在父亲店里做过帮工，又在浙江嘉善经营豆腐作坊的师傅，认真拜师学艺，并在学成后靠 3 只煤炉、3 口 40 寸的铁锅和 200 元压箱底的救命钱，办起了青浦金泽赵家豆腐店。当昔日的豆腐香味重新在金泽镇荡漾开来时，老一辈的金泽人都说："呦，赵家豆腐又回来喽。"从此，赵善徕夫妻俩不管严寒酷暑，风雨雷电，日复一日、年复一年地在"半夜挑灯去磨坊，清早挑担上市场"的日子里打拼，赵家豆制品再一次受到了城乡老少居民的喜爱。

## 匠人传承的精神，持续创新的活力

豆腐店的名声是从父亲和爷爷手中传承下来的，现如今的掌门人赵善徕生怕自己一不小心就砸掉自己家的老招牌，辜负爷爷和父亲多年来的苦心经营。

众所周知，中国是大豆的故乡，栽培大豆在我国已有五千年的历史。"中原有菽，庶民采之。采菽采菽，筐之筥之。七月烹葵及菽。"西周至春秋时期，人们把大豆（即菽）当作主要食粮。但聪明的中国古人总能从简单的食材中发挥无限的创造力，于是各种各样的豆制品被发明出来。可无论是豆腐干、豆腐丝，还是腐竹、豆芽菜，豆制品的唯一原材料就是黄豆。原材料黄豆的品质好不好，将直接影响到豆制品的成色与味道。

"和一心赚钱的豆腐店不一样，我选用的黄豆产品，质量一定要过关。"每次谈到自家豆腐，赵善徕全身都散发着自豪感。一方面是百年传承的技艺带来的自信，另一方面更是来源于对自家产品的骄傲。

制作一份豆腐干要经过多重步骤。首先作为原材料的黄豆要拣去泥沙杂质，再经过浸泡、水磨、煮浆、打浆、压制、除味，接着撩白、吹干，然后点卤、下卤，再烧 5 个小时后才做成豆干。这一道道工序，处处都是讲究。尤其是下卤的老嫩控制，更是只可意会不可言传，这也是赵家手艺流传至今的重要法宝之一。

制作中的赵家豆腐

"我每天厂子都要进去，豆干都亲自炸的，所以做得好，有嚼劲，细腻，吃了之后还想要吃的。"从创始人赵端身那里再到赵善徕手中，赵家豆腐店已经历经了三代人，但三代人始终只坚守一家铺子，虽然铺子的规模在不断扩大，但百年来生产的也只有豆干、茶豆干、油泡、素鸡等几种产品，并且从不增开分店。在赵善徕眼里，自己做老板，做的东西自己要能全部掌握，好的东西宁可做得少，但不能做烂掉，不能砸掉自己家的金字招牌。

虽说赵家豆腐店声名远扬，但当真正到了店家门口，你也许会有些许失望，这里没有什么大的招牌，也没有气势恢宏的工场，豆腐制作厂的样子跟它"响当当"的名号比起来简直是不太配套。有的只是门口用红色油漆书写的"金泽赵家豆腐店"七个大字，而对赵家豆腐来说，有个能让人找到的标志已经足矣，外表再光鲜亮丽都不如一口让人难以忘怀的味觉体验，这就是赵善徕也是赵家豆腐店一直以来所秉持的匠人精神。

除了继承父亲和爷爷的老技术，对于赵家豆腐店，与时俱进也是十分重要的理念，匠人的传承不是照抄照搬，而是要能取其精华去其糟粕。"现在跟以前不一样啦，以前没什么好吃的，现在大家的口味都越来越刁钻，不变不行的。"为了满足现代人的消费口味，他大胆放弃了沿用百年香干口味和着色比较重的桂皮的工艺，选用八角、丁香、姜片、香果等八味中草药，佐以味精和盐来调制卤料。同时，还在操作工序上进行探索与改进，经过半年多的反复试验、探索，终于制出了品质更细腻、咀嚼更有味、更符合现代人口味的香干。

## 品牌助力声名远播

赵家豆腐店不太起眼的门面上，唯有一个招牌格外引人瞩目，它挂在赵善徕办公室的门口，上面写着"中华老字号——会员单位"。老字号是数百年商业和手工业竞争中留下的极品，是有鲜明中华民族传统文化背景和深厚文化底蕴，有社会广泛认同的品牌。生产经营豆制品的豆腐店在中国成千上万，但是中华老字号只有赵家一家。

如果说爷爷和父亲辈赵家豆腐店的名声靠的是邻里亲戚们的口口相传，那么如今赵家豆腐店的名字能够响彻全国甚至走出国门，不得不说是现今豆腐店掌门人赵善徕的功劳。虽说豆腐干食用简单，营养丰富，受到了广大百姓的喜爱，但作为一种普遍存在、价格低廉的食品来说，很难与那些食材名贵、造型精美的菜品相比而登上大雅之堂，更别说走出国门，走向外国领导人的餐桌。然而这一切都在赵善徕手中一一实现。2001年10月上海亚太经合组织会议期间，赵家豆腐干作为上海土特产被赠予各国领导人品尝，并受到了一致称赞，连美国前国务卿希拉里品尝过后都要竖起大拇指。

在赵家豆腐干走出上海走向国际的道路上，赵善徕的品牌意识发挥了巨大作用。早在1996年，赵善徕就给自家豆干注册了"瑞兰牌商标"，并带着它不断出现在大众视野中。1999年中华人民共和国成立50周年大庆期间，赵家豆腐干赴京参加了中国国际食品博览会和中国国际农业博览会。两天内，赵善徕带去的几千袋真空包装的"赵家香干"被抢售一空。2000年5月，"赵家香干"荣获上海农委（现"上海市农业农村委"，下同）组织评选的"沪郊百宝"称号。2007年被评为国家质量合格信得过产品，经中国商业联合会、中华老字号工作委员会审核评定，有着百年历史的赵家豆腐店被评定为"中华老字号"，多次参加在上海展览中心举办的农产品大联展。如今，他又加入青浦区公用品牌"淀湖源味"，以谋求更好的发展。

除了精心钻研自家产品，赵家豆腐店还延续着创始人赵端身时期就一直在做的公益事业，勇于担当社会责任，长期资助贫困群体。在赵善徕的办公室里，四面墙上红闪闪的都是他所资助的人或集体赠送的锦旗，形成了一道亮丽的风景。

在上海农展馆举办的历届农副产品展览会上，拥有"瑞兰"品牌注册商标和"中华老字号"美名的赵家豆腐干总是很快销售一空。来青浦游玩、出差的各地旅客，在回家时都会带上几盒赵家香干给家人品尝。赵家豆腐店历经百年，无论是哪一代掌门人都深深知道品质和味道的重要性。他们知道时代在不断变化，但不变的是自己的匠人精神与品质。

通过声音，更了解绿色青浦

# 莓生白鹤，飘香千里

"幽幽雅雅若卿卿，碧玉嫣红百媚生。不羡高枝犹自爱，春风吹处果盈盈。"说的是草莓颜色熏红，低处生长不卑不亢，果肉香甜。素有"水果皇后"之称的草莓，营养丰富、滋味甘甜，受到广大人群的喜爱。

上海青浦白鹤镇，草莓成了当地的一张烫金名片，拥有"上海草莓看青浦，青浦草莓数白鹤"的美誉。白鹤镇的草莓产业是上海农业发展的重点，入选了上海市"十三五"现代农业规划中提出的十大特色经济作物产业园区。

## 先手"吃螃蟹"，敢为天下先

白鹤镇曾被评为"中国草莓之乡"，草莓美名远播中外。这里的草莓光泽艳丽、果型整齐、口感香甜，与其得天独厚的地理位置息息相关，其中水资源的作用更是不可忽略。白鹤镇属太湖流域下游，太浦河水系，位处青浦的北大门，坐拥吴淞江两岸58平方公里沃土。地处北纬31度左右，气候温和湿润，雨水充沛，四季分明，昼夜温差较大，土壤肥沃、有机质含量高、透气性好，酸碱度在5.6—6.8，与世界知名草莓产区的环境相似，是培育草莓的天然好地方。

一方水土养一方人，浩瀚奔腾的吴淞江，滋润了白鹤这片美丽的土地，也造就了白鹤人民包容开放、勤勉务实、勇敢无畏的文化秉性。

其中就要属白鹤镇村民张志诚最先吹响自己的农业发展道路新号角。据《赵屯志》记载，改革开放之初，也就是1979年秋，赵屯公社梅桥村村民张志诚敢为人先，敢想敢做，率先从上海农科院引进6棵"宝交早生"草莓种苗，自此拉开了白鹤草莓生产的序幕。

当时，草莓还是比较稀罕的东西，难得宾馆里招待贵宾用的草莓也大多是从国外用飞机运过来的。很多人调侃他拿回来的草莓苗像癞蛤蟆叶，种在路边连挑野菜的都不要！但张志诚却把它当成是"金钱草"，隔三岔五就往上海农科院园艺所跑，向农业专家请教草莓种植的方式和管理技术，并按照要求，细心施肥、除草、松土，可宝贝这些草莓苗了。然而，一整个冬天过去了，草莓苗仿佛睡着了一样毫无变化，这着实让张志诚心里捏了一把汗。时间一点一点过去了，张志诚心里越来越不是滋味。

直到立春之后，草莓苗开始萌动，经过几场春雨的滋润，竟开出了白色的小伞花。张志诚心里也乐开了花，觉得勤勉付出总是能有些收获的。村上之前质疑张志诚的村民也都常常来围观，猜想这小花究竟能结出什么样的果实。眼瞅着伞花凋谢，花茎上留下一个小小的绿色圆球，接着圆球膨大，长成滚圆中间微凹的青灰色果子。一个月后，果实开始泛红，逐渐成为鲜艳的红果子。

张志诚小心翼翼地采下 20 多粒成熟的草莓，送给村民尝鲜。小小草莓入口即化，甜中略带酸味的口感顿时征服了所有人。

这 6 棵草莓种苗便成了"星星之火"，大有燎原之势。1983 年秋天，赵屯公社全面推行家庭承包责任制，实行分田到户。农民种草莓有了自主权，干劲更是空前高涨。当时每 500 克草莓售价在 2 元左右，同期种植的小麦每 500 克仅 0.2 元，两者相比相差 10 倍，种植草莓具有广阔的前景。1985 年，赵屯乡农业公司与上海农科院建立协作关系，研究推广草莓栽培技术，并引进了一批"宝交早生""美国 6 号"草莓秧苗，试验种植 1.95 亩。次年，逐步向全乡推广、普及。

**白鹤草莓**

1993 年以来，赵屯地区出现了"户户种植、人人参与"的局面，每年的种植面积在 6000 亩左右，年产量达 7000—8000 吨。2004 年，随着赵屯镇和白鹤镇的合并，青浦的草莓基地不断扩大规模。在 2009 年 1 月，"赵屯桥"商标被评为"上海市著名商标"，成为青浦区种植业中的首家。

如今，白鹤镇草莓种植面积稳定在 6500 亩左右，年产量约 12000 吨，年产值约 16250 万元，是当地农民主要的收入来源，成为了远近闻名的"中国草莓之乡"。

## 引进新技术，唱响新时代

白鹤镇引进草莓种植头几年采用露地栽培，当年水稻收割后移栽，春天开花结果。初夏时，草莓进入成熟集中期。但由于气温高，新鲜草莓极易脱皮出水，损耗大，再加上人工成本高，莓农们的收入并不乐观。

后来，莓农们推广草莓设施栽培，引进草莓新品种，移栽时间提前到 9 月，成熟季也相应提前到了冬春，避免了高温难保鲜的困境。聪明的莓农们又在土地上支起钢管棚架，覆上塑料膜和地膜，既提高了草莓生长环境的温度，有效解决冬季减产的问题，又方便了管理和采摘。春天经过整叶修养，草莓在 4 月还能成熟一茬，极大提高了草莓的产量和莓农的收入。产量提高了，收入上去了，莓农们也比以前更加辛苦了。家家户户分散经营，勤劳的莓农们每天弓着身子，匍匐在田间地头，一年四季管理施肥不曾停歇。

而今，随着农业技术的进一步发展，白鹤草莓产业开始采用合作社的种植模式，革新种植技术，走向规模化、集约化的发展道路。在专门的草莓产业园区，一排排优质脱毒草莓苗悬挂在半空中，沿着立架直立生长，养分却并非由土壤供应。用椰糠、草炭、珍珠岩作为草莓生长的基质，灌溉已经过三道过滤的雨水，铺设地布，降低地表空气湿度。同时安装保温棉被抵御冷空气，并用两道薄膜保温，充分提高了温室温度，营造了温暖的草莓生长环境。

"将草莓与土壤隔离开来，可使种苗干净且不携带病菌与病虫害。"运营方上海孰美农业投资有限公司总经理唐军明如是解释道。他说，虽然看上去只是简单地把草莓从匍匐在地上生长转变为沿着立架直立生长，但其背后支撑的是一整套现代化农业科技。"草莓生长期间采用以虫治虫、以菌治菌的生态学植物保护方式，灌溉、肥水等方面都实现计算机控制，做到定时定量，在草莓不同的生长阶段，程序上也会及时调整。"

　　除了改进草莓的栽培技术，在种苗的选择上也是能够赢得市场的一大秘诀。参赛以来年年都是"中国精品草莓金奖"得主的绿延有机农产品合作社的社长蒋萍表示，仅仅只把草莓种好还不能完全从市场中脱颖而出，不能让草莓输在"起跑线"上成为了她制胜的秘诀。合作社组建强大的技术团队，包括引进台湾地区的专家、博士，自己培育草莓种苗，反复不断地试验，以达到更好的口感；此外，合作社还建立了标准化的精致农业生产模式，所有产品档案都可查、可追溯，最终培育出以"点耕红颜"为代表的高品质产品。白鹤镇的草莓之所以能够受到市场的青睐，除了口感好之外，最重要的是安心，为此白鹤镇采用了精细化管理。草莓成熟之后，管理者会随机抽样检测，如有任何安全问题整批草莓都不会被允许上市销售。

**红颜草莓**

　　此外，日常农事活动也采用规范化、体系化管理。白鹤莓农们每天晚上必做的事情便是打开电脑软件，登录农业云信息化管理平台，进入农产品质量安全溯源管理系统，记录下一整天的农事操作。自2016年6月起，这套田间档案管理系统就已经在白鹤草莓种植户间推行，目前基本实现莓农全覆盖。

"有了这套系统，农业服务中心能够第一时间掌握各合作社的生产动态，以便监督与指导。"服务中心负责人说。此外，所有对外出售的草莓，都要先有一个"身份证"，草莓上贴有二维码，扫描之后即可进入安全系统，清晰地追溯生产过程及来源，做到"一莓一责任"。

新时代下，白鹤镇草莓产业并不限于规模化、集约化，他们对品牌化、标准化发展同样重视。2017年12月，白鹤镇向中国农业部申报"白鹤草莓"农产品地理标志登记。2018年，申报通过。国家农业部农产品地理标志的成功认证，从产品品质特色、产地环境、生产方式、人文历史、产品知名度、产业发展前景等六方面对白鹤草莓给予了极大认可，进一步提升了品牌实力。

## 草莓情更浓，乡村美又富

白鹤镇的草莓已经不仅限于农作物本身，对于青浦人民来说，白鹤草莓更是一种精神归属。火红的草莓里孕育着绿色的希望，健康的美味更要感谢大自然的馈赠，品草莓、赏美景，已经成为当地一种特色文化，成为青浦人民生活的一部分。甚至将乡土特色与学校教育联系了起来，将"草莓种植"设置成了赵屯小学的校编课程。

每年3月，莓红花香，"白鹤草莓文化节"如约而至，大批游客千里迢迢慕名而来，亲身体验草莓采摘的田园乐趣，品尝这一口清酸微甜的初春口感。草莓文化节上，各种草莓制作的食物，如草莓饮料、草莓蛋糕、草莓冰淇淋等，精选最新鲜优质的草莓，经过各种奇妙的搭配，奉上一场草莓的饕餮盛宴，让人食指大动。此外，含有草莓制品的汉堡、奶昔、薯条、松饼、鸡尾酒等，也为游客提供了难得一尝的机会。

精致的草莓周边产品，如草莓手链、帽子、折扇、绘画等文创产品琳琅满目，让人沉浸在草莓的甜蜜诱惑之中，感受独属于草莓的文化。更有草莓展馆、草莓摄影大赛、草莓健身徒步、草莓种植技术交流会等活动帮助人们深入了解草莓文化。

红颜、章姬、白雪公主、桃熏、丰香、鬼怒甘、圣诞红、新屯一号、女峰、丽红等一大批国内外优质品种落户白鹤，游客们在观光同时可以品尝到异域的草莓风味。

近年来，市郊种植草莓的地方越来越多，为了在竞争中获得先发优势，很多地方从冬天便开始争相举办草莓节了。冬日虽然是草莓第一茬成熟的季节，但白鹤镇为了确保草莓的品质，维护"白鹤草莓"蕴含的品牌价值，坚持在春暖花开的3月才举办草莓节，足见白鹤人民对于自家草莓的珍视与宠爱。

为了供应上市场所需的草莓，合作社不再是自己生产自己的，还带动周边农户一起生产，由合作社提供平台，让周围农民一起赚钱，只要品质好，销路不用愁，走起了"抱团"打造白鹤草莓品牌的道路。再加上青浦区农业农村委员会搭建的"淀湖源味"农产品区域公用品牌的助力，统一品牌打造起来了，草莓特色产品销售平台也拓展起来了。莓农们更是抓住了国家农产品地理标志登记的机遇，在全镇范围内组织合作社开展"白鹤草莓"统一标准、统一标识、统一包装销售，再次打响、打亮"白鹤草莓"品牌。

正是因为用心种植白鹤草莓，用情举办草莓文化节，管理科学化，宣传多样化，销售品牌化，白鹤草莓才被越来越多的人熟悉与认可。在此基础之上，当地的人文、农业和旅游资源也得到极大挖掘，成功带动经济发展，实现乡村振兴，形成农业强、农村美、农民富的新局面。

日啖草莓三百颗，不辞长作白鹤人。小小的一颗草莓，也要用匠心来对待。白鹤草莓的全面发展为青浦"淀湖源味"农产品区域公用品牌的建设增添了浓墨重彩的一笔，也为乡村振兴探索了一条文化兴盛之路、质量兴农之路、绿色发展之路、共同富裕之路。

通过声音，更了解绿色青浦

# 种猕猴桃，走创业路

"其形如梨，其色如桃，而猕猴喜食，故有诸名。闽人呼为阳桃。"这是李时珍在《本草纲目》中对猕猴桃的记载。"其色如桃"？是否李时珍记错了？因为常见的猕猴桃果肉是绿色或黄色，外表如带毛的土豆，无论如何和桃子不沾边。但是青浦练塘上海土莱喜农产品专业合作社引进的猕猴桃品种真的可称得上"其色如桃"，因为这里的猕猴桃是中国本土育种栽培的红心猕猴桃。不但"其色如桃"，口味更是鲜甜多汁、软糯丰富。

## 要想养好果，技术支撑是基础

青浦区是上海市农产品主要产区，有很多耳熟能详的产品——白鹤的草莓、赵巷的枇杷、练塘的茭白等，但引进稀有珍贵果品——红心猕猴桃的只有李永辉与他人共同创办的上海土莱喜农产品专业合作社（以下简称土莱喜合作社）。

2014年，青浦人李永辉在自己的家乡练塘投资承包了一批农田，其中辟出45亩果园专门培育"红心猕猴桃"，自此，青浦拥有了自己的猕猴桃。新西兰的猕猴桃受到全球各地的欢迎，原因之一在于其十分

土莱喜合作社猕猴桃

重视产品品质管理，筛选最适合当地栽培的品种，同时为果园配备专业的技术监督员，向果农提供土壤管理、病虫害防治、枝条定位等技术指导支持，对选种、育种到成熟采摘的整个流程进行严格管理和控制。"备课"充分的李永辉也明白这一点。因为野生猕猴桃的营养价值更高，他首先从四川地区引种野生猕猴桃；与此同时，由于刚接触猕猴桃种植对品种培育和栽培技术的了解都不够深入，他专门出资聘用两名技术人员，让专业的人做专业的事，通过嫁接慢慢培育出优良品种，并在这个基础上不断开展本土化尝试。

猕猴桃对移植技术的要求很高，为了使猕猴桃生长顺利，他听从技术员指导，遵循科学的、生态的种植方法。为了增加土壤肥力和通气性，在移植前李永辉运来200吨谷壳（砻糠）和200吨有机肥，作为基肥铺撒在种植猕猴桃树苗的田里，再用特制的犁翻耕三遍，使其均匀深入地下60厘米，改善土壤结构和增加有机质；之后每年再追施100吨有机肥，使果树获得足够的养分供给。"我整那么高一层是为什么呢？就是把土地弄松，这样也不用施加多余的肥料。"土质变得更加疏松更加肥沃，猕猴桃果实在这样的环境中被滋养着，变得一天比一天甜。

除了严格遵守种植技术，李永辉的果子比别人的甜还有一个最大的原因，那就是它的主要销售范围在上海。多数水果需经过一个"糖化"过程才能变甜，即基本成熟的水果，将其体内所含淀粉转化为糖分，这个过程果子不仅糖分增加，果体也会逐渐变软，猕猴桃也不例外。但出于储存运输的需要，市面上大多猕猴桃往往等不到这个阶段就要进行采摘，因此我们从超市中买来的猕猴桃大多偏硬，需要和香蕉苹果放在一起一段时间才能吃。而李永辉的果子主要销售地在上海，这样一来储存运输的时间减少，果子本身在树上的生长周期就会增加，糖化时间长了，果子自然又香又甜。

每到国庆节前后，位于上海市青浦区练塘镇北埭村的土莱喜合作社种植基地便到处充盈着收获红心猕猴桃的喜悦气氛。与市面上常见的猕猴桃不同，从中间处切开红心猕猴桃，可见其横切面沿果心蔓延出一条条紫红色线条并呈放射状分布，远处看去似太阳光芒四射，色彩鲜美，是名副其实的"红心"。汁液顺着切口流出，散发出独特的猕猴桃香，酸甜而又不涩，让人忍不住赶紧把它们都吸进嘴中，包裹舌头上的每一处味蕾。

## 要想有市场，品牌形象需维护

李永辉总是戏称自己的猕猴桃是"三无产品"。当然这"三无"不是不合格产品的"三无"，而是"无化学农药、无膨大剂、无添加"的"三无"。

当初选择引入红心猕猴桃，不仅因为它营养丰富、入口绵软、味道喜人，也因为它由野生资源选育而来，故而具有很强的抗病虫害能力，种植过程中只要悉心照料，基本不用化学农药，是生产绿色水果的最佳选择，这也是李永辉对自己的"三无"猕猴桃中"无化学农药"的要求。就连夏日田垄除草，土莱喜合作社也从不喷洒除草剂，而是采用人工力量，用锄头将田间地头的草一根根除去。虽说与使用除草剂相比，这样效率低，也更耗费人力财力，但用如此生态的方式对待红心猕猴桃，才能够让李永辉放心，也能够让消费者安心。

除了没有化学农药，更重要的是"三无"中的"无膨大剂"。前几年，网络上热传的猕猴桃果农给猕猴桃"洗澡"的照片让不少消费者谈猕猴桃色变，甚至惊呼能吃得放心的水果又少了一样。这个"洗澡水"就是指膨大剂，它能让果子变得更大。为了增加产量，一些果农便用给猕猴桃"洗澡"的方式获取更多收益。但实际上，使用了膨大剂的猕猴桃并不好。膨大剂会导致猕猴桃结出的果实不规则，果脐长而肥厚，果皮发绿，果毛粗硬且易脱落。那种形状异常，外观色泽美丽，味道平淡无奇的猕猴桃，多数是使用催熟剂、膨大剂的结果。

与注重产量忽略质量的猕猴桃果农相比，青浦土莱喜合作社的猕猴桃果农并不追求这种短视的效果。李永辉认为，要想赢得市场，就必须要在品牌质量上下功夫。品牌质量是新西兰猕猴桃能够享誉全球的另一个原因。目前新西兰名声最大的猕猴桃品牌是"佳沛（ZESPRI）"，它是由新西兰奇异果营销局推出的唯一品牌，这样的一体化品牌不仅能加强对果子的统一管理，品牌建设和推广也更加便捷。

一般认为，农产品的品牌战略分为三个阶段，即先构建一个区域品牌，再构建一个企业品牌，紧接着再构建一个产品品牌，这样层层递进，最终达到水果产品品牌化的目的。因此，李永辉的猕猴桃一方面跟随青浦区农产品"淀湖源味"区域品牌形象的建立赢得消费者的信赖，形成一种品牌担保品质的机制，另一方面更注重在品质、风味、防病虫害等方面上做文章，甚至还要有意控制产量和个头，保证果实少而精，用产品的好品质助力品牌建设。接下来，李永辉将继续考虑提升自己的企业品牌和产品品牌形象，以求在消费市场中树立果子品质好、滋味好、安全性高的品牌印象。

## 要想谋发展，多元业态要引入

李永辉已经年近五十，但精神头宛若一个二十几岁的小伙子。略微偏黑的皮肤，虽不高但精瘦的身材，带有笑意的双眼都让人感觉他活脱脱是个实实在在的农民企业家。练塘镇本地人李永辉，年轻时曾在外地闯荡。走南闯北的生活让他见了不少市面，也认识了很多朋友，但他从来没有忘记过自己家乡这片小小天地。恰逢得知家乡正在筹划建设美丽乡村，无论是政策还是未来的发展都大有可为，2013年他回到练塘，这才有了上海土莱喜农产品专业合作社，也有了如今令他骄傲的"红心猕猴桃"。这条"回乡创建生态农业，构造田园生活美景"的创业之路不仅带来了经济收益，赋予农业以新活力，也带来了成就感和自豪感。

一般来说，红心猕猴桃定植后第三年挂果，第五年进入盛果期，猕猴桃树经济寿命很长，一般盛果期可维持30—40年之久，单株产量可达20公斤。目前李永辉种植的红心猕猴桃才成长在初期，未来还有很远的路要走。对于李永辉来说，做事最讲究的是把基础打扎实，不能急功近利。所以他舍得投入，基础投资200多万元，用于科学滴灌、搭建棚架、有机肥料、人工除草、开沟排水等科学管理。对于未来的发展，他富有远见地说："一方面，保持我果子的质量肯定是要放在第一位的，另一方面，要考虑怎么更好地留住游客，配合我们青浦区练塘镇发展的旅游事业。"

将自家果子的未来与练塘镇整体旅游事业的发展进行结合是李永辉的想法，也与青浦区练塘镇整体的发展规划不谋而合。说起练塘，除了生态优美的环境、新鲜有机的农产品、淳朴热情的民风，另一个吸引大家前去的理由便是以"陈云纪念馆"为主体的红色旅游。红色旅游是练塘镇的一大特色，也是"三色练塘"中的"一色"。为了进一步推进红色旅游持续健康发展，2016 年年底，中央办公厅、国务院办公厅颁布实施了《2016—2020 年全国红色旅游发展规划纲要》，其中提出要发展红色旅游，整合各地红色资源与乡村旅游资源。练塘镇一直坚持走在红色旅游的发展前列，不但大力开发已有的红色项目，而且注重扶持绿色生态的发展。这也激发了李永辉对自家果园进行多元业态发展规划的念头，也仅有如此，才能让园子更有活力、更有未来。他说："如若我的猕猴桃园成功了，游客到园中观光、采摘，再增加一些食宿设施，不就能留住客人，人气旺盛吗？上午辗转于'红色'的练塘，感受革命烈士的情怀和历史的传承；下午穿梭于'绿色'的猕猴桃园，体会采摘的乐趣与果子的香甜，这一'红'一'绿'，岂不美哉。"

　　曾经的李永辉，以一腔热血返乡创业，现在的李永辉，已然成为青浦发展中的一分子。他回报家乡的赤子之心，对乡民的依恋之情，辛勤耕耘的宏图之志，都化作汗水和力量洒在了这片本就肥沃的土壤中，化作果实中的香甜滋味，为建设"上善若水"的绿色青浦添砖加瓦，为"乡村振兴"贡献力量。

**通过声音，更了解绿色青浦**

# 白玉枇杷，树树黄金

"妈妈，树上那个黄黄的果子叫什么呀？是杏儿么？""哈哈，宝贝，这个呀，不是杏，它叫枇杷。"枇杷的外形和黄杏有些相像，但外表更光滑且没有一条缝。每年春末夏初，就是枇杷成熟的季节。走进枇杷园，远远看去，翠绿的树叶间点缀着金黄的小果子，一簇又一簇，三个五个抱成一团。从踏进青浦的那一刻起，便可以嗅到空气中飘浮着的枇杷香。

## "洞庭枇杷天下最"

在说青浦枇杷之前，得先介绍一下江苏的东山枇杷。在我国，传统的四大枇杷产地为浙江杭州塘栖、江苏苏州东山、苏州西山以及福建莆田。四大产地的枇杷各有特色，塘栖有软条白沙枇杷，西山有青种枇杷，莆田的枇杷以果大著称，而东山的枇杷则是出了名的果甜。在枇杷甜度排行榜中，东山的白玉枇杷以17.1的甜度遥遥领先。这甜甜的枇杷可是馋哭了不少田间小儿女，清人王泰偕就有诗云："到得家园乐事多，痴儿娇女笑呵呵。慌张一事争相问，可带洞庭白枇杷。"

枇杷，是我国南方特有的水

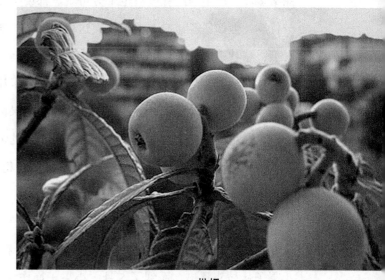

枇杷

果，因为枇杷树秋日养蕾、冬季开花、春来结籽、夏初成熟的特点，枇杷因此被称作是"果木中独备四时之气者"。根据果实色泽区分，枇杷可分为红沙、白沙两类，其中红沙枇杷因果皮金黄又被称作"金丸"，而白沙枇杷因肉质玉色、品质更优被称作"蜡丸"。白沙枇杷以在苏州东山镇种植的最为著名，全镇现有栽培面积1.6万亩，在众多白沙品种中，白玉枇杷作为白沙枇杷的"进阶版"，产量占东山枇杷总量的85%。可以说，凡是提到白玉枇杷，必说江苏东山。在上海，本地的枇杷种植基本上都在青浦，而且70%为白沙系白玉枇杷品种。青浦的白玉，就是引自这东山的白玉枇杷。

## 赵巷"白玉"，落地生根

20世纪末，在国家产业结构优化的政策推动下，为了在调整传统农业结构的同时增加农民收入，青浦赵巷镇政府从区域地理位置、农业特点和市场需求的角度出发，提出要在农业中突出发展优势产业。赵巷地势平坦、土壤肥沃、雨水光照充足，尤为适合农作物的生长。一番考量后，133公顷的白玉枇杷，被从苏州东山引入了赵巷。白玉枇杷，是苏州东山枇杷中的上好佳品，不仅皮薄肉厚、肉色晶莹、甜嫩多汁，产生的经济效益也十分可观。都说一方水土养一方人，赵巷自然条件十分优越，但如何能让白玉枇杷适应这里的水土，如何让以水稻种植为主的稻农顺利转型，赵巷镇进行了多年的探索。

枇杷从幼苗到育成果树需要一定时间，为了让最初参与农业转型的稻农安心种植、降低经营风险，赵巷镇政府给予了果农们果树补贴，并对集体组织的土地费用给予了减免优惠。面对种植枇杷经验基本为零的情形，在青浦赵巷农业综合服务中心的帮助下，来自苏州东山、浙江农学院的种植专家从土壤水源的改良、栽培方法、包装销售等方面对果农们进行全方位的指导。

秋日里，晾根疏梢，将养分集中到枝头花穗，为开花默默地积攒能量。待到秋末冬初，在淡淡的花香间，枇杷花开迎冬到。春天，在不经意间，一个个翠绿的小果子从枝头冒出，而到了5月，小果子换作满身金黄衣。在经历几年的探索后，

2006 年，赵巷镇的 142 户果农迎来了第一个产果年，2000 亩的枇杷树上硕果累累。"30 克以上就是一级果"，赵巷的田间村头满是枇杷香。

从种子到农药，从源头到地头，在生长的每一个环节，枇杷都受着果农们的精心呵护。装在印有"巷玉香"商标的盒子里，黄澄澄的枇杷果甚是好看。形美、肉白、汁多、味佳，从第一年上市到今天，青浦枇杷就深受市民们的喜爱。

## 品牌建设，绿色发展

2008 年，赵巷成功获批成为"国家级枇杷标准化示范区"，白玉枇杷不仅在赵巷顺利地落地生根，更实现了从农产品向品牌的飞跃。在标准化建设过程中，合作社尤为注意对枇杷生产质量的把握。"要施有机肥，考虑秋天的时候开花。"原赵巷镇农服中心副主任唐正明说。示范区从农药、肥料多角度源头入手，所施肥料全部是有机肥料，同时通过安全用药，辅之以诱虫灯等物理防虫措施，有效减轻了对环境的压力。合作社还与区林业站签订协议，将正规、放心的优质林果专用农资提供给农户。加上安全生产监管网络和组织协调监管机制的配合，检查和监督安全用药施肥，共同确保了高质量、绿色、无污染的赵巷枇杷。

按照"绿色"的标准化作业，2010 年，上海庆鸿枇杷专业合作社产出的"巷玉香"牌枇杷成功入围"世博"特供水果，这可谓是对赵巷枇杷质量的极大肯定，而上海庆鸿枇杷专业合作社也成为服务世博果品特供基地，并在之后多次入选农民专业合作社名录。标准化生产、规模化经营、品牌化销售、社会化服务，赵巷枇杷走上了一条可持续发展之路，特色产业的创建也如当初的构想般，富裕了赵巷人的生活。

## 联怡乐园，生态"沪香"

在青浦夏阳街道，也有一座枇杷生态园林，这里就是上海联怡枇杷乐园。联怡枇杷乐园主栽品种同为白沙枇杷，在多年的品牌打造中，这里产出的"沪香"枇杷被上海市名牌推荐委员会评选为"上海名牌产品"，成为青浦区"一区一品"的特色品牌。上海联怡枇杷乐园是上海市唯一一家获得 4A 级旅游景区称号的枇杷种植园。

**上海联怡枇杷乐园内的枇杷林**

"十月金秋，漫步枇园，果熟草香。看曲廊掩翠，临池映影，闲亭拔地，闻石飞汤。乍入园林，旋来小院，生态江南第一庄。邀相饮，品农家土味，此最优良……"吟起朋友专门为枇杷园题的诗，上海联怡枇杷乐园投资管理有限公司董事长沈振明感触颇深。2009 年，沈振明放弃了厨师的职业，开启了枇杷种植与农旅结合发展的道路。

枇杷成熟期集中在 5 月底 6 月初，收获期短，且摘下后 3 天内是最甜的，时间一长，果肉里的营养成分会回流到果核中。每年 6 月，枇杷园里硕果累累，远远望去一片丰收的气息，走在枇杷树下，都能闻到阵阵枇杷香。为了能够提高枇杷的质量，让游客有更好的采摘体验，联怡枇杷园在枇杷成熟期间的疏果环节上可谓是"大刀阔斧"，丝毫不吝啬，尽量保证结出来的枇杷个大、汁多、肉甜。虽然果实的数量少了，但是品质提上去了，相对于眼前的经济效应，联怡枇杷园更注重长期口碑的建立，希望不辜负每一个来采摘体验的游客的期望。

枇杷园里枇杷的果实本身是个宝，但为了能够进一步提高枇杷园的附加值，对枇杷进行深加工，生产出枇杷的衍生产品，极大提高了枇杷种植的经济价值。枇杷树浑身都是宝，枇杷叶是味中药，有清肺止咳、和胃利尿、止渴的功效。枇杷叶的通常炮制方法是除去绒毛，用水喷润，切丝，干燥。或者是将枇杷叶丝照蜜炙法炒至不粘手，炮制成蜜枇杷叶等。枇杷花还能用来泡茶喝，治疗头风、鼻塞流涕、虚劳久嗽、痰中带血等症状。此外，联怡枇杷园还开发出了枇杷果汁饮料、枇杷糕、枇杷苏打、枇杷果冻、枇杷酥和以枇杷花茶为主题的 11 个系列产品，真正做到了"一宝多用"，前来求"宝"的人也络绎不绝。联怡枇杷园从多种角度延伸枇杷的产业链，既提高了产品的经济附加值和深加工层次，又提高了产业的经济效益，成功将联怡枇杷园资源优势转化为经济优势。

说到枇杷的妙用，就必须要提及联怡枇杷园独具匠心地用枇杷做的农家美食了。一道河鲜佳肴成就了联怡枇杷园"农家美食上海第一"的名头——枇杷露焖河鳗。作为枇杷生态园特色菜之一，选用青浦当地淀山湖的河鳗，以自产的天然枇杷蜜取代传统工艺中的冰糖，在烹饪的时候采用特别技巧，保持鱼皮不爆裂，最终成品浓油赤酱、色泽光亮、咸甜适口，肉质软糯有弹性。这道菜不知道为联怡枇杷园留住了多少回头客，多少人就只是为了来尝上一口绝无仅有的美味。

发展至今日，枇杷已成为青浦的一张特色名片。在多年的探索中，勤劳的青浦人不仅让来自异乡的枇杷在这里扎根生长，更在这一方土地上培植出品质更高的果实，孕育了属于青浦人自己的品牌。枇杷，已深深融进了青浦农民们的生活，它承载着农民们的辛劳与智慧，更被寄托了农民们对美好生活的希冀。在青浦，一粒果，一份情；在青浦，白玉枇杷，树树黄金。

**通过声音，更了解绿色青浦**

# 天然蓝莓，青浦生根

"在山的那边海的那边有一群蓝精灵"，每每听到这首歌，森林深处精灵村的蘑菇屋里快乐的蓝精灵形象就在眼前跳动。在淀山湖旁的青浦区练塘镇，也有这么一群"蓝精灵"，它们披着蓝色的外衣在阳光下闪烁，星星状的"裙摆"随风摇动，浑身散发着酸甜香气让人忍不住口齿生津。这些便是青浦现代农业园区精心培育出的一枚果实——蓝莓。

蓝莓

## 一枚小果子蕴含大能量

不像可与篮球媲美大小的西瓜，更不似时常食用、在名称上只差一字的草莓，蓝莓在它的外观上尽显低调，翻遍整个超市大概也找不出比它更小的水果了。即使是小朋友，一把也能抓好几个放进嘴里。不过"麻雀虽小，五脏俱全"，小小的蓝莓果里可蕴含着大大的能量，该有的营养一样也不少。除多数水果都含有的维生素外，蓝莓备受追捧的一个重要原因在于其中含有的丰富花青素。

"小孩每天学习任务那么重，我每天都要给他吃点蓝莓的，可以掺酸奶喝呀，或者打成蓝莓汁来吃都好的。"很多家长都知道，蓝莓在保护视力方面有很大的功用，可以说是"眼睛保护神"，其中发挥重要作用的就是花青素。众所周知，蓝莓是世界上花青素含量最高的几种水果之一，而花青素具有活化视网膜的功效，可以强化视力，防止眼球疲劳，被誉为"21世纪功能性保健浆果"，也因此有了"水果皇后"的美称。食用蓝莓改善视力早有前例。相传，第二次世界大战时英国皇家空军在执行任务前，都会配合服食某种食物，因为根据多年实践发现它能增强飞行员的眼部功能，以及增强夜晚的感光力，帮助飞行员们更好地完成任务，而这种食物就是蓝莓。

作为上海农产品聚集地之一的青浦，区内已种植水果的种类更是不胜枚举，随便问起一位当地人青浦区产的水果都有哪些，草莓、猕猴桃、枇杷等都是张口就来。对于被预言为21世纪世界范围内最具发展潜力的果树品种，蓝莓可谓是青浦乃至上海地区近年来引进的优质、高端、特色水果。它的到来极大地丰富了青浦区的水果产业，让青浦人在当地就能随手采摘的水果又多了一样。这对于协调均衡价格高低不一，质量良莠不齐的进口蓝莓、外地蓝莓的市场，以及促进农业结构调整等具有举足轻重的作用。青浦蓝莓产业的发展不但满足了市民们不断上涨的蓝莓需求，同时也为青浦区带来了可观的经济效益。以蓝莓的成本和收益相对比，蓝莓前期的土地改良费、苗木费、人工费、肥料灌溉费等，每亩成本约6900元。进入盛果期后，以产量300千克/亩，按收购价50元/千克计算，每亩产值不低于1.5万元。同时蓝莓效益持续时间长，管理良好的蓝莓植株可持续结果20年至30年。除了蓝莓本身的经济效益外，蓝莓产业的发展对于带动农民就业，解决农村富余劳动力，加快农民脱贫致富的步伐来说也十分重要。不得不说，这枚小小的蓝莓果中蕴含着令人难以想象的能量。

## 上海也能种出好蓝莓

种植水果的农户都知道，蓝莓这种果子不仅营养丰富、味道酸甜颇受消费者的喜爱，而且价格比一般水果要高，经济效益也是数一数二。但近几年上海人才知道"青浦蓝莓"的存在，蓝莓进入农户视野，以及区里开始引进蓝莓不过是 10 年左右的事情。为何会出现这种现象？究其原因在于如何突破创造适应蓝莓生长环境的技术困境。

"没有酸性的土壤，蓝莓果树会营养不良，甚至会死。"青浦现代农业园区的工作人员穆庭云一语便点出了种植蓝莓的关键所在：改良土壤。这是在蓝莓的引入过程中最重要的措施，也是最大的困难。青浦本地土壤是独特的"青紫泥"，酸碱度为 6 左右，呈现弱酸性，这个土壤环境对于某些植物，比如茭白来说是天赐好环境，但对于蓝莓却没有那么友好，因为蓝莓生长环境的一个最主要因素在于土壤需保持一定的酸性，即酸碱度在 5 左右的土壤。

2009 年，青浦现代农业园区从我国东北、美国等地开始引进蓝莓种苗，在上海应用技术学院吴晓春教授的指导下试验种植，并同时开展土壤的酸化改良。"我们对土壤进行改良的主要方法在于使用硫黄粉，一方面能有效地使土壤适合蓝莓的生长，另一方面硫黄粉的效力仅有半年，因此不会长期对本地原有环境造成影响。"工作人员的介绍打消了部分民众对土壤改良会"污染"本地环境的担心。

实际上，在蓝莓的培育过程中，园区最重视的就是原生态种植法，坚持绿色有机。为了实现这一目的，也为了严格按照青浦区"淀湖源味"农产品区域公用品牌的品质要求，园区不使用任何有害农药和化肥。虽然为了保持土壤酸性耗费了园区很多精力，但同时也带来了好处——极少有病虫害。适合酸性土壤的蓝莓，其叶子成分与普通植物不同，虫子特别不喜欢吃，因此在种植蓝莓的过程中，不但不需要为了灭虫使用有害农药，园区内的杂草甚至也是工作人员用手拔的，这些做法使得环境压力大大降低，也保证了蓝莓的有机原生态。为了提高土壤中的有机质含量，园区在定植前就将泥炭、有机肥等原生态的养料掺入土壤之中以保证蓝莓苗定植成功。行走在蓝莓果园，无论是工作人员还是园区的领导，他们能随时把蓝莓摘下来甚至不经冲洗就放心地吃进嘴里，这是园区对果子质量的自信，也是园区的蓝莓总能收获回头客的原因之一。

搞定了种植的基础——环境和方法，接下来就是要选择适合上海本地口味的品种。"我们最后选定的品种是叫奥尼尔，果粉特别好，很甜，没有酸味，是口感最好的一个品种。还有一种中晚熟上市的叫莱克西，口感也比较好。"挑选适合本地口味的品种是现代农业园区的工作之一，要让蓝莓在上海"落地生根"，它必须"入乡随俗"。目前青浦现代农业园区蓝莓基地内共有奥尼尔、夏普蓝、蓝美人等十多个优质蓝莓品种。通过种植蓝莓的示范，青浦现代农业园区证明了上海地区的环境气候完全适宜蓝莓种植。在用心种植的基础上，为了让青浦的蓝莓走入千家万户，也为了消费者更加信任蓝莓品质，园区为蓝莓成功注册了"誉蓝"商标，并通过了"绿色食品"认证。2018 年，青浦现代农业园区的蓝莓果园，还被评为了"上海市安全优质信得过果园"。

蓝莓干

## 综合开发延伸产业链

自 2009 年引进蓝莓种苗进行种植开始，青浦现代农业园区的蓝莓产业就在不断发展。成立上海青浦现代农业园区恒益蓝莓科技有限公司、注册"誉蓝"商标、通过"绿色食品"认证、完成上海市农委（现"上海市农业农村委员会"）的上海市水果标准园创建项目等都是青浦区为了发展蓝莓产业所做的努力。对于蓝莓整体产业链来说，2013年开始建设的蓝莓文化体验园不得不提，它的建设迎合了现代人对生活的高要求，使蓝莓项目得到了可持续发展，为蓝莓产业的发展注入了不一样的活力。

与物质匮乏的时代相比，当今时代环境下大多数人可能吃过一样东西，但从没见过它是如何生长成熟的。俗语常说："没吃过猪肉，还没见过猪跑吗？"这句用来形容有些事情人们虽然没有亲身经历过，但也见识过有了解的谚语放到现在大概是要从反面来理解。都市纷繁忙碌的快节奏生活带给人们的是现代科技下的便捷体验，周末乡间农田的采摘体验送给大家的却是不一样的自然与宁静，因此越来越多的都市人，尤其是有孩子的家庭，倾向在周末节假日短暂远离城市的喧嚣，选择去乡村感受大自然的气息。这也是蓝莓体验园的魅力之一。

每年6月，青浦现代农业园区的蓝莓采摘园中的蓝莓就都全面进入成熟季，一颗颗饱满的"蓝精灵"藏匿在绿树丛中等待着前来体验的游客。只需买张门票，进了园子的游客就能放开肚皮无限畅吃，园区有机无污染的培育方式，让游客们能毫无顾虑地体会这种珍贵的、来自田间枝头的新鲜美味。上下牙齿轻轻相碰，蓝莓的汁液便在唇齿舌尖晕染开来，酸甜的口味让人在炎热的夏天也能瞬间拥有好心情。

"国产蓝莓正好补充蓝莓的淡季，填补了蓝莓的市场空缺！"智利蓝莓上市高峰在3月左右，而6月成熟的青浦蓝莓正好在这个空档期填补了大家想要吃到新鲜蓝莓的迫切心情。与北方蓝莓相比，青浦区的蓝莓由于背靠淀山湖，水源充足，水分也自然更多，口感也更具弹性；与进口蓝莓相比，上海郊区及时采摘的蓝莓更新鲜。园区的工作人员说，采摘和挑选蓝莓需要一定技巧，果实颜色越深代表越成熟，口感也更好一些。这种树上熟、树下吃的独特采摘体验正是园区所推崇的，也是园区在不断优化开放的项目。为了让游客们有更深度的体验，园区还设计了现场加工蓝莓汁、蓝莓酱、种植蓝莓苗等多种活动，真正实现了生产、体验、观光、休闲为一体的生态休闲运作模式。不断拓展的蓝莓产业链，提升了蓝莓的附加值，让游客获得更好体验的同时，也让园区获得了更多经济效益。蓝莓标准园已逐步实现了标准化生产、品牌化销售、产业化经营的目标，蓝莓文化体验园也已日趋完善，以蓝莓产业化为核心，努力成为立足于上海、辐射长三角地区的新型农业产业化蓝莓园区。

低调的"蓝精灵"正慢慢用自己天然的味道将乡村振兴的梦想变为现实,一个自然有机、业态丰富的蓝莓特色园区在青西的出现和发展,让都市人在节假日有了新去处,让传统农业与城市生活相互融合、焕发新生,让辛苦的农民获得了更高效益。

**通过声音,更了解绿色青浦**

# 藤上珍珠，香胜玫瑰

葡萄二字最早见于《史记》及《上林赋》，两处都写作"蒲陶"，后来才有"蒲桃"、"蒲萄"、"葡萄"等写法。提起葡萄，人们脑海中瞬间联想到的可能是新疆吐鲁番，因环境优势，那里几千年来一直是中国葡萄的主要生产地。现代农业科技和青浦人勤劳的汗水让这"水果明珠"也扎根在了上海青浦，结出了媲美吐鲁番葡萄的丰美果实。位于青浦区赵巷镇的上海峥欣果蔬专业合作社就培育了一片广阔的葡萄园，每逢夏日，这里总是古藤缠绕、花果飘香。

## 克服水土不服，培育葡萄新品种

先秦时期，葡萄种植和葡萄酒酿造已在西域传播，西汉张骞出使西域引进大宛葡萄品种，从此葡萄在中原内地的种植范围开始不断扩大。因其味道酸甜可口、外形晶莹剔透而受到人们的广泛喜爱。再加上葡萄不仅可以吃新鲜的果实，还可以酿成葡萄酒长期存放，既解渴又提神，令各个阶层都视若珍果。魏文帝曹丕是喜爱葡萄的帝王之一，他曾诏告群臣，说其他水果都比不上葡萄："中国珍果甚多，且复为说蒲萄。当其朱夏涉秋，尚有馀暑，醉酒宿醒，掩露而食。甘而不饴，脆而不酸，冷而不寒。味长汁多，除烦解渴。"

和葡萄的最佳种植地新疆相比，上海的环境条件远不能满足葡萄的健康生长，我国自古就有葡萄栽培"南不过长江"的定论。葡萄对水分要求较高，忌雨水和露水，正常生长期间必须要有一定强度的光照。降雨过多的时候日照不足，光合作用就会受到限制，容易造成开花期花冠脱落不良，受精率低；成熟期着色不好，糖度下降。上海属于亚热带季风气候，地下水位较高，每年四五月春季的光照不足，六七月有高湿度的梅雨季节，紧接着有暴雨和台风。多年来，上海的葡萄园普遍出现"水土不服"的情况，给种植户带来极大困扰。要想在上海种出优质的葡萄，让市民吃上本地葡萄，不是一件容易的事情。

美味的获得，往往需要辛苦的付出和耐心的等待。上海峥欣果蔬专业合作社的社长俞峥嵘研究和种植葡萄已经有八个年头了，其间他为了让葡萄克服"水土不服"、在青浦"安居"，费了不少脑筋，想了不少办法，最后葡萄种成了，俞峥嵘也成了"葡萄种植能手"。一开始种植的葡萄品种不适应当地水土及气候，他就想到中国的老话：穷则变、变则通、通则久，于是他不断改良品种、改进种植方式。生活中其他事情可以粗糙一点，但是有关葡萄种植的事情他不允许有半点马虎。

**俞峥嵘接受采访**

俞峥嵘不断学习先进的农业种植技术，一有合适的好点子他就付诸实践，看看是不是有利于他园里葡萄生长。俞峥嵘对肥水的使用也有着教科书一般的严格态度，他拒绝有害农药，确保种植葡萄的食用安全。通过一系列改良土壤的措施和栽培技术的调整，上海峥欣果蔬专业合作社的葡萄发病率大大降低，水分和糖度也在逐年提高。

与葡萄较劲的这些年正如俞社长的名字一般：往昔峥嵘岁月。讲起这其中的故事，俞峥嵘脸上流露出坚定与喜悦。起初俞峥嵘连连碰壁，但他并没有因此退缩，经常顶着太阳在葡萄园中仔细观察葡萄，记录葡萄生长过程中的每一个细微的变化。在他的不懈努力下，种出的葡萄克服了水土不服，不仅甜香可口，还让人吃得放心。

如今合作社里的150多亩地，俞社长没有追求增产，反而用心地将亩产量控制在千斤左右，他说只有这样才能保证葡萄的品质。"我们种植葡萄不是走量的，而是讲究一个品质，在周边的话，口碑很好的。"俞社长自信地说。一直以来俞社长坚持绿色种植、保证品质，每年7月下旬葡萄上市后，俞峥嵘家的葡萄总能获得大量好评。青浦区主推"淀湖源味"农产品区域公用品牌后，上海峥欣果蔬专业合作社即被选为明星产品，代表青浦提供高品质农产品的定位和发展方向。

## 玫瑰香葡萄飘香远近，备受青睐

上海峥欣果蔬专业合作社种植的葡萄品种有玫瑰香、醉金香、巨峰、红富士，还有夏黑，其中最受消费者青睐的，要数玫瑰香葡萄了。玫瑰香葡萄原产于英国，含糖量高、着色好看，因稀少而珍贵，仅仅听名字就能和美好的事物联想起来。

俞峥嵘家的玫瑰香葡萄，未熟透时就像玫瑰花瓣一样，口感微酸带甜，一旦成熟却又紫中带黑，入口甜而不腻，没有一点苦涩之味，炎热的夏季吃上一颗冰镇葡萄别提有多爽快了。与其他品种相比，玫瑰香葡萄最具特色的便是它的香气，葡萄自带的那股玫瑰清香十分浓郁，沁人心脾，令人仿佛置身玫瑰花海一般。俞峥嵘如是说："假如说在这间房子里放一箱葡萄的话，到第二天的时候门

**葡萄**

打开，肯定是一股玫瑰的味道。"食其味、闻其香，这天然的果香倒是省得专门在家里放熏香了。

现在市面上的玫瑰香葡萄有很多，要想品尝到真正的玫瑰香葡萄还得掌握选购的技巧。首先是看颜色，成熟的玫瑰香葡萄是紫中带黑，这种程度的葡萄吃起来口感最好；其次是看葡萄串和果粒形状，玫瑰香的葡萄串呈圆锥形，果粒圆圆小小的，娇小可人；然后就是闻气味了，正宗的玫瑰香葡萄散发着玫瑰的清香，稍微凑近些就可以闻得到。而这些标准，上海峥欣果蔬专业合作社的玫瑰香葡萄都能达到。为了给市民提供更好的味觉享受，社长俞峥嵘严格把控玫瑰香葡萄的上市时间，从不因抢占市场而提前采摘未熟透的葡萄。他家售卖的玫瑰香葡萄串串都是颗粒饱满的"黑珍珠"，裹着浓浓的玫瑰香气，从青浦销往各地。

历经千年，葡萄被无数文人画家们吟咏歌颂，早已融入了中华文化的血液之中。一枚枚晶莹剔透的果实紧紧相连，象征着心连心般的团结友爱，一株株根深叶茂的葡萄树象征着繁荣昌盛、国泰民安。从一个小小的想法，到现在蔓延成绿色海洋的葡萄架，俞峥嵘用行动连接了时间的两头。在青浦乡村振兴的路上，他不服输的劲头也感染了一批人、带动了一批人、造福了一批人。让葡萄在上海扎根、在青浦扎根，不那么容易，但的确做得到！

通过声音，更了解绿色青浦

# 一口蜜梨，一口翠梨

"尚想飞花映绮疏，离离秋实点尘芜。丹腮晓露香犹薄，玉齿寒冰啮欲无。"这首不言"梨"字、却道尽梨之美味的古诗，出自宋代诗人刘子翚的《咏梨》。作为老百姓所喜爱的传统佳果，《礼记》《庄子》《山海经》里都有关于梨的记载。"孔融让梨""许衡不食无主之梨"等典故使梨成为中华传统美德的象征。

上海市青浦区的练塘翠冠梨与徐泾蜜梨，便是承载着中华几千年梨文化的杰出代表。作为青浦区"淀湖源味"的一分子，不仅香甜可口、绿色健康，更蕴含着青浦梨农们勤劳肯干、淳朴踏实的精神。

## "秘方加持"的翠冠梨

青浦练塘的翠冠梨从台湾地区引进已经 12 个年头了，在青浦梨农们的精心种植与呵护下，优质的翠冠梨终于结合青浦当地的土壤、水源与人文特色形成了本地化的种植模式。

随着现代农业技术的不断发展，各种机械化生产逐渐普遍起来，但是青浦的翠冠梨却依然选择保持最原始的种植模式。这里的梨农们发现，对待翠冠梨，只有多流汗、多操心，生态种植出来的梨才更加脆甜。就像上海野龙果专业合作社梨园的负责人所追求的，要"回归 20 世纪七八十年代的种植理念，为市场提供安全健康的水果"。

"千树万树白玉条，过临村路傍溪桥。不知近水花先发，疑是经冬雪未消。"初春的时候，梨花绽放，合作社的果农们就开始忙碌起来了。师傅们手脚不停地疏花，把多余的花疏掉，远一点的、偏上的也都是不好的，也要疏掉。虽然花多结的

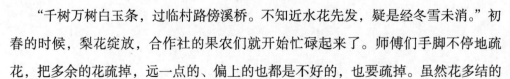

果也会多，但是花太多养分不够用就会导致翠冠梨品质的下降。疏花，为的就是保障每一朵花都能吸收到足够的养分，将来结出个头更大、品质更好的果实。后期还需要疏果，为的是使树体合理负载，减少营养浪费消耗，同时又能促进花芽分化，调节大小年结果，达到连年丰产稳定的效果。

**果园师傅们疏花**

脆，是翠冠梨区别于其他品种最大的特点，成熟的练塘翠冠梨从枝头掉到地上甚至会摔个粉碎。为了能让果子更脆，果园采用了棚架栽培的技术，把树固定成"开心形"，让树冠展开，使内堂通风透光良好。更多的日照，赋予了翠冠梨香脆清甜的口感。

而翠冠梨的浓郁果香和细腻果肉则来自营养丰富的土壤。都说要除草，但合作社反其道而行，选择人工种植根系不发达、长不高的顽固性杂草来达到减少虫害、创造良好环境的效果。这草还可作为有机肥，真正做到生态种植。就连杀虫都是安装了物理杀虫灯，尽可能地减少药物喷洒，实现物理防治为主、药物防治为辅的绿色生产。

此外，合作社引进了日本的水肥灌溉技术，水肥一体化滴灌管遍布园区，水溶性肥料直接一路灌溉，充分提高肥料利用率，除此之外在活菌酵素中加入牛奶、豆浆、发酵的鸡蛋等自制的独特有机生物肥料，这则是让翠冠梨品质得到极大提升的"秘方"，是青浦翠冠梨区别于其他翠冠梨最重要的因素。

每一个来青浦吃过翠冠梨的人都赞不绝口。薄薄的青绿色表皮，小小的果核，雪白的果肉泛着水灵灵的光泽，"咔嚓"一口，就能感受到充盈的汁水在嘴里爆开，脆爽可口，梨肉细嫩无渣，吃完后唇齿留香。

随着青浦"淀湖源味"农产品区域公用品牌的建设，上海野龙果专业合作社积极响应，以更严格的自我要求，坚持种植全程绿色有机水果，严格执行农产品公用品牌的标准，让"秘方加持"的翠冠梨在"淀湖源味"的平台上建立更高的品牌效应，创造更广阔的市场。

## 古老传承的徐泾蜜梨

"上海蜜梨"久负盛名。上海市农科院通过引入多种日本梨品种进行选育，成功地选育出一批适应上海栽培生产的优质梨品种。而在青浦区的徐泾镇，至今还保留着一个来自20世纪的品种，那就是令老上海人念念不忘的徐泾蜜梨。

徐泾园艺场的陈师傅，守着这片梨园已经很多年了。他还依稀记得小时候，每到蜜梨上市的季节，好多人翘首以盼，就等着那口香脆清甜的滋味。三十多年过去了，因为它出名在上海，好吃的口味就一直传承了那么多年，成为了一代又一代人小时候熟悉的味道。

徐泾蜜梨

徐泾蜜梨还有一个特别的名字——"菊水"。因为这个品种很难管理，又不易保存，如今上海地区仅徐泾镇还有 80 多亩的种植面积，是真正的"硕果仅存"。虽然产量不高，但是徐泾果农们仍然保持了高度的"匠人精神"，本着精耕细作的理念，极力保持着这么多年来的高品质，为的就是能够努力保留住上海人小时候的那口别致。

徐泾蜜梨的营养价值极高，果肉内含糖 16% 以上，比一般的蜜梨要高 6 个百分点，还含有丰富的维生素、果胶质等营养成分。高品质的梨背后是果农的精心照料，从疏花到疏果，从套袋到采摘，徐泾园艺场有着一套标准化流程。生产期间每一次操作都需要记载在田间档案中，为了果实的安全，全程使用有机肥料，不使用化学肥料。此外，还有专门的安全生产监督人员施行安全生产动态巡查、现场监督等，从多个角度保障果实的生态健康。遇到突发虫害时，还配置有技术指导服务，为的就是确保徐泾蜜梨保持一直以来的好品质。

对于陈师傅来说，想要徐泾蜜梨长得好，就必须要花时间和精力在病虫害的防治问题上。一年到头，"发芽前、幼果期、成果期、落叶后"都可能发生虫害问题，每个时段发生的虫害问题不一样，防治重点不同，解决办法也各不相同。稍有不慎，就可能毁了一年的好收成。陈师傅这么多年一心扑在徐泾蜜梨的种植事业上，通过实践总结出的许多实战经验，总是能在关键时刻发挥作用，用"四两拨千金"的技术使得果树的病害消除于无声无息之间。

到了果实成熟的季节，梨农们便会对梨进行严格的糖度和农药度的检测。农药残留不能超标，含糖量必须达到标准了才能进行采摘。每天一早，紧张而忙碌的采摘工作就开始了，精挑细选、装箱、称重、搬运，一系列环节分工有序。在采摘完成后的第一时间，这些珍贵的徐泾蜜梨就会被运送到各大酒店和超市卖场等，让那些爱徐泾蜜梨的人能够吃到最新鲜的味道。在采摘季节，也会有大批食客赶来亲自采摘，体验采摘的艰辛与乐趣，也为了吃上最新鲜的那一口熟悉的味道。第一次品尝的人，也不时惦记着下一年要再来。就连陈师傅自己，也是百吃不厌。

在徐泾园艺场六十多年的变迁中，这片梨园始终郁郁葱葱，不曾荒废。老职工们陆陆续续退休了，身边的梨农们也换了一批又一批，而以陈师傅为代表的一小批人，还在坚守初心，呵护徐泾蜜梨的精髓，留住"小时候的味道"。

通过声音，更了解绿色青浦

# 八月黄桃，采趣尝甘

"其大如鹅卵、其色如黄金。"上海人都知道白鹤有草莓，却不知白鹤还有这大如鹅卵、色彩如金的黄桃。在时而倾盆大雨、时而烈日当头的 8 月，叫上三五亲友，暂时抛却坏天气带来的焦灼、抛却工作上的压力、抛却生活中的烦恼，趁着天色正好、趁着果子正甜，去往青浦区先福蔬果专业合作社的水果基地一起去看、去摘、去品尝让人垂涎欲滴的黄桃吧！

锦绣黄桃

## 吃黄桃？不止是罐头

提到黄桃，透明的玻璃罐、橙黄的黄桃肉、包裹着甜蜜的汁水便一股脑地涌入脑海之中，刺激着记忆，挑动着味蕾，这便是大多数人对黄桃的印象——黄桃罐头。罐头作为一种食物的包装方式，最早是为了解决打仗行军时储粮的问题，防止因为战线过长，食品运到前线后腐烂变质，后逐渐发展成一种普遍储存食物的方式。大多数的水果都以吃新鲜的为主，为何偏偏黄桃是以罐头的方式出现呢？这就

**先福果园绿色防控**

要从黄桃的特性开始说起。

新鲜的黄桃品种口感大多酸多甜少，与更加香甜的水蜜桃等比起来自然不具优势，因此加工成罐头的黄桃通常浸泡于糖水之中，以期改善其口感。黄桃种植对环境的要求很高，养护和栽培都需要更加专业的护理。最重要的在于黄桃不易保存，采摘后只能保存四五天，即使是在冷库中也至多保存半个月，否则虽然表面上看起来没什么，实则从桃心开始已经变黑腐烂。同时，黄桃的成熟期集中在7月到9月，正值天气炎热，多雨潮湿，更是加快了腐烂的速度。因此，除了一些黄桃产地及其周边地区，市面上很少看到有新鲜黄桃出售。

吃再多的黄桃罐头，都不如一口新鲜黄桃来得爽快。从树上摘下来的黄桃，用清水冲洗干净，金灿灿沉甸甸的拿在手上，一口咬下去汁水流下来，既有大口吃果的酣畅，又有比罐头要好的营养。如何才能吃到新鲜又美味、营养又爽口的黄桃呢？青浦区上海先福蔬果专业合作社水果基地里的"锦绣"黄桃可不得不提。

"采一点桃子放在屋子里，第二天一打开门是一屋子的清香。"合作社的社长汤善姐最开始也没想到自己的桃子能够这么香甜。说起自家基地里种的"锦绣"，汤善姐说那可是鲜食黄桃里最具代表性的品种，也正是它不一般的特点，才让合作社在众多的黄桃品种里选择了它。

比一般的桃子都甜，便是"锦绣"的第一个好处。市面上常见桃子的含糖量只有 9%—12% 左右，而锦绣黄桃含糖量在完熟前就能有 11%—13%，熟透后更是能达到 16%—17%，完全成熟的"锦绣"含糖量已与荔枝相差无几。"锦绣"的甜并非单纯的甜腻，而是均衡了桃子特有的香气，咬一口唇齿留香，让人忍不住咬第二口、第三口。其次便是营养丰富。桃子作为水果经过了人类几千年的培育，出现了各式品种，让黄桃在其他一众桃中脱颖而出之处便在于其富含大量类胡萝卜素，对保护视力颇有益处。同时黄桃中的硒、锌等含量明显高于其他普通桃子，还含有苹果酸、柠檬酸等成分。最后是不同于一般白桃的柔滑肉质感，让人一口咬下去有一种不像在吃桃子的惊艳感。

## 种黄桃？不止是盈利

对于商人来说盈利是最大的追求，商贸就是尽可能地以最少的投资换取最多的利润。然而在先福蔬果专业合作社里，这样一条"铁律"仿佛不那么灵验。

行走在合作社的果园里，会发现有个奇特的现象，那就是果园中的很多工作人员或多或少有些"不一样"。问过合作社的汤善姐，在她的解释下才明白其中缘由。原来，先福蔬果专业合作社招用的许多工作人员是一定程度上的"残疾人"，这些人中有被烧伤的，有做过大型手术的，更有眼睛受过伤视力不足以担负其他工作的……虽说这些工作人员也能帮助果园干活，但与身体健康健全的工人相比劳动力总是要差一些。与合作社的支出相比，即使加上雇佣残疾人的国家补贴也是不够的。但这些"成本"的付出丝毫没有影响合作社继续从事这项事业，反而在这方面做得越来越好。为了让这些工人工作条件更好，合作社专门雇了一位厨师给他们每天做饭，工人们每天都在合作社吃饭，路途上便可以少些辛苦。作为这样一个扶残涉农经济组织，嘉定区残疾系统管理考察团还曾专门来到先福蔬果专业合作社进行参观学习。做了那么多，汤善姐却从不将此当作自己合作社的一个宣传口，以此凸显自己有多大的奉献精神，在她看来，这只是一件不值得向他人大肆宣扬的日常小事，若不是有他人问起，汤善姐也不会主动向他人提起。

与不愿宣扬的"扶残"工作不同，合作社另一个增加成本的行为则是汤善姐最爱跟别人"炫耀"的——绿色。这个"绿色"不是指满眼青翠、枝叶繁茂的果园外观,而是指种植管理的绿色。首先是肥料方面。种地的农民都知道,植物生长最主要的是三种元素:氮、磷、钾。其中氮肥对植物的成效最快,成本也较低,使用尿素等氮肥产出的黄桃个头大、卖相好,能够大幅度地提高黄桃等水果的产量,进而提升自己的盈利水平,但味道却不如人意,吃到里面完全是酸的,也不够绿色有机,不满足绿色食品的种植标准。而先福蔬果专业合作社坚持绿色精品的生产标准,不使用尿素氮肥,一直以钾肥、有机肥为主,比如鸡、鸭、鹅的腐化肥料,还有菜籽饼等。其次是防虫治病方面,先福蔬果专业合作社在未雨绸缪这件事上可谓理解深刻。他们通常会提前做好预防工作,以避免农药的使用。即使必须使用,他们使用的也是低浓度的绿色认证农药,拒绝使用毒性高以及未通过绿色认证的农药。并且在采收期15天内坚决不施任何肥料,也不打任何农药,以确保农产品的良好口感。正是这些"精致"的努力让先福蔬果专业合作社收获了不少荣誉。先福蔬果专业合作社2017年通过了青浦区水果标准园以及"区域特色项目"的认证,果园出产的水果还获得"上海市优质果品评比"比赛的三个银奖。

## 卖黄桃?不止是批发

既有好果,下一步就必须要有相应的销售渠道作搭配才能实现"丰产又丰收"。否则"菜贱伤农",既浪费了好果子,农户一年的努力也付之东流。如何打开销路,让更多的人知道自家黄桃,品尝到果园的美味,先福蔬果专业合作社一直在做着自己的努力。

先福蔬果专业合作社并不乐意将自己出产的水果拉去批发市场与外地输入的工业化、规模化出产的水果拼价格,用汤善姐的话来说"不划算、太吃亏"。外地黄桃因大多使用尿素氮肥,果子通常个头较大,能卖出好重量,在批发市场上比较受欢迎。自家果子虽然"吃口好",味道一流,但在以外表比价格的批发市场上并不占优势。再者因使用有机肥,在成本上自然也比一般果子要高一些,因此,以拼价格的方式与其他果子在批发市场上竞争对先福蔬果专业合作社来说很吃亏。所以，先福蔬果专业合作社在卖果子这方面更愿意推行"自采"的方式。每到收获的季节，提前联系好的客人或与家人、或与朋友、或与同事一同穿梭在果园间，体验一场和果子亲密无间、触手可及的"约会"。自采的销售模式，既能让前来的客户亲手体验采摘高品质新鲜水果的乐趣，同时合作社的收益也有所保证，可谓"一举多得"。

但果子"自采"场地、时间、数量毕竟有限，相较于成熟的黄桃只占很小的一部分，剩下的大部分黄桃还是需要通过其他销售方式走出果园。对于汤善姐这些"懂技术"的人来说，种植在他们手里并不是什么困难的事，反而运营是一大难题。2018年，因为黄桃滞销，看到从冷库中拉出一车车黄桃被当作"垃圾"扔掉，这么好的果子被白白浪费，汤善姐十分心痛，同时下定决心不再让这种浪费大自然成果的事情发生。探索自采之外的销售方式，建立新型网络销售，进行全方位运营和多层次宣传，让自家果园的果子实现更大的价值，这是大多数农户正在思考的当务之急。不过随着青浦区公用品牌"淀湖源味"的建立，先福蔬果专业合作社的果子将会通过集约管理、集中营销被更多人知道，也被更多人喜爱。

**通过声音，更了解绿色青浦**

# 一棵茭白，练塘一色

茭白

　　"翠叶森森剑有棱，柔条忪甚比轻冰。"在宋代诗人许景迁眼中，茭白好似一位"犹抱琵琶半遮面"、外冷内热的美人，翠绿的茭白叶仿佛双刃锋利的宝剑，层层绿叶包裹着的茭白肉却白嫩如玉，惹人爱怜。这大概是对茭白最贴切的形容了。在唐代以前，茭白本来是像水稻、小麦一样作为粮食食用，可它偏偏"阴差阳错"遇到了叫"黑粉菌"的死敌。受到黑粉菌的寄生和感染，茭白花茎受刺激使细胞不断分裂和膨大，叶片制造的养分也都集中到花茎基部，形成纺锤形的肉质茎。敢于探索的江南人发现因被感染而形成的肉质茎具有独特风味，完全可以作为蔬菜食用。就这样，聪慧的农民利用黑粉菌阻止茭白开花结果，也就形成了如今我们所见的茭白。如若你问一个北方人茭白是什么，他也许会挠着头绞尽脑汁却怎么也说不出答案，但如若你问一个江南人，他会毫不犹豫地告诉你：茭白啊，不就是家常菜吗！并且还要加上一句："茭白可要选青浦练塘地区的，那儿的最好吃。"

## "不一般"的水和泥

作为上海市第一个获得国家地理标志产品保护的蔬菜品种，"练塘茭白"的名声如雷贯耳，练塘也有着"华东茭白第一镇"的美誉。作为全国有名的"茭白之乡"，练塘也坐拥华东地区最大的茭白种植基地。被誉为"水中人参"的茭白是水生植物，对水质与泥土要求特别高。地处上海西郊，上承江浙川川细流，下迎浦江滔滔大潮，练塘自古以来就是物产丰饶的鱼米之乡。

练塘茭白的发展能保持长盛不衰，成为农业亮点的关键，首先便是当地优越的水网资源。当地茭农常说："有水，茭白才能长得白嫩，用水量不够茭白会变青、变长、变细。"练塘茭白的主产地均处于黄浦江上游水源保护地范围内，这片水系是上海市居民饮用水、生活用水水源地，水质常年保持在国家二级地面水环境质量标准以上，且其年均降水量在 1000 毫米以上，雨量充沛，完全符合茭白 120 天的生产雨日。此外，气候也是茭白生长的一大助力。位于亚热带季风性气候区的练塘，日照充足，四季分明，且气候温和，常年主导风向为东南风，平均温度为15.5 度。

"我们这的土啊，是青紫泥，茭白长在这好得不得了。"拥有一片沃土是练塘茭农们的骄傲。所谓"青紫泥"，是指酸碱度为 6 左右，呈现弱酸性，土体基色为青灰色的泥土。练塘地区属于长江三角洲冲积平原，由于海潮势强，泥沙积滞，使原来的一片汪洋逐渐成为滩荡圩田。因此，用来种植茭白的土壤多为由湖河沉积而成的沃土。土壤中含量极为丰富的有机质和铁、锌等微量元素，有利于当地水生作物茭白中特有物质的积累与合成，也保证了谷氨酸、粗纤维等物质的形成，从而奠定了练塘茭白内在的物质基础。

## 曲折中发展进步

练塘镇自古以来就是茭白的成长之地，种植茭白的历史可追溯到 400 年前，虽说规模化生产在 20 世纪五六十年代就已经开始，但真正形成产业并成为练塘镇的名片则起步于改革开放后。

改革开放后，时任镇党委书记在基层调研的基础上经过深思熟虑，提出了以练塘茭白为主要产品，达到"一亩土地产出万元钱千金粮"的目标，以此调结构、增效益、富农民。政策的支持和农林牧渔的全面发展，为练塘镇人民开始摸索出自己的茭白成长之路提供机会。

然而不同于其他可用农机种植的作物，种植茭白是十分辛苦的农活，需在泥水里深一脚浅一脚地照料。四月茭恰逢低温，种植茭白需要进入冰凉的泥水中；麦茭、秋茭收获时又正值大热天，农民们不但需要忍耐极端天气，更要防止夏日蚊虫叮咬，有时甚至要在脸上涂满泥巴，辛苦至极。但这完全没有吓倒击退勤劳的青浦人，对茭白的喜爱以及茭白的较高收益让当地农民肯吃苦耐劳、肯动脑筋，挤出面积也要种植茭白。1985 年、1986 年县委县政府在全县范围内大力推广茭白种植，尤其是青西地区成了发展高地。当时青西 11 个乡镇，茭白种植面积达到了 5 万多亩，相当可观。就这样，茭白从小规模分散式种植成为农业增效的有力抓手。

产量提升后随之相伴的是对质量的担忧。20 世纪 90 年代是社会普遍追求产量的时代，加之大家的产品质量意识不强，个别地方的茭农无节制地使用农药，用以保证大量生产。农药化肥的使用，再加上运输环节卫生和保鲜的不注意，导致茭白质量逐渐下降，就连茭农也慢慢地不敢生吃自家种植的茭白，生吃茭白变成了一种稀罕事。

"不能砸掉我们练塘茭白这块老牌子！"在这种观念的指引下，练塘得出了一套保证自身茭白质量的方法。首先作为水生蔬菜的茭白要能安全入口，严防农药残留是重中之重。镇里通过设立几个农药指定供应点，保证农药使用的质和量。农药不仅由公司统一进行采购发放，种植户须持"农药补贴卡"，才能购买到高效低毒的农药。13 个茭白村，每个村都有一名安全监管员，负责在田头巡视，一旦发现哪家打药水，就要前往查看是否使用了安全农药。每个合作社的农田大户都必须有田间档案，用来记录茭白田的农药使用情况。每到茭白上市季节，安全监管员会到各家田头任意采样，然后送到镇上进行农药残留检测。其次，目前练塘茭白已经实现了自己培育品种。从长势较好的茭白中取出一块进行培育，待到来年三四月进行种植。

"我们干活累了，就拔起来几根直接吃，香甜得很呀。"当地的茭农们经常在田里干活时就这样用自家的茭白补充能量，这也从侧面反映了练塘的茭农们对自家茭白质量的信任，反映了练塘茭白"从宽到严"的质量要求。这种对公共食品安全的高度责任心和抓安全的一个"严"字，正是老品牌的市场信誉经久不衰的奥秘所在。

## 新时代的练塘茭白

从2008年开始，练塘镇每年都会迎来"茭白节"，吸引全国各地游客游玩参观。自第一届茭白节开始，11年时间让茭白成为了练塘一张响亮的名片，使练塘的资源得到了进一步的利用和发挥，练塘的茭白产业也得到了长足的发展和进步。

新时代的练塘茭白要从十几年前练塘镇开始实施精品茭白的品牌化战略开始。2003年成功注册产品商标"练塘"，2008年"练塘茭白"还成功获得了国家地理标

茭白叶制作的工艺品

志保护产品称号。此后，练塘镇不断拓展茭白营销领域，除了标准化菜场专摊销售，还对城市超市、联华超市、家乐福超市等供应小包装精品茭白，网上销售平台也在逐步建设。品牌化的战略还得益于练塘茭白的产业化经营，将茭白的经营主体转变为以专业合作社、龙头企业为主，实现产加销一体化的模式。这样规模大、理念新、科技应用能力强、产销结合好的经营主体能够在对外营销上与大单位建立稳定长久的营销合作关系，在农产品的安全上也有很好的保证。通过产业化经营的推行，茭白产业在原有的基础上，实现了新的提升，从原来一家一户经营变成合作社、涉农企业的规模经营；从原来集中上市变成均衡上市，经济效益也较从前大幅提高。

除了作为蔬菜食用，用茭白叶编织的手工艺品也是新时代练塘茭白的代表产业之一。练塘茭白编织业的带头人是练塘人钱红弟的爷爷，他去日本后发现那里有用稻草做纪念性工艺品的习俗，于是便想到了硬爽挺刮又可折的茭白叶。1995 年，他组织人把茭白采摘后剩余的叶子编织成工艺品，变废为宝，远销日本。当时还通过技术能手的"传、帮、带"在 24 个行政村广泛推行，形成家庭副业。如今茭白编织业已然形成了成熟的产业。面相好、颜色翠的茭白叶在灵活的练塘人手中变成了精巧的工艺品，那些被剩下的茭白叶也没有被抛弃，而是被运往有机肥料场，经过发酵后用作有机肥料，重新回归大自然。这样一来，之前茭农眼中令人头疼的"麻烦事"、被当作"垃圾"的茭白叶摇身一变成为茭农们致富的另一大法宝。

以茭白为媒，练塘镇一直倾力让茭白成为练塘镇的农业支柱产业，同时延伸其产业链，大力开发练塘作为历史文化名镇的旅游资源，并提炼出红色、古色、绿色三种颜色。红色，指红色文化，全国爱国主义教育基地陈云纪念馆就位于下塘街 95 号。古色，是练塘的江南文化。练塘建镇已有 1100 多年，历史源远流长，文物古迹众多，具有深厚的文化积淀。最值得一提的是绿色，它指练塘的水乡生态，体现在"田广、林密、水清"，每到茭白丰收的季节，练塘田头碧绿连天，满眼郁郁葱葱，勤劳踏实的当地人民穿梭于茭白田中，享受着收获的喜悦，泥土的芬芳与茭白的清香相互交织，编织出练塘独特的风景。现如今，一年一次的"茭白之约"——练塘茭白节已成为广大市民喜闻乐见的旅游、文化、健身的节日。

　　茭白的食用，始于江南地区，茭白的品种资源，也以江南地区最为丰富。而在这物产富饶的江南地区，又以青浦练塘的茭白最为盛名。练塘茭白，给予了练塘镇农民丰富的经济回报，为练塘镇增添了更多的色彩，也为上海这个现代化的大都市输送了珍贵的文明财富。

**通过声音，更了解绿色青浦**

# 种珍稀菌，植生态菇

　　青浦的菌菇种植，一方面与现代科研联手，另一方面也在回归农业绿色天然的本质。2019年，来自青浦的上海乐缘农业科技推广有限公司（以下简称乐缘农业）与上海市农业科学院（以下简称上海农科院）食用菌研究所合作试种羊肚菌，在青浦首次栽培就取得了比较理想的效果。经过多年发展，上海天茸菌菇专业合作社（以下简称天茸合作社）已在其天茸农场内形成了较为完善的生态循环发展模式。把稻谷的余料作为菌菇生产的原料，用种植菌菇剩余的有机养料发酵而成的有机肥滋养蔬菜，同时将打碎的菇头菇脚作为营养饲料喂给鸡、鸭，菇肥、菜鲜、鸡鸭美。

## 借力科研，首试羊肚菌

　　自国家提出乡村振兴科技支持的行动以来，青浦区政府便将农业供给侧改革、实现农业的跨越式发展提上了日程。在品牌、品质、品种为主的"三品"战略的目标下，乐缘农业的总经理徐君标开始思考增加公司的农产品品种以强化竞争力。彼时，羊肚菌，这一口感极佳、营养丰富且具备高附加值的优质品种，进入了徐君标的视野。

　　在我国，民间其实早有着"年年吃羊肚，八十照样满山走"的说法。和其他的养生食物相比，在同等重量下，羊肚菌的钾含量是冬虫夏草的7倍，锌含量是猴头菇的4倍，铁含量是香菇的31倍。在现代人对食材要求健康味道好的理念下，可食用、可药用的羊肚菌是一个不错的选择。徐君标自豪地说："这个菇在上海很少能种成功，像我们这样能大面积地种成，还是头一回。"细说起来，这份成功，除了一份好运气，很大程度上得力于上海农科院提供的菌种和技术支撑。

原来，在自然状态下，野生的羊肚菌多生长在阔叶林地上、林缘空旷处，主要产区分布在我国四川、青海、云南等地区。野生羊肚菌有一个特点，就是神出鬼没，常常今年在这片地方还见得到，明年就见不到了。因此，要想寻找得到已十分困难，更别说稳定的鲜品供应，好菇不稳定、量产也低。这样特殊的生长习性加之保质期短，导致该菌菇很难在长三角地区规模化栽培，也很难在保持质感的情况下从西南、西北地区运送至上海。因此为了便于储存和运输，长久以来，市面上常见的羊肚菌大多是干品。虽说干制的羊肚菌气味会更加浓烈，但鲜品的口感是干制的羊肚菌所不可取代的。解决在长三角地区规模化种植的难题，绝对是个有技术含量的项目。

2015 年上海农科院在上海试栽羊肚菌，实现了在长三角地区的首次成功栽培。在之后 4 年多的时间里，研究人员们针对羊肚菌生长的不同阶段，全面掌握其生长所需要的各项条件：如在菌丝生长期不需要光线，适宜的温度区间在 20—24 度；在子实体发育期间需要微弱的散射光，温度在 15—18 度之间等。这才使四川阔叶林里的羊肚菌安稳地生长在水墨江南。

乐缘基地种植的羊肚菌

　　上海农科院细致严谨的前期研究，给乐缘农业带来了可喜的种植成果。截至2019年3月出菇之际，在练塘涵养林里种植的65亩羊肚菌，亩产达到300斤以上；钟联村大棚种植的20亩，亩产超过400斤。保守估计，羊肚菌的投入产出比至少可达1:1。

　　乐缘农业之所以选择尝试规模种植羊肚菌，一方面是对上海农科院的信任，另一方面也是受到青浦区"品牌、品质、品种"战略的驱动，农业可以紧紧握住科技的手，从而展现农业科技的魅力，给周边的市民带来更多的福利。现在，乐缘农业产的新鲜羊肚菌当天就可以到达市民们的菜篮子里，大大方便了爱好羊肚菌的食客们。

乐缘羊肚菌

## 践行生态，创循环模式

　　随着农业现代化的推进，传统意义上的耕种景象很难再现。但位于上海市青浦区重固镇新丰村的天茸合作社依然采用最传统、最原始的耕作方式，赋予农业一种仪式感。每年从春耕时期，合作社理事长杨开耀就开始忙碌起来，天蒙蒙亮时下地，和合作社农民们一起劳作。一手握着农具、一手提着篮兜，在田间地头干活一

天茸菌菇

点也不马虎。

在天茸农场里，种植着包含姬松茸、虫草花、金福菇、长根菇、灰树花、鸡腿菇、茶树菇、黑木耳在内的珍稀品种共十余种。这些食用菌不仅美味，而且营养丰富，富含十多种氨基酸、多种维生素和丰富的钙、铁等矿物质。农场里的所有菌菇品种都按照自然规律栽种，而且相比于野生菌菇，对重金属、激素等有害物质的把控可以更为严格和精确。从春耕最初的除草、土壤深翻、下有机底肥，再到下苗、播种；每一道工序都是"全手工"打造。遵循传统农业种植方式，尽管人工耗费大，但通过这样的精耕细作，呈现出来的菌菇是优质、绿色生态的。

2010年，天茸合作社的生态循环模式初步建立，此后不断摸索完善至成熟。生态循环，即在生产过程中利用动物、植物、微生物之间相互依存的关系，形成一个生产环节的产出是另外一个生产环节的投入的循环，起到科学利用自然资源、消除农业生产污染的目的。往日一筐筐栽下的菌菇脚、一堆堆废弃的营养包成了农场的"香饽饽"。具体的做法是把菌菇脚用机器打碎，当作营养饲料，鸡鸭啄食后，能有效吸收菌菇营养，鸡鸭的品质也得到了提升；营养包则通过碾碎、发酵，制作成有机生物肥料。这样的肥料在满足蔬菜生长营养所需的同时，还能提升蔬菜口感。

天茸合作社发展瓜果与菌菇立体种植、蔬菜与菌菇循环种植，在基地内形成一个"资源—产品—再生资源"的物质反复循环流动的生态循环农业系统，实现了环境友好型、资源节约型、产品优质型的可持续发展生态农业，带动社员、农户致富，具有良好的生态效益、经济效益和社会效益。

坚持生态循环农业近20年的杨开耀认为：从事生态农业是艰辛的，但也是幸福的。就如脚下这方肥沃的土地，从播下第一颗种子开始，它的原生态生长周期就是一种坚守与执着。

**天茸菌菇**

这小小的菌菇，承载了青浦人对农业的思考：如何将农业与科技联手，如何回归农业的本质，向周边老百姓提供绿色生态的食材。乐缘农业和天茸合作社都是青浦致力于提供绿色有机食品的践行者，因为他们相信，只有提供消费者放心的高品质产品，才能打响青浦生态农业品牌，才能有更多更长远的收益。

**通过声音，更了解绿色青浦**

# 一棵蔬菜，一片热忱

蔬菜是沪上人家餐桌上少不了的菜品。肉再美味，也要吃点蔬菜补充维生素以均衡营养，鸡毛菜、荠菜、春笋、草头、红薯叶、木耳菜、菠菜、小白菜等都是上海百姓所喜爱的时令蔬菜。不论是在餐馆饭店还是寻常百姓家里，都能经常看到它们的身影。青浦作为上海主要地产蔬菜生产区之一，肩负着为上海市供应地产蔬菜的重任。在保量的同时，青浦一直对蔬菜的质量有很高的要求，各大合作社也将此要求内化为自己的目标，采用现代化与科学化的管理，将一棵棵绿色有机蔬菜送进热闹的菜场。世鑫和春昌这两个合作社正是青浦蔬菜种植的标杆，作为领头羊践行着青浦蔬菜种植勤恳踏实、勇于创新的精神。

## 田金弟：热爱土地

乡村的清晨，最先打破平静的有时不是鸡鸣犬吠，而是劳作者的脚步声。田金弟是上海世鑫蔬菜种植专业合作社（以下简称世鑫合作社）的理事长，他总是最早到达田间地头。2019 年，世鑫合作社承包的土地面积已达 800 多亩，种植有青菜、番茄、芦笋、茭白、大白菜、黄瓜等蔬菜品种。作为青浦区蔬菜标准园标准化管理的标杆基地，曾被授予"上海世博会蔬菜生产供应先进单位"、上海市绿叶蔬菜基地"优秀示范户"等荣誉。

田金弟是土生土长的当地人，他喜欢别人叫他"小田"，这显得亲切些。田金弟年轻的时候看到当地水嫩嫩的茭白卖不出去只能丢到河里便暗暗问自己，什么时候能带领乡亲们走上种植致富的道路。到了 2012 年，正好有个契机他便成立了世鑫合作社，租下了 350 亩的土地，开启了蔬菜种植的艰苦道路。田金弟也曾经历资金缺口大、土地平整难、劳动力匮乏、种植品种不受市场欢迎等问题，但他都咬咬牙挺了过来，在最艰难的时刻都不曾将土地承包出去，为的就是要形成规模化的种植。

吃过了创业的苦，田金弟总是想加倍努力，认认真真、踏踏实实做好手里的每一件事情。他的心里怀揣着最朴实的"要种好蔬菜"的想法，每天都有使不完的力气，肩上扛着一百多号人的生计，更是严格要求自己，不敢出一点差错。

田金弟每天早上6点不到就出门了，晚上8点才回到家，365天，无论刮风下雨天天如此。他自己说："农业种植方面肯定要自己管，否则质量方面啊、安全方面啊，不放心的。"每天一到合作社，田金弟就要先盘算一下当天的工作任务，等工人来了快速分配任务，开始紧锣密鼓的一天。遇到蔬菜的收割季节，田金弟更是时时刻刻电话不断，有条不紊地安排基地生产、掌握生产进度、联络配送车辆等。

田金弟接受采访

800多亩的生产基地上，田金弟每天都要"巡视"一遍才行，自己看过了各类蔬菜的长势、掌控了农药使用，才能对送出去的菜放心，田金弟表示，"种地，首先要做安全、放心的菜给市民吃的。我送出去的菜没有一棵是不放心的，送出去的菜和我吃的菜都是一模一样的"。

从成立到现在只有短短几年的时间，世鑫合作社却获得了极大的成功，拥有了六大功能区：设施蔬菜种植区，茭白种植区，蔬菜病虫害测报区，产品加工区，蔬菜废弃物资源化利用处理区，水肥一体设施、农资库房区，成为了集蔬菜生产、销售、配送为一体的专业农业合作社。近年合作社配套规范化管理、标准化种植，蔬菜产品的质量更是得到了保证。青菜、番茄、芦笋、茭白等品种获得农业部"绿色"食品认证，近两年蔬菜"绿色"食品认证率达到80%。

除了勤劳付出之外，战略布局也是世鑫合作社成功的另一大关键。蔬菜品类多，但是田金弟一开始就决定以青菜种植为抓手，要让人们买青菜就能想到世鑫合作社的青菜，使"青菜主产区"形象深入人心。在此战略规划下，世鑫合作社夏季种植矮脚青，冬季种植日本的华王青。种植过程中，世鑫合作社认真挑选好品种，科学管理，严格规范，最终以好品质的蔬菜产品在市场上积累了相当高的美誉度，成为了当地名副其实的"青菜大王"。

为了进一步提升市场竞争力，近几年世鑫合作社开始寻找第二大主推产品，力求在差异化的市场竞争中寻找机会创造优势。田金弟在经过市场调研之后决定选择种植番茄，而且定位种植早熟品种的番茄，错开番茄扎堆上市的时期，赶个"早市"，在价格上产生优势。经过试种之后田金弟决定选择"金棚一号"早熟品种粉果番茄，口感好、外形佳、产量高、损坏率低，抗病防畸能力也高。

对于产量大的生产基地来说，销售环节也是极其重要的，种出来的好菜及时卖出去才能确保新鲜品质。目前，世鑫合作社的蔬菜一部分销售给农工商、世纪联华超市等一些大卖场，一部分供应给伙食团，还有的供应到全市各区的销售点。为了能够尽可能地实现田金弟一直坚守的信念——"每天给百姓提供新鲜可靠的蔬菜"，世鑫合作社还建立一支物流配送队伍，拥有多辆属于自己的菜篮子配送车。白天采摘，晚上配送，让老百姓一大早就能买到新鲜的蔬菜。

田金弟虽然学历不高，但通过几年的摸爬滚打，他充分认识到科技在蔬菜种植中的作用。近年来，世鑫合作社积极与市农科院等科研院所、推广单位合作，开展设施菜田土壤修复和改良、绿色防控、水肥一体化、专业化防治、生态循环等蔬菜绿色发展工作，提升基地蔬菜科技应用水平。将新的技术和科技成果运用到生产实践中，依靠科技取得了明显的经济效益。主持或参与了上海市科技兴农、青浦区科委农业基金等项目数十项，世鑫合作社已成为青浦区绿叶蔬菜种植耕—种—管—收机械化程度和全程绿色高效生产技术应用程度最高的基地。

田金弟自己的事业做好了，也没忘记乡亲们，合作社除了提供 60 多个工作岗位之外，还为附近五六十位残障人士提供了工作。他一视同仁，认为只要能把活做好，都是一样的。

日复一日，年复一年，已经五十几岁的田金弟仍然豪言还要再工作十几年！他对土地倾注热情与汗水，土地也无私地赠与他一年又一年的丰收，这份丰收带给他成就感也带给他继续向前的动力，不断接受新的挑战，不断提高生产技术，不断在乡村振兴的道路上稳步前行！

## 陈春昌：敬畏土地

说到青浦的蔬菜种植，除了世鑫合作社之外，另一个不得不提起的就要数春昌蔬菜了。春昌合作社由陈春昌成立，已经建立了 500 亩的蔬菜基地，全部种植绿叶蔬菜，上市量达到 6000 多吨。

春昌合作社主要种植的是芥兰和生菜，其中芥兰是主打产品，其色泽深绿，茎叶白粉，气味清香，质地柔嫩，味道鲜美，深受市场好评。春昌合作社将芥兰的种植与推广发挥到了极致，在合作社内部开展"芥兰大王"的评比，从重量、卖相和口感 3 个大项、10 余个小项中，选拔出真正的芥兰之王。

春昌合作社能够长期占领蔬菜市场，靠的是对食材的尊重与对土地的敬畏。陈春昌分享其蔬菜屡次获奖原因时朴实地说："人要勤劳，有机肥要多施一点，你不能全指望化肥。首先化肥对蔬菜品质是有影响的，再说，长效管理的话，还是有机肥对土地有好处。"

一直以来，春昌合作社珍视土地，土地好了才有可能种出好的庄稼。种菜是一季一季的，但是土壤养护却是永久的事，土地如果要长期使用，化肥就必须要尽可能地少用，否则偷懒使用化肥时间长了土地就老化了，再难种出好的蔬菜了。为了养护土壤，春昌合作社采取轮茬轮作、深翻高温闷棚、蚯蚓养殖等方式种植。与此同时，合作社的菜农们还通过三诱一网、生物农药替代等措施，实现病虫害的绿色防控。正是基于这样的理念，陈春昌的各类蔬菜都有口皆碑。

**陈春昌接受采访**

种植蔬菜的人都知道蚯蚓养殖可以改良土壤，但是真正去做的却很少。因为蚯蚓苗价格高昂，还要搭配每亩数吨的牛粪等有机肥，对人力、物力都是极大的挑战。虽然会有相应补贴，但是短期内不会有很大的改善，大多数合作社都没有采用蚯蚓养殖的方法。但是，春昌合作社顶住压力坚持蚯蚓养殖，这不仅是为了长期受益，更是为了能将这一片又一片的土地传承下去。

除此之外，春昌合作社积极响应政府废弃物资源化利用的号召，循环处理废弃蔬菜。在春昌合作社，一年要产生950吨的菜叶垃圾，绿叶菜菜壳菜皮、茭白秸秆、地里留下的藤蔓、残留根等，这些都成为了令人头疼的蔬菜废弃物，田里空着

**春昌合作社内种植的蔬菜**

的时候还能直接扔到田里做肥料，但大部分时候田里都种上了蔬菜，不能很好地形成处理循环。恰好政府开始尝试"粉碎＋微秸宝"的蔬菜废弃物处理模式，而这与春昌合作社一直以来的理念相合，因此春昌合作社率先加入了试点。即使设备昂贵，春昌合作社仍然积极购入，将其植物秸秆、老叶、菜皮等粉碎、发酵、呕肥，春昌合作社可以生成500吨有机肥，这些有机肥重新投入田间使用，减缓土壤盐渍化，提高蔬菜品质。春昌合作社也由此走出了一条生态、绿色、可持续发展之路。

陈春昌笑称自己"只是一个种菜的"，但正是这样真正用心种菜的人才会有所作为，正是这样对土地抱有尊重和敬畏的人才会得到土地的馈赠。敬畏土地、尊重食材，这也是青浦搭建"淀湖源味"农产品区域公用品牌的重要内涵，让绿色蔬菜被大家认可，让背后朴实的农民在土地上绽放笑容。

无论是世鑫合作社的田金弟，还是春昌合作社的陈春昌，他们都勤勤恳恳地在青浦的这片土地上忙碌着，他们热爱土地，对蔬菜有真挚的情感，他们辛勤付出，老百姓们才能吃上真正的绿色蔬菜。未来，他们还将向着标准化、规模化和机械化的现代农场转型，实现"机器换人"，为"乡村振兴，青浦先行"再助力！

通过声音，更了解绿色青浦

# 鳖生莲湖，味美质佳

每年 11 月南方天气开始转冷的时候，一般的甲鱼早已冬眠，而走进青浦金泽镇东天村，却能瞧见上海莲湖生态鳖业专业合作社鱼塘里一只只依旧"活泼好动"的生态鳖。青浦"鱼鳖混养"模式第一人项福根从自家鱼塘里捞出的莲湖生态鳖，个个生猛，裙边厚实，嘴巴微张，伸长脖子，不停地挥动四肢，好像随时要发动进攻。

这里的生态鳖与市场上普通的温室饲料甲鱼有所不同，温室的饲料甲鱼裙边柔软没有肉感，且容易垂落，又因为长期吃饲料不吃活食、没有水流的冲击，背甲一般不是很油亮，没有生态甲鱼光滑平坦。莲湖生态鳖自幼在水域较宽的鱼塘生长，野性十足，很灵活，裙边比较厚，硬实不易垂落。生态鳖肉吃起来也更筋道弹滑，裙边软糯滑嫩，即使放凉了也不会有腥味，味道更是毫不输野生鳖，因此被冠以"胜似野生鳖"的美誉。

## 坚守十多载，好水慢养出好鳖

出生在渔民之家的项福根从小跟随父母与鱼类打交道，对水产品有着不一样的情感。最初的时候，项福根的鱼塘里只养了一般的草鱼、鲫鱼等，单养鱼的池塘，大部分的水域空间都被浪费了，经济效益也不佳。"水面是有限的，如何利用有限的资源创造更大的经济效益？"项福根一直在寻求转型的机会，直到 1998 年时，一次去浙江出差，当地鱼鳖混养的水产养殖方式让他一下子产生了浓厚兴趣，便决定尝试一下。回来后项福根大胆尝试将单一的池塘养鱼向鱼鳖混养模式转变，开始了自己的创业之路，也成为了青浦区鱼鳖混养模式的第一个"吃螃蟹者"。

莲湖生态鳖

"春天发水走上滩，夏日炎炎柳荫栖，秋天凉了入水底，冬季严寒钻泥潭"，用这句民间谚语来描绘鳖挑剔的生活习性再贴切不过了。鳖在夏季有晒甲的习惯，到了寒冷的冬季就会冬眠，一直到第二年气温升高之后，才开始苏醒觅食。因而甲鱼的生长周期很长，一般的小甲鱼放到鱼塘里，长到一斤以上要 4 到 5 年，长到两斤左右则需要等上 6 年。

"养好鳖，急不得"，一般的温室甲鱼养 8 个月就拿出去卖了，但项福根的生态甲鱼至少要养上 4 年。从 20 世纪末开始在青浦养殖"生态鳖"的项福根为了保证养出更优质的生态鳖，每天坚持只给它们投喂新鲜的鱼虾、螺蛳等天然的饵料，在养殖的过程中也始终遵循甲鱼的生长规律，让它们吃半年睡半年。"我坚持十几年，坚持到现在，人家养杂交鳖，我就不养，我养中华鳖。哪怕我养得不多，我就少养一点，少卖一点。"项福根十年如一日的坚持，十多年下来，他养殖的生态鳖"不需要进温室、不依靠膜棚、不使用任何药物"，在自然温度下和良好的水环境中，加上深水大塘三至五年放生养殖，最终养成了肉质结实、营养丰富、无腥味、口感好，可与野生鳖媲美的"莲湖"牌生态鳖。

然而，鳖除了生长周期长，对生长的水域环境要求也极高。鳖的生活习性还可归纳为"三喜三怕"，即喜静怕惊、喜阳怕风、喜洁怕脏。在自然环境中，鳖喜欢栖息于水质清洁的江河、湖泊、水库、池塘等水域，风平浪静的白天还需要趴在向阳的岸边晒太阳，因此鳖对生长的水域环境非常挑剔。

生活在青浦的莲湖生态鳖就比较幸运了，除了每天能吃上新鲜的鱼虾、螺蛳等天然饵料，还能生活在宽敞优质的鱼塘里。项福根养殖"莲湖"生态鳖的鱼塘皆为改造好的标准化水产养殖场，池塘规范整齐，进排水系统完善。池塘面积一般为 8—10 亩，平均水深 2.0—2.5 米，池底平坦。每个池塘配备 3 千瓦增氧机 2 台。而上海莲湖生态鳖业专业合作社养殖基地所处的青浦区金泽镇，更是南邻太浦河，北傍淀山湖，水源充足，水质清新良好，周边无工业污染，水质符合农业部《NY 5051-2001 无公害食品淡水养殖用水水质》要求。这恰恰为莲湖生态鳖的生长提供了绝佳的天然生长环境，因此，莲湖生态鳖的生长环境同野生甲鱼几乎没有什么区别。

## 执着追求品质，创建自主品牌

从甲鱼的养殖到销售，上海莲湖生态鳖业专业合作社打造了一条完整的产业链。据项福根介绍，每年三次检查一丁点问题也绝不放过。统一供苗、统一供料，坚持健康科学养殖，禁用对人体有害药物，不用有色添加剂，无激素添加，经三到五年放生养殖后，统一收购、统一销售。

项福根接受采访

"甲鱼质量安全检测十分严格，每年三次过审可不是随随便便就能过的。"整个养殖流程环环紧扣，严谨有序。"养殖密度过高，甲鱼容易生病。"因此他总是将存塘量保持在一个合理的范围内，一亩水面仅放 100 只甲鱼，让甲鱼在一个最适宜的环境里生长。凭借着过硬的养殖技术和可信赖的产品质量，项福根一手打造的"莲湖"牌甲鱼"身价"也越来越高。经过十多年的努力，项福根养殖的"莲湖"牌生态鳖通过了上海市安全、卫生、优质农产品的认证，被评为"上海市安全卫生优质农产品""农业部无公害产品""中国绿色食品上海博览会产品畅销奖"。为了更好地开拓市场，让产品出效益，必须要打造属于自己的品牌，抓好质量管理，经过项福根十多年的努力，"生态鳖"产品在 2005 年通过了国家无公害认证，2012 年又通过了 ISO9001—2008 标准质量管理体系认证，并注册了"莲湖"商标。像"莲湖"生态鳖这样成功的好产品，离不开养殖户对品质的执着追求，对"少而精"的坚持也让传统农产品的优势凸显、含金量更高。

## 共享生态养殖，带领村民致富

甲鱼是用肺呼吸的，因此必须经常浮到水面上，它从水底到水面的往返运动，加快了上下水层的垂直循环，使表层的过饱和溶氧扩散到底层，弥补了水中溶氧量的不足。项福根说，甲鱼在水底活动，能加速池底淤泥中有机物的分解，使水质变肥，既起到降低有机物耗氧和缓解水质变化的作用，又有利于滤食性鱼类的生长。十多年的坚守，项福根探索出了一套新型养殖模式，形成了鱼和甲鱼互动互助、空间合理配置、水资源充分利用的生态养殖模式。

近些年，上海市青浦区金泽镇东天村这种鱼鳖混养的生态养殖模式声名鹊起，对于"莲湖"生态鳖品牌的建立，项福根作为青浦区鱼鳖混养模式的第一个"吃螃蟹者"，有着不可磨灭的功劳。项福根从 2002 年成立上海莲湖鳖业有限公司以来，一直积极投身水产养殖，随着这种生态养殖模式的效益越来越可观，项福根便想着把这种生态养殖模式分享给更多的村民，带领大家共同致富。

创业之初，周围的人对于项福根的想法并没有太大的信心，"开始的时候村民不太放心，当时只有 2 户人家敢尝试"。到了后来，当看到鱼鳖混养这一尝试效益越来越好，便有越来越多养殖户积极加入到了混养的队伍中来。于是在 2004 年的时候，项福根便牵头成立了上海莲湖生态鳖业专业合作社，养殖面积有 238 亩。为了帮助更多的村民走上养殖致富之路，项福根开始以合作社为平台，将先进的养殖技术和经验无偿地传授给广大水产养殖户。"相比传统的水产养殖，鱼鳖混养模式亩均纯利可增加近 2000 元。"如今，合作社成员每户约有 10 亩左右的养殖面积，每年甲鱼销售量近 3 万只，每年有近 10 万元的收入，这皆是得益于项福根敢为人先的大胆尝试与十多年的坚持，才能带领更多的人走上生态养殖的致富之路。

"中秋月圆以甲鱼怀乡，重阳尊老以甲鱼益寿，春节欢庆以甲鱼待客"，在中国的传统节日里，在南方的宴席上，也历来把鳖称为"八珍"之一，特别是甲鱼的裙边更是回味无穷。今天，经过越来越多的"项福根们"的努力，更多优质的"莲湖"生态鳖能够摆上寻常百姓家的餐桌，让更多的人吃上筋道弹滑、软糯滑嫩的"莲湖"牌生态鳖。

通过声音，更了解绿色青浦

# 淀山湖蟹，四味俱全

"介甲尽为香玉软，脂膏犹作紫霞坚"，大闸蟹膏红脂满、香甜可口，是秋风起时的美味佳肴。虽然在众多产蟹区域中，阳澄湖大闸蟹声名远播，但青浦淀山湖的大闸蟹在品质上也丝毫不逊色。青浦淀山湖与大闸蟹的渊源颇为深远，"蟹文化"从古代相传至今，蟹农们为了保证大闸蟹的品牌价值，对大闸蟹的产量与品质严格把关，做到小而精，将吃螃蟹也发展出了"文食"的礼仪文化。

## 渊源久相连

"秋风起，蟹脚痒；菊花开，闻蟹来。"上海人与大闸蟹的渊源着实密不可分，这"沪"字、这"闸"字的起源也都联系在一起。考古工作者在发掘上海青浦崧泽文化层时发现，在先民的食物残渣中有大量的河蟹蟹壳。此外，两部在历史上颇有影响力的关于蟹的专著——北宋傅肱的《蟹谱》和南宋高似孙的《蟹略》中有大量关于江南地区产蟹、捕蟹、食蟹的内容，上海地区更被明确记载其中。可见上海长久以来就盛产蟹类，先民们很早就开始捕蟹、吃蟹了。

史料记载，古时，吴淞江水域下游的村落多为渔民，普遍使用一种叫做"滬"的竹制渔具。由于使用方便，收获颇丰，在吴淞江沿岸乃至江南地区被作为传统渔具之一，时至今日仍有使用。而"滬"的简体字便是"沪"，如今上海的简称。

史料记载中"以簖捕蟹"的方法非常普遍。捕蟹季节，每逢夕阳西下，捕蟹者便在湖中或港湾间，以竹或芦苇筑起一道道"蟹簖"，守株待兔，就等着"无肠公子"自投罗网。捕蟹者不需要自己多费力，只要点起一束光照到水面上，蟹兵们便会争先恐后地找寻过来，颇有"一夫当关"的气势。而这一道道的"簖"也被形象地俗称为"闸"，由此"大闸蟹"的称谓便传开。有趣的是，在青浦县《解放乡志》中还留存着捕蟹用的"蟹笼"示意图，这蟹笼制作精美，先民工匠的巧思时至今日仍然让人称叹。

"蟹经济"早在古代便已经十分昌盛。唐代张读所著《宣室志》中记载："宣城郡当涂民有刘成、李晖者，俱不识农事，常以巨舫载鱼蟹，鬻于吴越间。"脚踩一只大船，或装大批鲜鱼，或装成筐的活蟹，往来于吴越之间。这短短几句的描写，唐代吴越地带捕捞业的发达、鱼蟹的盛行以及贩鱼贩蟹的经济规模已经跃然纸上。

青浦地区开始尝试人工放流蟹苗养殖是在 20 世纪 60 年代末期开始的，80 年代开始尝试池塘养殖。1969 年，将中华绒螯蟹（"大闸蟹"的学名）在淀山湖进行蟹苗放流试验。1970 年，上海市水产局组织科技人员对蟹苗汛进行汛发预报。1971 年，上海市水产研究所等研究了毛蟹的回游、繁殖、发育、生长等，总结了一套从河口捕蟹苗、放养到内陆水域的资源增殖措施，弄清了蟹苗回游与潮汐的关系，蟹苗资源进入生产性利用。

虽说现在大闸蟹中最出名的是阳澄湖的大闸蟹，但是上海与大闸蟹的渊源是怎么也割不断的，其中青浦更是有史为证，见证了早先大闸蟹文化的繁荣，并将这份"大闸蟹文化"传承下来。淀山湖的大闸蟹因为产量不大，走的是"精耕细作"的养殖道路，因此很难形成大规模的品牌经济效应，知道的人也更少一些。但是，淀山湖大闸蟹也曾在全国河蟹大赛中连续两年获得"金蟹奖"，应了那句老话"酒香不怕巷子深"。

## 好水出好蟹

要养出好的蟹，水质是第一要素，毕竟水滋养着蟹，给大闸蟹提供了最基础的生存环境。"好水出好蟹"，这是以上海商盛河虾专业合作社社长钱金根为代表的青浦蟹民们总念叨在嘴边的一句话。

青浦大闸蟹主要养殖在淀山湖中，这里从水源到水质都进行监控，层层把关，关关用心，这才造就了"水源湖"清水大闸蟹"肉厚黄满，味道鲜美"的好口碑。一个月一次的水质检测，确保水质一直处于最优的状态，因此，这淀山湖大闸蟹的口感就和野生蟹差不多了。对水体状态的严格把控，大大降低了河蟹的养殖风险。这一点青浦蟹农们深有体会，他们的河蟹养殖已连续多年没有病害发生。

淀山湖大闸蟹在养殖方面采用生态养殖的方式，在养殖区域内种植大量水草，覆盖率达到40%—50%，一方面能改善水质，另一方面水草和投放的螺蛳等又能为河蟹提供天然饲料，极大提升了大闸蟹的口感。除了天然饲料之外，投喂给淀山湖大闸蟹的食物也是纯生态的。蒸熟的南瓜和新鲜搅碎的鱼块拌在一起，荤素搭配，别提多有营养了。这种人工投食饲料也仅在傍晚进行，目的就是为了让大闸蟹白天尽可能的多食用水草和螺蛳，晚上再加餐养膘，让肉质更加鲜美。

喝得好，吃得好，还不是青浦淀山湖大闸蟹肉质紧实鲜美的全部秘诀，还有一大法宝便是这淀山湖的湖底特色了。淀山湖的湖底不像一般湖底那般软绵，较为硬实的湖底为大闸蟹提供了天然的"健身房"。当午后的阳光射入湖底的时候，水草飘摇，大闸蟹们沐浴在阳光的温暖中，伴随着水草摇曳的身姿一起开始爬行，运动多了，自然也就比普通养殖的大闸蟹肉质更紧实香甜了。

"水源湖"蟹在养殖密度上也很有讲究，为了保证每只河蟹拥有健康的体魄和"舒适宽敞"的栖息空间，"水源湖"蟹一律按照每亩500—600只的标准进行放养，在这寸土寸金的上海，平均一只蟹能拥有1平方米多的土地足以展现青浦蟹民们对这些大闸蟹的珍视。青浦大闸蟹追求的不是数量，而是每一只都要保证品质，打响品牌。当然，这种养殖方式在产量上虽然不及传统养蟹，但大规格商品蟹的比例更高，经济效益也有明显提高。

选蟹时候的老方子要选"青壳、白肚、金爪、黄毛"。这些标准放在青浦淀山湖养育出来的大闸蟹身上便是顺理成章的事情了。因为水质好且水草丰茂，蟹壳颜色是青色接近水草色，品质更是极佳。淀山湖蟹的腹部经常在湖底摩擦，自然肚皮也发白了。整只爪子是金黄的，蟹螯上和腿上毛的颜色是淡淡的金黄色。

## 蟹美嗲来兮

上海人是出了名的喜欢吃螃蟹。据不完全统计，大闸蟹上市期间，每个上海人每年平均要吃掉 12.5 只大闸蟹。"稻熟江村蟹正肥，双螯如戟挺青泥。"一到秋天，家人朋友便会聚在一起，准备好一盆螃蟹，围坐在一起品蟹畅谈。

清代进士青浦朱家角人士王昶在词《桂枝香·蟹》中写道："好胜似，江瑶雪乳。付松火山厨，香橙细缕。再捣姜芽，快佐槽头菊醑。持螯况味清如许，又记起，年时情绪。银灯影下，玉纤亲擘夜凉庭户。"字里行间，食蟹的情趣跃然而出。

蟹有四味——蟹肉一味，蟹膏一味，蟹黄一味，蟹籽又一味。淀山湖的大闸蟹体大膘肥，蟹肉鲜美之余，带着一丝甜味，连调料都可以省了；蟹膏绵糯，膏红脂满，极为适口；蟹黄绝品，蘸酱醋尤其美味；蟹籽只一口鲜香入喉，便回味无穷。这膏肥蟹美，鲜香满口，一整个秋天的味道都融化在嘴巴里了！

上海人爱吃蟹，吃起蟹来自然也是十分讲究。老上海更是有着"文食"的食蟹礼仪。一张桌子上，一盆蟹雌雄各半，菊花、酱汁、黄酒、蟹八件一样都不能少。赏菊吃酒，蟹香为伴，日子才叫舒舒服服的。更有在烫酒时落入菊花瓣的，尤其风雅。调制的酱汁也有讲究，醋和白糖的比例要适口，拌入姜丝吃起来酸味中有回甘，味道比外面买的蟹醋不知好多少。吃蟹最好的配酒自然是黄酒。黄酒性温，能祛螃蟹的寒性，温寒相抵，不容易生疾病。而且黄酒能除腥味，使得螃蟹吃起来味道更加鲜美。"持螯下酒"中的酒，指的便是黄酒。吃螃蟹最经典的一定是"吃完一只蟹仍然是一只蟹"，这套法子靠的便是"蟹八件"。"蟹八件"是针对吃蟹而专门设计制作的，垫、敲、劈、叉、剪、夹、剔、盛，将食蟹变成了一桩风雅之事。

据江浙沪一带老人说，"文食"一只蟹要一个小时左右，能消磨上一下午的功夫。

青浦当地的人们烹食大闸蟹的方法也是多种多样，铁板烤蟹、蟹粉山药、蟹肉丸子、蟹羹娃娃菜、蟹汁炖蛋、蟹肉馄饨，几乎是十八般武艺全使上了，个个都是吃蟹高手。光绪《青浦县志》卷二中关于"蟹"的记载，另有"蟛蜞"也就是较小的螃蟹，多用于制作醉蟹和蟹酱（糊）。

淀山湖的螃蟹是青浦人的宝。青浦蟹农养起大闸蟹来有的是耐心与细心，他们坚信将蟹的品质做好了，品牌效应自然能竖立起来。就像是"文食"一样，慢工才能出细活。淀山湖水滋养着淀山湖蟹，青浦蟹农用精耕细作打造淀山湖蟹的口碑，这是青浦向大众提供的又一个"淀湖源味"绿色品牌！

通过声音，更了解绿色青浦

# 寻·梦

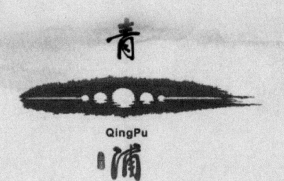

QingPu

似一抹丹青，积淀千年古韵；
似一座虹桥，传递内外交融；
似一片绿叶，勾画碧水江南；
似一字争先，书写崭新青浦。

# 共生共融，绿色生态

自人类开始农事活动以来，农业分工逐渐变得明晰而精细化，种植业、养殖业、农产品加工业等的分类，塑造了一代又一代拥有专业技能的农民和专业户，种植品种的选择也越来越专一，"化学农业"的出现更为这种专一提供了发展的"催化剂"。然而根据生态学的理论，生态系统中物种越单一，该系统的生态稳定性也越差，生态环境更易受损。美国微生物学家玛格丽丝曾说：大自然的本性就厌恶任何生物独占世界的现象，所以地球上绝对不会有单独存在的生物。因此人们不得不开始思考更为绿色生态的农业模式。随着时代的发展，农业内部生态优化的理念逐渐进入现代农业的视野，以产业链条的形成与延伸循环为特征的可持续循环农业经济开始成型，其中极为典型的一种模式就是农业共生系统的建立。而青浦，尤其是以农业著名的青西地区，则是这一模式的先行者之一。

## 何为共生，何以共生

共生本是一个生物学上的用语，英文是 mutualism。从其英文的前缀 mutual（相互的）便可看出它是指两种不同生物之间所形成的紧密互利关系。在共生关系中，一方为另一方提供有利于生存的帮助，同时也会获得对方的帮助。看过动画片《海底总动员》的都知道主角尼莫一家是居住在海葵中的，这是因为海葵有刺细胞的触手可使小丑鱼免于被掠食，小丑鱼的所在也可以使海葵免于被其他鱼类食用，同时小丑鱼也会分泌一种黏液在身体表面，保护自己不被海葵伤害。小丑鱼和海葵之间的互相保护、互相帮助就是一种兼性共生关系。这种共生关系被聪明的青西人灵活地运用到了农业生产之中。

## 有鳖有蛙有鱼鸭　共同创建"稻米 +"

　　对于种植一年一熟水稻的稻民来说，一年收割一季是农业运作的常态。而每年 11 月，丁晓欢都要经历两次繁忙的收获，并且是两种完全不同的"收获"。第一次是 11 月初的稻谷，第二次则是 11 月底的甲鱼，能够实现这点完全得益于丁晓欢引进的"鳖稻共生"的稻谷养殖模式。甲鱼的杂食性及昼夜不息的活动习性，恰好有利于除草、除虫。丁晓欢说："把甲鱼放到水稻田里，有明显的防虫作用。"精于种水稻的稻民们都知道，褐稻虱对水稻的危害十分严重，它的幼虫会大量蚕食水稻叶子，但这对放养在水稻田中的甲鱼来说简直是小意思。褐稻虱喜欢呆在水稻根部的海绵体里，丁晓欢需要做的便是用流水淹灌的方式将褐稻虱连虫带卵淹没在水里，这时正是甲鱼觅食的好时候。稻田里遍布的甲鱼，每个都正瞪着小眼睛，张着大口，等待着这天然的美味。和水稻相比，甲鱼对农药更为敏感，因此养了甲鱼的水稻田是万万用不得农药的，不过由于甲鱼本身具有防虫作用，也避免了农药的使用。这种良性循环的方式大大促进了水稻品质的提升，也同时达到了绿色生态的目的。对于水稻来说，甲鱼还提供了很好的有机肥料，那就是它的粪便。如此一来，

上海优禾谷农产品专业合作社"鳖稻共生"种稻养殖田

甲鱼的存在既为水稻防了虫、除了草，还为水稻提供了有机肥养料；而水稻既为甲鱼提供了良好的生存环境，又为它们提供了营养丰富的食物。良好而又紧密的循环圈保证了每一粒稻米的健康、营养和安全，这种绿色生态的种植方式使其品质明显优于其他传统方式种植生产的大米，它们黏性适中，吃起来软、糯、香，营养也是极其丰富。

在稻田里养水产，青浦不仅有鳖还有鱼。综艺节目《向往的生活》中几位嘉宾刻意种稀水稻，然后在水稻田里放鱼引起了观众们的兴趣。这不，上海泖峰农产品专业合作社就是这么做的，并且相比之下更具科技性。社长孙昌荣本是烟草公司的销售员，如今的他不仅种植大米还专门养殖水产，并把两者紧密地结合了起来。"50亩的水塘中建一个水槽，水槽中进行类似工厂化的高密度养殖，再用高新设备把鱼的粪便推到田里肥田种植水稻，去减少农药。"

丁晓欢与孙昌荣分别采用鳖稻共生和鱼稻共生实现了"稻米+"的循环共生。而早在十多年前，青浦现代农业园区就开始了"蛙稻米"的实验种植，真正在现代社会实现了辛弃疾笔下"稻花香里说丰年，听取蛙声一片"的美好景象。2007年，青浦现代农业园区启动了生态农业科技项目——"蛙稻米"，现在属于上海自在青西农业发展有限公司，创始人梅雁航说："怎样通过真正地提高技术，让消费者愿意为安全的事情买单，是我们一直在坚持做的事情。"因此"蛙稻米"的核心就是实现"蛙稻共生"，以蛙护稻、以稻养蛙的生态循环，产出更好更安全的米，让消费者更安心。

要想实现"蛙稻共生"，第一步就是要选好"蛙"、选对"蛙"。这种蛙要能消灭稻田中的大部分害虫，同时不能对水稻本身的生长造成影响。天性凶猛的海南虎纹蛙就成了不二之选。这种蛙食量很大，一只虎纹蛙每年能摄食一万多只稻蝗虫、蝼蛄、蟋蟀等30多种农作物害虫，平均一天能够吃260只害虫，因此被誉为"吃虫冠军"。但为了能引进这种蛙也耗费了园区不少科技人员的精力，园区从养殖做起，先要给它们创造适宜生长的环境，然后再经过不断孵化培育改良才能发挥其应有的作用。每年6月插秧结束，等秧苗长高一点开始有虫子时，就是"放蛙吃虫"的时候了。一百多万只人工培育的海南虎纹蛙被投入稻田，田中处处飘荡着虎纹蛙们的"呱呱"声，把人一下子拉回小时候在田边玩耍的场景。作为稻米的忠诚护卫，它们担负着吃虫、施肥、监测水质的大任。此外，蛙的生长期与水稻生长期恰好同步，排泄的蛙粪为稻田所用，既减少了环境污染，又提高了稻米品质，可谓是一举两得。与"鳖稻共生"相似，这样"以蛙护稻、以稻育蛙"的共生方式遵循了自然规律，在"蛙稻田"里串起一条纯天然的生态产业链，实现产出完全绿色生态无污染。

徐国建

这样的天然生态产业链在稻米的种植上成效很大，上海西翼农业专业合作社社长蔡雪林、上海静逸稻米专业合作社理事长徐国建都对此深有感触，他们推崇的"鸭稻米"生态共生种植模式也是广受好评。一年稻一批鸭，动物和植物共生共作，种植过程不使用农药和化肥，确保小鸭子在健康成长的过程中，培育出高品质的绿色稻谷。"嘎嘎嘎"，翠绿的稻田间，一群小鸭子摇摇晃晃地穿梭，宛如出门郊游的小朋友，它们一会儿停下来吃杂草，足够灵活的话还能沾着"荤腥"，吃到小虫子，走到低洼处就再"顺便"打个滚。黄色的鸭子与绿色稻田相得益彰，给宁静乡间增添了别样的色彩。

## 鱼在水边游，菜在周边生

与"稻米＋"的共生模式有些许不同，鱼菜共生形成的是动物、植物、微生物三者之间达到的生态平衡关系。在青浦练塘有个 550 亩的蔬菜基地，面积比 50 个足球场还要大一些。来自山西吕梁的"80 后"刘永军是这个蔬菜基地——上海绿椰农业种植专业合作社的理事长，而他的鱼菜共生试验基地就在此处。

理论上的鱼菜共生，简单来说就是用鱼的排泄物来种菜，通过电力驱动水体闭合循环。在这个过程中，鱼负责进食、排泄有机物，微生物负责分解鱼粪、提供养分，种在水上的菜负责吸收养分、净化水体，菜的残根供鱼类食用。刘永军的鱼菜共生与理论上通用的共生模式十分相似，但又有所改进。刘永军说他所尝试采用的鱼菜共生，又称为养耕共生、复合式耕养，是一个结合了水产养殖与水耕栽培的互利共生生态系统。他的蔬菜并没有种植在泥土上，而是采用了特殊的陶粒、石子等基质，因而这些蔬菜排除了杂草的困扰。蔬菜的养分和肥料来自鱼池中鱼的排泄物，鱼粪经过水中微生物的神奇作用，将氨氮分解成亚硝酸盐，然后亚硝酸盐又被硝化细菌分解成硝酸盐，而硝酸盐可以直接被蔬菜等植物作为营养吸收利用。被蔬菜净化过，氨氮含量显著减少的水再次流回到鱼池之中。

**刘永军接受采访**

在传统的水产养殖中，随着鱼的排泄物积累，水体的氨氮增加，毒性逐步增大，想要保持鱼类安全健康的生长环境，就必须要时常检测水质，进行换水。对于干旱缺水地区而言，这无疑是个巨大挑战，并且会大大增加成本。而这一套系统，做到了水循环利用、有机排泄物循环利用，让动物、植物、微生物三者之间达到了一种和谐的生态平衡关系，既避免了水质恶化，又形成了"鱼帮菜、菜帮鱼"的良性循环，是可持续循环型零排放的低碳生产模式，更是解决农业生态危机的有效方法。除此之外，鱼菜共生还有三处吸引力。首先蔬菜种植方式可自证清白，鱼菜共生系统中鱼的存在，天然地决定了在这个种植系统中不能使用任何农药，稍有不慎就会造成鱼和有益微生物种群的死亡和系统的崩溃，这也是刘永军的大棚内采用黄板等绿色防控技术的原因，刘永军说他的鱼菜共生系统试种到现在也没有遇上严重的病虫害问题。其次鱼菜共生脱离了土壤栽培，避免了土壤的重金属污染，因此鱼菜共生系统蔬菜和水产品的重金属残留都远低于土壤栽培。再者鱼菜共生由于其节水特性和资源循环利用的特点，使其在生态环保上具有独一无二的优势。

进入刘永军鱼菜共生的试验大棚，四周高低错落地种植着各种各样的蔬菜，木栈道在鱼池上方铺陈而过，潺潺的水流声在耳边环绕，处处弥漫着蔬菜独特的清香，一点都不像是蔬菜大棚。在他的计划中，鱼菜共生中的鱼，现捞就能熬汤，蔬菜摘来就能涮着吃，这才是真正绿色、真正生态的现代生活。

## 从何而来，去往何处

### 共生的传承与改进

辛弃疾的"稻花香里说丰年，听取蛙声一片"之所以能传颂至今，引起一代又一代人的共鸣以及美好回忆，原因之一就在于它是对古代真实生活的描写，极具写实性，能激发现代人对古代田间地头怡人风景的想象。可以看出，"蛙稻共生"并非是现代农业科技背景下发明出的"新鲜事物"，而只是在原始的生态基础上借助农业科技的先进技术进行改造与升级，使其更加符合现代农业发展的要求。与此相似，稻田里养鸭也是我国传统农业的精华。现代鸭稻共生绿色农业生产技术起源于日本，但它是在继承、吸收和完善我国传统稻田养鸭精华的基础上不断发展起来的，经过不断的实践、创新形成一种全新的生态农业技术。我国是最早驯化和饲养家鸭的国家之一，《尸子》中记载有："野鸭为凫，家鸭为鹜。"早在公元前475—公元前221年的战国时期，虽然那时候的人们并没有生态循环的概念，也不懂绿色养殖的理念，但生活以及养殖经验告诉他们让鸭子去稻田中觅食，在稻田中放养鸭子是一种一举两得的做法。这种将种稻与养鸭相结合的稻田养鸭，是中国传统农业的经验所得，至今仍然有十分重要积极的意义。

然而，回归老法并不容易。就拿"蛙稻米"的引进过程来说，以蛙吃虫养稻是几代农人的梦想，但此前却连连试验失败，引进外地蛙而非使用本地土生土长的蛙也是现实需要、无奈之举。据时任青浦现代农业园区发展有限公司董事长徐红岗介绍，由于多年使用农药，2007年园区启动"蛙稻米"项目时，本地青蛙已经不见踪影，数量不足以支撑蛙稻米的整个项目。此外，本地蛙吃虫本领不高，不足以满足稻田的灭虫需要。于是，他们大胆引进了有着"吃虫冠军"美誉的海南虎纹蛙。然而"吃虫冠军"请来了，让它们顺利上岗也不容易。虎纹蛙由于原生长地在海南，上海的温度对于它们来说着实偏低，尤其是到了冬天，虎纹蛙们难以越冬，存活率低。青浦现代农业园区只得特地设立科技孵化中心，建起蛙池，让这些异乡来客在30度的暖房里安然度冬，到次年四五月间再行交配，繁育出大批小蛙，再用新鲜的鱼肉、虾米好生喂养，6月插秧后投入稻田共生。为了让"蛙稻共生"更好地发挥作用，注重科研和种源保护的上海自在源农业公司，长期与上海交通大学农业与生物学院、上海市农业科学院、上海环科院等科研单位深度合作，以"蛙稻米教授工作站"和园区科创大楼为科研中心，全方位开展优良种子培育优化、水质生态保护、土壤修复保护、蛙群本地化养殖等研究，不断提高绿色、有机产品质量。

传统稻田养鸭和鸭稻共生也有所不同。首先是两者最终的目的存在差别，传统稻田养鸭是水田与鸭结合型的农业，作为已经家畜化的鸭子，因为其自身还具有水禽的特性，将其放归稻田只是为了让鸭子有个可以嬉戏玩耍、觅食成长的环境，最终目的是生产鸭肉或者鸭蛋，因此大多数只是把鸭子早上放于稻田，晚上收回养殖地，很少考虑到鸭子能对水稻产生作用。而共生系统的最终目的是生产绿色大米以及野生无公害的鸭产品，鸭在稻田中成了替代部分劳动力的活机器，也代替了除草剂、杀虫剂、化肥以及水稻插秧后的各种机械操作。在这个过程中，野生无公害的鸭产品也被生产出来。其次传统稻田养鸭涉及的是两个不同主体，稻民只负责种稻，而鸭农只负责养鸭。因此鸭农在放鸭的过程中既不管放养鸭子的数量，也不管放养情况，鸭子往往会一大群地从一片田到另一片田，对稻田产生破坏。同时稻民通常也会担心鸭践踏水稻而阻止鸭农放鸭，最终导致稻鸭逐渐分离。而共生系统使它们结合为了一个整体，互生互利。最后就是对鸭子的品种要求不同。传统的鸭品种是肉用鸭或者蛋用鸭，没有长期在稻田生活的能力，而共生技术则要求体型较小，善于活动，在稻田中觅食能力强的品种。

与"稻米+"模式相比，鱼菜共生模式有更高的技术要求。技术管理不到位、鱼和菜的种养比例不协调、营养不均衡等都可能导致作物和鱼减产或者绝收，破坏整个生态系统。对于这点，刘永军深有体会。在最初尝试这种模式时，由于身边没人做过这套系统，因此整个流程和设施器材需要刘永军自己设计或匹配，中间的每个环节他都要一一调整：第一批买的石子来自工地，上面还有沥青，刘永军发现后整体换掉了这批石子；鱼池挖的尺寸不对，和蔬菜架不能完美契合，他又重新动工；第一批鱼没有生存下来，他需要重新考虑过滤系统是否合适；蔬菜架底层照不到阳光，长势不如顶层，他需要安装光照灯。循环系统的每个环节都必须契合，经过一年多的调整，才形成了基本成熟的生产模式。如今，这套系统中可种植十余种蔬菜，每立方米可养殖 25 千克甚至更多的鱼。2018 年 1 月，刘永军给自己的"鱼植共生系统及培育设施"申请了实用新型专利技术，他的这套系统包括鱼类养殖装置、驱动装置和植物培育装置，三种装置依次连接，能够使鱼类养殖和蔬菜培植同时满足自给自足进而实现产业生态化及低成本化的目的。对于自己的这套系统，他还有更多新的想法，比如把蔬菜架换成可以拼装组合的结构。刘永军表示在后期，他将考虑把这套设备复制到更多合作社或是阳台种菜领域，让这种系统进入每家每户，触手可及地感受到共生系统的魅力与魔法。

# 绿水青山也能变成金山银山

党的十九大报告指出，必须树立和践行"绿水青山就是金山银山"的理念，坚持节约资源和保护环境的基本国策，像对待生命一样对待生态环境，统筹山水林田湖草系统治理，实行最严格的生态环境保护制度，形成绿色发展方式和生活方式，坚定走生产发展、生活富裕、生态良好的文明发展道路。

无论共生模式有多少优点，能给环境带来多少好处，有多少技术含量，对于劳作在第一线的生产者来说，这种模式能否持续，关键在于是否能为农民带来福音。做绿色有机化，对环境改善是极其有利的事情，但与此同时更要保证农民的收入，能否通过真正地提高技术，让消费者愿意买单，让老百姓增收是非常关键的一个因素。种植技术上良性循环了，经济收入也同时要有良性循环的路径。完成产业拉动，是青浦区一直在坚持做的事，如今已初尝甜头。

现代农业园区 2000 亩核心基地的蛙稻米就是一个很好的例子。2010 年 6 月，蛙稻米首次通过国家有机认证，第二年又通过了国家良好农业规范（GAP）认证。因为蛙稻田完全遵循大自然规律，产出的蛙稻米自然比普通稻米金贵。蛙稻米的工作人员介绍说："每年每亩只收 275 千克，产量不到过去一半，经济效益却是过去的 3 倍。"抓一把蛙稻米在手，清香扑鼻。蛙稻米已经成功打入沪上高端超市，受到消费者欢迎。2010 年，这片"蛙稻田"的稻米总销售收入就超过了 1000 万元，农民收入增加 50%。经过多年的铺垫与准备，近年来蛙稻米的销量已呈现逐年上升的趋势，已经连续 6 年被评为"上海名牌"产品。2017 年荣获第十八届中国绿色食品博览会金奖，同年 5 月，现代农业园区的上海自在源农业公司与青浦区政府合作成立了上海首家"三业融合发展"的农业混合制企业——上海自在青西农业发展有限公司，在原有 4000 亩绿色和有机种植基地的基础上，又在青西三镇（朱家角、金泽、练塘）流转土地 7000 亩左右，均采用蛙稻米生态种养模式，大幅减少了化学农药和化肥的使用。2018 年 7 月，"蛙稻米"绿色食品 A 级认证面积扩大至 6000 亩。

蔡雪林家的鸭稻米在质量上也是不输于蛙稻米，曾获第五届青浦"薄稻米"品鉴会银奖的殊荣，合作社旗下的"蔡伯伯鸭稻米"也已申请商标注册。丁晓欢的"鳖稻共生"得益于甲鱼和水稻的双丰收，每年的效益也是十分可喜。生态模式下种出的大米卖每 500 克 20 元，甲鱼卖到每 500 克 50 元，亩产值可达 1.3 万元以上，这种模式下的亩产值比单纯的水稻种植翻了 3 倍。原先，丁晓欢的销售模式基本属于"内部消化"，大型酒店、会所订购单不断，自从自己的循环农业打响名气之后，消费者开始通过微信公众平台上门订购。为了让消费者相信"绿色大米""有机大米"真正存在，徐国建引入了"观光农业"的新模式，在耕田的时候组织一次活动，让消费者实实在在地感受到种植的过程。"他们说不用化肥和农药种不出来。让消费者看到种植过程证明我们可以。""鸭稻米"的模式让徐国建的"万亩春"大米真正实现了零农残，同时也赢得了消费者的信赖。近几年，他的大米往往还没有收割就已经被预订出去了。

## 生态农业　共生共赢

从传统农耕到化学农业的转变是一次伟大的跨越，它给农业生产带来了产量的大幅度提高，让世界上更多的人有饭可吃。但它也不可避免地带来了新的问题与困惑，那就是环境的污染以及能源资源的紧缺。大量化肥与农药的使用给农产品及其耕作环境造成了严重污染以及不可挽回的破坏。土壤的自然修复力和生命力衰退，农作物的质量也在日益下降。不过大自然这本伟大的书中早已记载了对此的处理方法，那就是生态系统合理科学的构建。于是，人们又开始研究回复到原有的有机农耕模式，共生系统就是其中一种。它让农产品单一的生产回归到自然生态的状态下，并且结合了当代先进的养殖技术，是仿于自然又同时胜于自然的先进模式。无论是"稻米＋"还是"鱼菜共生"，它们实现的都不仅仅是一个新型农业循环，同时也是一次回归自然，与自然讲和的平衡尝试，不仅仅是动物与植物的共生，也是人类社会与自然环境的共生。无论是丁晓欢还是刘永军，他们回归农业的转折点都在于对生态农业的思考，如何注重绿色农业、生态农业的探索和创新，把握源头，提升品质，让更多的人能够吃上放心、健康、优质的粮食，在保证经济效益的同时为环境作出贡献。

以前，大家都说青浦是上海市远郊，是乡下，因此也少有人想要往青浦走，在青浦发展。而现在因为青浦的生态优势，大家都知道了青浦的好，不仅假期来游玩的人越来越多，来青浦落地投资的意愿也呈上升趋势。这其中最重要的原因在于后天"守"出来的生态。青浦当地人深知，绿水青山甘守"寂寞"多年为的就是在保护好生态环境的基础上，利用好生态优势，在尊重自然、顺应自然、保护自然的前提下，把生态禀赋和地区发展更好地挂起钩来，更好地实现人与生态的共赢局面。

"生态好了能当饭吃！"共生农业就是这样的典型代表，人与生态共赢的局面让百姓更有动力，也让青浦区得到了更好的发展。

通过声音，更了解绿色青浦

# 科技助力，农业振兴

"社会劳动生产力，首先是科学的力量"，早在一百多年前，马克思就揭示了科学之于社会生产的巨大作用。在科教兴国的战略指导下，"农业科技"长久地在中央一号文件中占有重要位置，农业科技是推动农业持续发展核心动力的理念，在农民心中扎下了根。自 20 世纪科技热潮兴起时，青浦的农民们就在耕作中思考着如何改变技术与土地相分离的状况，借助科技的支撑发展自家农业。在国家和市区各级政策的支持下，一代代青浦人经过几十年的探索，或是依靠自身长期以来对作物栽培的研究，或是与相关专业技术人员的合作，在自家田地间、在合作社里，通过改善作物品质、优化种植条件、改变生产模式、延长产业链，因地制宜地走出了一条条科技兴农之路。

## 食用菌生产也能智能化？

说起技术之于农业的作用，将青浦的食用菌作为最佳代表也许并不为过。一颗小小的蘑菇，谁能想到在它背后，有着高度的技术含量以及几十年坚持不懈的研发历史。区别于传统的人工培育，在青浦，食用菌的发展已实现了工厂化、标准化和流水线生产的跨越。

种植菌菇的业内人士都必然知晓"菌棒技术"，作为食用菌最基本的种植技术，它为我国在 20 世纪 80 年代成为世界香菇第一出口大国发挥了不可替代的作用。在上海青浦现代农业园里，有一家专门致力于食用菌生产、出口、技术推广和服务的食用菌合作社——上海泽福食用菌种植专业合作社（以下简称泽福合作社），其创始人之一彭兆旺先生便是"菌棒技术之父""现代食用菌之父"。

上海泽福食用菌种植专业合作社培育的鲍鱼菇菇伴、黄金菇菇伴、美人伞菇伴、松香菇菇伴

　　自 20 多岁投身于食用菌行业，彭兆旺就与食用菌结下了不解之缘。20 世纪 80 年代，在无数次的试验中，彭先生成功发明了"袋料菌棒栽培香菇"的技术。在这之前，香菇的生产周期通常为 2—4 年，而这一技术的发明，使得生产周期缩短到 8 个月左右，成本降低了 50%—60%，产量也提高了 5—6 倍。由于这一栽培模式尤为适合中国农村的经济情况，彭先生便将其奉献给社会，因此香菇的栽培便在全国各地农村迅速地普及开来。这一技术也在 1986 年被列入了国家级"星火计划"重点项目。

　　菌棒模式的发明，为我国成为世界第一食用菌强国奠定了基础，但彭先生并未就此停下食用菌新技术研发的脚步。1993 年，彭先生成功研发"仿气候工厂化栽培花菇"技术，为工厂化周年生产食用菌提供了可能。1997 年，他重组了食用菌的生产流程，先在国内完成菌菇生产 80% 的工作量，将菌棒运至国外，待完全成熟时以鲜菇进行售卖，这样的方式解决了菌棒海上运输、菌棒出口、当地销售的难题。1999 年，彭先生来到了上海青浦，在这里研究出了"林菌共生"模式，通过工厂化制作菌棒、林下生态出菇的方法，让更为生态自然的林地菌菇产业发展成为了现实。发展到今天，泽福合作社的菌菇产业已是传承了三代的家族菇业，其品种也包含了香菇、黑木耳、银耳、猴头、平菇、灵芝、杏鲍菇、金针菇等十多种食用菌类型，凭借着符合美国国家有机工程/美国农业局（NOP/USDA）有机认证的极优品质，多年畅销海外市场。

技术，就是泽福合作社彭世菇业的核心词，也是其区别于其他同类企业的独特优势。持续不断的技术创新，是彭世食用菌能够发展多年而生命力不衰的根本保障。2015年，利用合作社处于练塘的优势，社员们想到了练塘茭白，便用茭白的秸秆制作菌棒进行试验。几次试验下来，效果有些出乎意料的惊喜：由于茭白秸秆良好的透气性改善了培养基的物理性状，营造了更利于食用菌生长的基质环境，食用菌的培养周期在原先周期的基础上又缩短了16%—30%。在效率提高的基础上，这一技术还有效地降低了生产成本，数据证明：每添加30%—60%的茭白秸秆，可以降低20%—30%的菌棒制造成本。

每年食用菌生产完，都会产生数千吨的肥料废弃物，如果不进行合理处置，会对环境造成严重的污染。在这样的生产背景下，"废弃菌棒种植芽苗菜"技术顺势而生。在合作社，一万平方米的现代智能化苗菜多层立体培植车间井然有序，这是社员们引以为傲的新技术，也是彭世菇业发展新的代名词。通过自主研发，合作社二次利用废弃菌棒，利用其所制造的有机肥料种植绿色芽苗菜，形成了一套"林下废弃物资源利用—制造菌棒—种植菌菇—废棒制作有机肥—肥料种苗芽—废料又生产草菇"的循环产业链。这样生产的芽苗菜，因肥料有机、肥力更优，菜的品质更高，也更受市场上消费者的欢迎。

每一次新技术的改进，都会为农民创收致富带来新思路。从20世纪80年代菌棒技术最初被发明开始，彭世菇业就致力于将这一技术普及推广至全国，帮助了众多农村脱贫致富。以彭兆旺先生的老家古田县大甲乡为例，这一技术使得原本是古田县最贫困乡的大甲乡一举脱贫。1986年，千户农户利用菌棒技术栽培香菇，全乡总产值和人均总收入比1981年增长了5倍。在20世纪能够将这一技术转化为如此巨大的生产力，实属惊人。发展至今，技术的改进依旧在造福一方百姓，林下模式的发展，为青浦当地创造就业岗位，解决林业养护工、失地农民就业问题提供了重要途径。

从彭兆旺最初接触食用菌到今天，他与食用菌相伴已经超过半个多世纪。作为较早意识到利用农业与技术相结合发展的企业，几十年来，彭世菇业以自身经验证明了以技术支撑发展是农业长久发展、农产品走出国门的重要途径。现在，合作社与上海海洋大学、上海农科院食用菌所等科研院所建立了长期合作关系，是上海食用菌高效生产和加工产业联盟的重要成员。标准化制袋流水线、标准化发菌车间、标准化出菇大棚、标准化仓储管理、标准化物流配送，在生产基地里，标准化生产已然贯穿了食用菌生产的全流程。每天，都有超过 40000 个菌棒走下流水线；每年，都有超过 500 万个菌棒走出合作社，与附近的百余户农民共同发展青浦的食用菌产业。

## 七彩神仙养殖也能规模化？

徐志摩在长篇叙事诗《阿诗玛》中曾这样写道："传说鱼的记忆只有七秒，七秒后便不记得过往物事了，所以小小的鱼缸里它也不觉得无聊，因为七秒后每一寸游过的地方又变成了新天地……"虽说现代科学已经证实，鱼的记忆要长达几个月，七秒只是谣传，但相较于其他种类观赏鱼的认生，七彩神仙鱼的互动性较强。敲敲缸壁，七彩神仙鱼就会感受到你在与它打招呼，相处久了，甚至在鱼缸里就能辨认出它的小主人，远远地就向你摇头摆尾，随着你在房间里走动而目光移动。有这样小家伙的陪伴，生活岂不乐哉美哉？

随着国民生活水平的提高，饲养观赏鱼成为了很多人陶冶情操、缓解压力的一大爱好。在众多观赏鱼中，七彩神仙鱼可谓是其中的"皇后"。这种鱼原产于南美洲亚马逊河流域的尼格罗河等水域，是尤为著名的热带观赏鱼类型。和那些在水草间穿梭不停的淘气包不同，七彩神仙鱼讲究的是雍容华贵、优雅大方。凭借着它那一身原生态的七彩斑纹、如同宝石般的色泽，七彩神仙鱼甚受鱼友们的喜爱。如果有幸能将七彩神仙鱼从鱼苗养至成年，甚至能够繁殖，那么将看到一片其乐融融的景象。与七彩神仙鱼的"美貌"同样出名的就是它的饲养难度高。野生七彩神仙鱼对水质和环境的要求极其苛刻，如果在养活的基础上还想养出好品相，那更是难上加难。在青浦金泽镇的上海彰显渔业专业合作社内，却实现了七彩神仙鱼的规模化、工厂化养殖。

高伟华接受采访

养殖七彩神仙鱼，在合作社社长高伟华看来，实乃是"无心插柳"。高伟华，青浦白鹤镇赵屯人。在 2003 年通过和朋友代理国外饲料品牌积累了人脉和资金后，于 2006 年成立了上海彰显渔业专业合作社。自成立以来，合作社主要从事的就是优质水产苗种培育、观赏鱼养殖和鱼虾养殖，青浦的基地原本主要培育和销售的是南美白对虾苗种，主要养殖设施也是为南美白对虾苗种的标准化培育而建设。但南美白对虾每年的繁殖季在 3 月到 7 月，一旦过了这个时期，众多设备将有大半年的闲置期。在偶然听闻到七彩神仙鱼后，出于不闲置设施的目的，合作社从 2015 年开始引进七彩神仙鱼。

可以说，用标准化培育南美白对虾的设备对七彩神仙鱼进行标准化养殖实属大胆。七彩神仙鱼本就因饲养难度大而名声在外，小众的饲养群体、玻璃缸内小规模饲养的方式，使得他们的工厂化养殖根本无经验可参考。没有先例便只能摸着石头过河。七彩神仙鱼在养殖中对水质和营养的要求极高，如果管理不善或者防疫疏忽，极易感染疾病，这也是养殖难度大的主要原因。凭借着多年积累的水产养殖经验，结合自身科技与人才优势，合作社在 3 年多的探索中，通过观察研究患病鱼体症状、控制水质清新、新鱼入池前隔离观察、入池后定期水体杀菌、增加营养提高鱼体抵抗力的方式加以预防，对症下药，辅以相应药物进行治疗，探索出一条可行的人工规模化养殖之路。

彰显渔业专业合作社里的七彩神仙鱼

相较于小缸饲养，规模化养殖七彩神仙鱼的优势明显。大池里的七彩神仙鱼生长速度更快，最快 4 个月就可上市，一年可投产三期。社员们还发现，大池里长大的七彩神仙鱼更为"皮实"健康，因为活动领域开阔，运动量增加，更容易产出市场上少见的大个精品七彩神仙鱼，同时抗病力、适应性、繁殖力都很强，也更受市场欢迎。在 2016 年"长城杯"世界观赏鱼锦标赛中，有来自全球 80 多个国家和地区的观赏鱼养殖专业人士参赛。经过法国、马来西亚等多位国际裁判的评比后，彰显渔业专业合作社选送的七彩神仙鱼凭借其优秀的品质荣获七彩神仙鱼全红组季军的好成绩。

如今，合作社已然成为了国内第一家工厂化、规模化养殖热带观赏鱼的基地，这里除了常见的叫做红白的七彩神仙鱼，还有天子蓝、阿莲卡、黑格尔等十几个品种的七彩神仙鱼，种类极为齐全。每月，基地繁殖的七彩神仙鱼苗在 3 万尾以上，每月所能销售的成品鱼在 2 万尾以上。品质极佳的七彩神仙鱼畅销欧美，年产量占到国内市场一成左右，外贸出口在销售中占比三分之一，年产值将近千万元。在 2019 年《农民日报》发布的农民合作社 500 强，入围的 10 个上海合作社中，彰显渔业专业合作社榜上有名。不仅合作社先后获得了"国家级农民合作社示范社""上海名牌"等荣誉，社长高伟华也获得了"全国农村青年创业致富带头人""十大青年创业明星"等荣誉称号。未来三年，合作社还将进一步加大在七彩神仙鱼项目上的投资力度，在青浦白鹤镇投资新建国内最大的七彩神仙鱼繁育基地，预计年出产量将会达到 100 万尾。未来的七彩神仙鱼上也会有着属于"青浦彰显"的印记。

高伟华自豪地说："我们当初就是选择了绿色渔业的发展理念，还顺带成就了神仙鱼这一特色产业。"特种鱼产业是一种无污染的养殖方法，与传统水产养殖相比，其高附加值的特点是未来水产改革发展的一个方向。下一步，合作社在自身发展的同时，也将带动周围农民发展观赏鱼庭院养殖，通过统一供给鱼苗、统一供应养殖饵料、统一提供技术指导、统一成品鱼收购销售的"四统一"模式，促进农民增效增收，共同就业致富。技术带来的农业改革，将造福更多的青浦农民。

## 没有土也能长出果蔬?

"绿叶无悔，扑向那大地，是报答泥土芬芳的轻盈。"作物要想生长，就需要汲取土中的养分，这是自然生长规律。然而，在青浦香花桥街道的上海贝果果蔬专业合作社农业基地，作物却悬挂在空中，它们的根没有种在土里，甚至整个过程中没

长在空中的草莓——水培草莓

有土壤的参与，却长得更加茂盛。

这些不长在土里的果蔬，是"喝水"长大的。说起引进"水培"技术最初的动力，创始人金华说是源于浓浓的父爱。

土生土长的青浦青年金华，自 2006 年起自主创业，主营母婴产品。由于多年在母婴行业的原因，金华对宝宝的关注较一般的新手爸爸要多，考虑到的也更多。2015 年，金华偶然间和朋友闲谈说起食品安全问题，为了让宝宝吃到安心的果蔬，金华和朋友当场达成共识，决定自己试着种，遂成立了贝蔬农牧科技（上海）有限公司，开始尝试水培这一模式，并于 2018 年在公司旗下成立了上海贝果果蔬专业合作社。贝蔬农牧科技（上海）有限公司是一家立足于无土栽培技术研究与种植应用的高科技农业创新企业，2015 年创立首个基础实验农场，2016 年自主研发水培蔬菜浅叶流方案试验成功，2018 年水培种植的技术已正式投入了量产。

水培技术其实已不是一个新名词。作为现代高科技农业技术，水培的理念源自西方国家，美国、荷兰、以色列等农业强国更是领军国家。百余年的实践证明，水培已是一项经过安全性证明的成熟技术。我国自 20 世纪 70 年代引入这一技术以来，受制于技能门槛高、前期设备资金投入大的问题，该技术未能得到推广普及。

水培，顾名思义，以水栽培，但这个水不是水龙头流出的自来水，而是经过精确控制的营养液。种在土地上的作物从土壤中汲取营养，水培只不过是换种路径来让作物汲取养分——直接提供营养液。与土培相比，水培更为安全。如果在农田里面培植，土壤里什么杂质都有，土壤中的污染更是无法清除，而水培的营养液经得起推敲，可以对其中每一种成分进行验证试验，免去了因土壤重金属污染而引起的担忧。合作社对水培所用的水特别骄傲：生产基地所使用的营养液就是经过过滤的地下水，经过净化，水质标准达到了专业的 25，可以说，在合作社，果蔬喝的水甚至比一般人喝的水都要干净。"我们的水果和蔬菜，是喝纯净水长大的。"金华介绍说。

选择水培，还有一个重要原因。传统的虫害 99% 以上都是以土为媒介，而以水为营养源，再加上温室大棚的技术保护，避免了虫害和病害可能对果蔬造成的影响。在这样的种植模式下，不需要喷洒农药，果蔬就可以健康地长大。不仅最大程度地保持了果蔬的原生态滋味，口感更新鲜美味，内在品质更佳，还从源头上确保了安全无污染。

在引进技术的过程中，金华和社员们也总结出了栽培技术的核心要点：首先是要诱发出适合水培的水生根系。传统的土生根系与水培环境不相适应，水培湿度更高，因此需要对根系进行断切，在更新迭代多次后，便可诱发出适宜水培的根系；其次便是要注重水分、养料和氧气三者之间的平衡，稳定、均衡地供给果蔬所用。

合作社也在种植中探索出了水培与立体栽培相结合的方式。立体栽培是一种新兴的栽培方式，通过搭架、吊挂等方式进行栽培，从纵向空间上进行扩展。每层间生长的果蔬互不遮挡，都可以沐浴到充足的阳光。地面种植，不论是种植、修剪，还是采摘，都需要蹲着或弯腰进行，采摘的过程中也有很高的折损率，而立体栽培则解决了这一问题，站着就可以进行操作，种出来的果蔬也更加清洁卫生。

2018 年，合作社主要品种为水培草莓，在 12 月成熟之际，亩产量达 8000 斤，甜度大于 13，十分受市场上消费者的欢迎。从最初种水培菜，生菜、圣女果、大番茄和黄瓜，到如今的水培草莓，接下来还会有水培葡萄、水培瓜类，合作社在品类上逐步进行探索，这种"革命性"的水培技术也从不被理解、充满质疑，到得到越来越多人的支持和信赖。这个耗资近千万元的水培基地，正立志成为国内规模最大的水培蔬果生产基地。

## 没有人也能发展农业？

"我去种菜啦"、"看看谁的菜能偷啦"，多年前，一款叫 QQ 农场的小游戏让许多人着迷，模拟开垦土地，从商店里挑选你想要的种子类型和数量，种下后浇点水，在经过特定的时间段后，动动手指，轻轻一击，便可将作物全部收割。这样便捷的趣味经营游戏可满足用户在线体验种地的需要。但这毕竟是在网络虚拟世界中，现实里像这样只要动动手指怎么可能种出菜来，没有人的农业还能叫农业吗？然而借助科技的力量，这样听似天方夜谭般的幻想，在青浦重固镇章堰农业科技园已成现实。由中建八局投资、中国农业部规划院及上海赋民农业科技共同打造

重固镇章堰农业科技
园内智能浇水机器

的章堰农业科技园，是农业产业升级的一期项目。在这里，不需要人，机器运作
足矣。

章堰农业科技园共占地 98 亩，由 11 个棚室组成，涵盖了水培中心、数据中
心、肥料处理中心等多个智能化的培育平台。自 2018 年 9 月科技园项目启动以来，
截至 2018 年年底，已有 4000 余名客户参与其中，要种什么、种多少合适，以及在
农业种植最初环节，对于样和量的把控，销售端的大数据分析给出了最适合的建
议。之后的各环节中，选种育种、栽培养育，也全部实现了无人化操作，根据设定
的程序，由机器人来进行管控。

传统的日光温室大棚如果遇到阴雨天没有光照的情况时，因湿度大容易发生病
虫害。而在科技园里，根据数据中心反映的数据，通过温控技术实时调整作物棚内
温度，同时可以用智能机器人调控湿度、二氧化碳浓度、光照等与作物生长息息相
关的环境因素。营养液的配送也同样实现了智能化，在水培中心，通过净化达到实
验室分级标准的营养液被配送到各个种植架上。如在小番茄生长的不同时期，对营
养液的类型、配比有着不同的需求，这时根据各种检测探头所反馈的生长情况的差
异，结合制定的计划，营养液按生长需要被添加至生长槽内，实现了营养的精细化

101

供应。在这样的精确控制下，根据数据分析计算的结果，何时开花、何时结果、何时能再结出下一茬，都可以精确预测。在每一茬成熟之际，还有智能采摘机器人、包装生产线等，实现从最初种植到推向市场前全流程的智能化。因为不受气候的影响，科技园的种植也突破了季节的限制，每年除七八月要对大棚进行消毒外，剩下的十个月果蔬可以随时种植、随时收割。

在这里，只要是你想要的果蔬种类，基本上都可以实现种植。这边的芥蓝长得正壮，那边西葫芦嫩黄的花苞正要开放……章堰科技园，正打造着数字农业的新兴产业，智能化、自动化、模块化、集约化的发展模式中满是科技的智慧。在这样的科技园里，更多的劳动力得以从土地上解放、转型，传统的农民将在新产业的影响下走出一条新的致富之路。

在农业与科技的结合中，上海凭借技术与资本优势走在全国前列，青浦区是上海这支队伍里的排头兵。从具体作物（菌菇）种植技术的改进，品种（七彩神仙鱼）养殖规模化的实现，到生态种植理念（水培）的改变，种植方式（智能化）的根本性颠覆，青浦农业科技化的尝试是多角度、多类型的，这与科研机构的支持及政府政策的扶持分不开，也与农民们日复一日的努力和思考分不开。勤劳智慧的青浦农民在不懈地探索中，同时实现了农业产业与自身职业的双重转型。

重视科技的力量，巧用科技的力量，发挥科技的力量。青浦，在农业生态问题的解决、农业附加值的增加、新型职业农民队伍的建设上，为科技兴农提供了新的思路。未来的青浦农业，也将继续坚持走好这一科技兴农之路，这条路，是经过实践检验的，是充满活力的，是有生命力的，是有益于人民的。

通过声音，更了解绿色青浦

# 以农促旅，以旅兴农

在多元化社会的今天，农村经济的发展已经不是农村经济本身的埋头苦干了，人们对农村经济有了更多元化的期待。随着消费需求的不断提升，近年来，国家也在不断出台政策以推动现代农业与旅游业的深度融合。青浦在农旅融合的新探索上走在了前列。不仅利用自身的果蔬优势，推出了枇杷采摘、蔬菜租地种植的体验活动，还依靠优越的生态环境，打造了地标性薰衣草"寻梦源"生态圈，同时大力发展民宿事业，扶植了一家又一家"乡土文化味"十足的民宿。在青浦，农旅融合不仅仅是单一的固定模式，而是各有特色，各有优势，在专攻的基础上相辅相成。青浦坚持的"以农促旅、以旅兴农"的发展道路，兼顾了物质生产与精神层面的休闲娱乐，既让村民们的腰包鼓了起来，也让更多人知道青浦、了解青浦、爱上青浦。

## 枇杷园里采欢乐

说到果园的采摘就要属青浦的联怡枇杷园最为有名，便捷的交通、洁净的环境、优雅的布局，俨然是城郊的一片世外桃源。每到周末这里便吸引了许多慕名前来体验的人，即使是驱车三四十公里从周边或是市区赶来吃上一口新鲜采摘的枇杷，吃

联怡枇杷园园景

上一顿原汁原味的当地菜，在绿树成荫的环境中住上一晚也是极让人向往的。

"夏月枇杷黄似桔，年年新果第一批。"枇杷林间游客嬉戏，欢声笑语一片，也成为了枇杷园一道亮丽的风景线。在园中采摘、品尝枇杷，让平时忙碌的生活得以慢下来，亲友间的相处在互动中更加融洽。

枇杷园里光有枇杷还不行，这产业链要再延长一点，把"枇杷园"打造成"枇杷生态园"。为了吸引游客，联怡枇杷园还引进了许多"稀奇"的水果，打造出了一个经济型、观赏型品种展示园，足以吸引人们前来参观。里面种植了从台湾地区引进的许多"珍贵品"，比如台湾地区的火龙果、番石榴、百香果、白玉苦瓜、莲雾、释迦、芒果等，让人"足不出沪"就能观赏到热带水果园林。

别看这联怡枇杷园现在门庭若市，曾经因为只埋头种植和销售缺少人气差点倒闭了，扭转这一局面的就是现在的联怡枇杷园董事长——沈振明。

**沈振明接受采访**

1965年出生的沈振明，是土生土长的青浦人，接手枇杷园之前，是国家特级厨师，经营着多家饭店。2009年，出于对农业的热爱，他果断放弃了生意红火的家常饭店，盘下了枇杷园选择从事农业，开启了枇杷文化和农旅结合的创业之路。

每年5月底是枇杷成熟的季节，满园子金灿灿的枇杷压垂枝头，在绿叶掩映下显得格外诱人。枇杷虽然好吃奈何果实收获期短，人工采摘用工成本大，运输不当极易碰坏表皮，造成严重的经济损失，一年到头的忙碌往往得不到好的结果。种种现实困难并没有难倒沈振明，反而促使他走起了转型发展之路，开始尝试"一二三产融合"。"三产带来很多的人气，人气一来，枇杷的销售就有希望了。"

2010 年 5 月，联怡枇杷园开始向体验式的采摘业发展，推出枇杷特色采摘活动，吸引了大量周边市民的参与，一下子就为枇杷园解决了枇杷采摘、销售的难题。同时，沈振明凭着以前经营饭店的经验，结合枇杷园特色开设了生态农家乐餐厅，进一步拓宽了经营范围。在不断探索中，联怡枇杷园又叠加了住宿、会务等多种功能，满足了不同市民的需求。

如今的枇杷园越来越兴旺了，但沈振明一直强调自己秉承的职业道德，"生意好了不能忘本，一要对消费者负责，二也要对生态环境负责"。联怡枇杷园的兴起是依靠良好的生态环境，为了继续保持生态的稳定，枇杷园采取科学的套种套养，园内枇杷种植和蔬菜家禽形成了良性循环，餐厨垃圾变身沼气发电以节约能源等方式。这种资源反馈式的循环经济体系，更使得联怡枇杷园跳出传统农业圈，成为一个集枇杷种植、生态养殖、科普教育、特色农产品展销、旅游观光为一体的"综合性生态休闲园"，并被评为上海市唯一一家获得 4A 级旅游景区称号的枇杷种植园。

在获得经济效益的同时，沈振明积极履行社会责任，每年拿出一笔资金支持社区文化生活和精神文明建设，为周边农民提供百余个就业岗位，园内的枇杷小集市也是为农民搭建的农产品销售平台。小小的枇杷园俨然成为了休闲农业与乡村旅游的示范样板，更为青浦打造长三角乡村振兴先行区，提升区域品牌效应和产业竞争力，增添了一抹亮色。

## 民宿群中增效益

朱家角古镇无疑是许多上海人的水乡记忆。坐落于朱家角镇的张马村，除了古镇景致更多了几分世外田园的清幽。阡陌交通，水田纵横，丰茂的茭叶丛宛如青纱绿帐，不时有白鹭水鸟低飞掠过。既然来了这美丽的乡村，少不得要住上一晚，民宿群也就应运而生。

张马村的民宿由上海大司田文化发展有限公司（以下简称大司田文化公司）打

造，目前已经承包了 40 栋乡间民宅，计划在这里打造一片文化气息浓郁的民宿群。村里在征求农户的意愿之后，统一将合法闲置的宅基和附属设施，以一定的价格租赁给大司田文化公司，村民每年能拿到好几万元的租金，每年还有 3%—5% 的增幅。2019 年，村里有意愿在村民自愿的基础上再开发更多有文化气息的民宿。张马村目前 60 岁以上老人有 400 多名，80 岁以上老人有 117 名，村里准备筹建一个村级敬老院，让这些老人们在自愿的基础上去村敬老院住，空置出来的房屋就能改造民宿。这样一来，老人有了专人的照顾，民宅的利用率也大大提高，能形成更大更合理化的民宿群落。

民宿的风格各异，有些是结合当地特色主题，有些是宣扬文化传统。青浦当地种植的菌菇在上海市"顶呱呱"，新引进的羊肚菌更是极具营养价值，因此，借着当地优势，建造了以菌菇为主题的民宿。住客可以在这里享受菌菇火锅，还能体验与购买菌菇产品，了解更多菌菇的文化。"木船俱乐部"民宿更是吸引了一批又一批木工和独木船爱好者前来，住客们能向木匠师傅学习打造专属于自己的独木船。每次 2—3 天的工期还让他们愿意留宿张马村民宿，体验田园生活。而完成一艘独木船需要几十天，游客们为了能更好地完成自己的作品，就需要不断前来。做好了木船，在湖上泛舟，游览美景又是一件惬意的事情。这样一个手工、

**"木船俱乐部"会员制作的独木船**

住宿、餐饮、游览的完整生态闭环就形成了，张马村也在不断被注入独特的吸引力和文化内涵。大司田文化公司认为打造民宿就要"还民宿本来的样子"，提倡健康的生活方式，通过民宿与当地多元特色文化的融合，鼓励游客走到张马村美丽的自然景色中去。

民宿产业作为服务业，需要大量的人力支撑，给乡村提供了许多的就业岗位。村中的老人能应聘民宿餐厅服务员、民宿保洁员等。很多当地老阿婆就去应聘了民宿的厨师，她们烧得一手好菜，知道选择怎样的烹饪方式才能更好地保留青浦当地纯天然食品的精华，游客们也愿意吃到最地道的当地菜。民宿的发展，除了为老年人提供一份较为清闲的职业岗位，让老年人多一份经济来源，多一份生活保障，更重要的是带给他们心灵的慰藉。在民宿的工作中，能遇到许多来自不同地方、有着不同经历的人，那些来自他乡的问候，作为当地人介绍景点的自豪能极大温暖空巢老人们的心，丰富他们原本枯燥的生活。此外，民宿产业为村里的年轻人提供了发展平台，年轻人怀揣新潮理念可以大展身手，未来可期。目前大司田文化公司有73名员工，其中49名是张马村村民，不少还是返乡工作的年轻人。

民宿扎根在张马村对乡村业态经济起到了很大的积极作用。以前，乡村环境整治一直以来多借助政府外力，但随着民宿市场的发展，村民们的内部环保意识逐步增强，也都明白优美的自然环境是民宿经济发展的基本条件。再加上政府的支持，企业的运营，农村的环境问题迎刃而解。民宿经济是一种将第一产业的农业与第三产业的服务业结合在一起的业态经济。民宿的发展使得生态自然资源与乡村文化资源得以充分利用，不仅产生了实实在在的经济效益，也带动了当地乡村的发展，无论是农村的劳动就业还是基础设施的改善都因此受益。另外，民宿的发展对于保护乡村传统文化也有着重要的意义。适当的乡村旅游开发不仅能宣传乡村的历史文化，也使得当地文化得以很好地传承，能将开发与保护乡村文化完美融合。

## 寻梦源中梦水乡

每年六七月是薰衣草的花期，从法国的普罗旺斯到中国新疆的伊犁，铺天盖地

寻梦源薰衣草

的紫色为夏季渲染出浓墨重彩的浪漫。如今，想要感受这份紫色浪漫不再需要长途跋涉，从市区驱车 1 个小时，就能在青浦"寻梦源"拥抱这片紫色花海。

寻梦源坐落在上海西南面素有"上海后花园"美称的青浦区朱家角镇张马村，曾列上海最美的 7 个休闲乡村之首。观光香草种植园总面积 400 余亩，其中 280 亩都种植着各种品种的薰衣草，每值花期，蓝天下摇曳着遍野的紫色风光，吸引了无数人慕名前来。好似花中走，亦若画中游。在这里，能观赏到普罗旺斯薰衣草、柳叶马鞭草、西班牙薰衣草、法国薰衣草、四季薰衣草、迷迭香、向日葵、大马士革玫瑰、波斯菊等几十种香草观赏植物。蝉鸣、薰衣草和向日葵共同组成了一段惬意的夏日时光。

"微度假"，是寻梦源的建设理念，相比其他观光项目，更注重体验性和度假感，把都市精致感和田园的乡野趣味结合起来，建立一站式田园生活体验庄园。因此，寻梦源以花卉为主题，主打薰衣草，同时突出田园、生态特色以及乡村体验。在这里一年四季都可以欣赏到不同色彩的花卉，其中春秋是最佳的赏花季节，也是薰衣草等香草植物盛开最旺的好时间。七彩花坡色彩鲜艳而分明，紫色的幸运风车塔装满了梦幻的美好，风车长廊旋转的是未来的希望，还有寻梦羽翼、七彩长廊、时光铁轨等拍照最佳点。欣赏美景后，再去露天马场骑马，去超大型综合儿童游乐园寻找童真，去秋名山卡丁车体验刺激，或者是在碧水沙滩上晒晒太阳吹吹风。夜晚，可以选择居住在森林独幢民宿草屋中，真正投入大自然的怀抱，也可以选择房

寻梦源·梦水乡

车露营，晚上仰望星空，欣赏被薰衣草映紫的独特夜景。总之在这里能有多种不同的宝贵体验。

环境好了，流量大了，口碑也就建立了起来，寻梦源逐渐成为婚纱摄影圣地以及亲子互动的首选之地。鉴于此，寻梦源逐步致力于打造以农业生产、休闲体验为特色的高端艺术亲子生态庄园，试图将创意与浪漫结合，最终打造成为一所农业创意庄园和文化创意产业基地。

目前特色香草花海主题观光园、婚庆区、亲子休闲运动体验区、生态农耕文化体验区、休闲养生度假区构成了"一园五区"的布局，形成了全市农业旅游示范区、生态农业观光区、科研院所教学实验基地、农业科普教育基地、参观游览度假娱乐等一体化旅游胜地、"都市农夫""乐活族"的农业休闲基地和提供游客参与农事活动的"科普体验农业体验园"。

作为张马村引进的第一个旅游项目，寻梦源打开了解决"三农"问题的新思路。寻梦源试图以旅游业带动一二三产业联动，实现多方共赢。同时，寻梦源提供许多就业岗位，留住当地人才。如今，张马村依靠已经形成的"四园一岛"的农事旅游格局，吸引了许多游客前来体验。除了薰衣草"寻梦源"之外，"浦江蓝"蓝莓园、泖塔农情园、生态园、"太阳岛"都打出了自己的名气，农旅融合在张马村红火了起来。

## 蔬菜长廊摘绿色

老人常说从前慢，从前的菜也好吃，健康新鲜无污染。如今，要想吃到真正绿色纯天然的蔬菜也已经不是一件易事。而位于青浦区徐泾镇的牵然农业专业合作社（以下简称牵然合作社）拥有一条神奇的生态长廊，能带你找回小时候蔬菜的味道。

农场内景

牵然合作社的社长杨飞艳当年毅然放弃生意，决定回归农田，为的是能让所有人都吃上小时候那样新鲜、放心的蔬菜。为了这一口"回忆"的味道，杨飞艳和团队一起精心打造了"牵然生态农庄"，走上了生态农业的道路。牵然生态农庄主打的产品是室内的小西红柿和水果黄瓜，以及室外的当季生态蔬菜。最让她引以为傲的是黑番茄，这与市面上的圣女果等品种不同，最大程度上还原了番茄本身的味道，深得消费者的喜爱。

小时候蔬菜之所以觉得好吃是因为每一棵菜从松土、施肥、浇水到采摘都是亲自完成的，凝聚着许多的辛苦劳作与汗水。因此，杨飞艳决定采取"种植＋采摘"的模式。这种模式不仅让人们能够吃得放心，更加珍惜蔬菜，最重要的是，在这个过程中，一家人都能参与进来。

以前，年轻人尤其是小孩子对蔬菜的认识仅仅停留在超市和菜场那些成形的蔬菜，青菜是青菜，番茄是番茄。可如今，来到了牵然生态农庄，青菜就是一颗颗的青菜籽，要慢慢浇水灌溉长出小苗，还要定期除草驱虫，最终从地里拔出来的青菜是有长长的根、带着泥土的芳香的。小朋友通过自己的勤劳耕耘，看到第一朵花开出来都高兴得不得了，回去之后都开始接受蔬菜，不再挑食。在体验中，年轻一代也更多地了解了农业，从某种意义上而言，农业与人们的关系更加亲近了。

当然，这种"种植＋采摘"的模式，注定了蔬菜的产量不会很高，但杨飞艳始终坚持自己的看法，"大家的宗旨不同，我们追求的只是口感。好的品种，种出来质量好，我认为好的东西可以一直传下去"。

蔬菜体验式种植让农业变得生动有趣，吸引了许多人前来尝鲜，在尝试的过程中大多数人都喜欢上这种动手耕耘，有所收获的过程。而他们吃到的每一口蔬菜都是绿色无污染的产品，种得开心，吃得放心。寓教于乐，休闲农业在生态农场中得到了很好的体现与发展，产业联动带来的不仅仅是效益本身，更是农业精神的传递与发扬。

## 产业联动谋发展

2018年中央一号文件对乡村振兴战略进行了全面部署，提出构建农村一二三产业融合发展体系；增加农业生态产品和服务供给；打造绿色生态环保的乡村生态旅游产业链；发展乡村共享经济、创意农业、特色文化产业等，为新时代乡村旅游发展指明了方向、画出了重点、优化了政策环境。

青浦在面对"三农问题"的时候，迅速适应新形势，与中央规划保持一致，根据当地的现实情况结合中央政策积极作出响应与调整。

在一二三产业联动方面，无论是联怡枇杷园、特色民宿还是寻梦源，都探索出了一条适合自己的道路。比如，联怡枇杷园以枇杷种植为基本依托，通过产业联动的方式，将资本、技术以及资源要素进行跨界集约化配置，使农业生产、农产品加工和销售、餐饮、休闲以及其他服务业有机地整合在一起，使得农村一二三产业之间紧密相连、协同发展，最终实现农业产业链延伸、产业范围扩展和农民收入增加。特色民宿以第三产业"住"来吸引游客前来感受不同的文化特色，在此基础上，联动当地菌菇种植等第一产业，各产业之间相互宣传与促进。而寻梦源以"微度假"为核心，在此基础上发展第一第二产业，丰富娱乐休闲的内容，提高游客的参与度与体验度，相辅相成。

在农村产业融合发展中，农业是产业融合发展的基本前提，青浦作为上海市蔬菜种植主要基地之一，在这方面有着天然的优势，产业联动、要素集聚、技术渗透、体制创新是产业融合的基本手段，专业大户、家庭农场、农民合作社、农业产业化龙头企业以及进入农业的工商资本等是产业融合发展所依赖的新型经营主体，延伸农业产业链、扩展产业范围、增加农民收入是产业融合的目的。

通过产业的融合，一二三产业之间也相互推动与促进，形成了良好的发展态势。第三产业乡村旅游经济发展，需要依赖当地的农业种植。为了更好地发展旅游经济，必须要进一步优化农产品种植的生态环境、技术条件以及农产品质量，进而推动当地农业发展。比如，张马村土地已实现 100% 流转，多年来培育了一批懂经营、善管理的农户，参与土地经营权承包，现有 5 个农民合作社，生产稻米、茭白、特色水果等 5 类农产品，申请注册了"泖塔""泖荡""浦江蓝"等农产品商标，实现了销售的品牌化。农业种植产业发展兴旺了，为了能够提高农产品的附加值，第二产业的发展也随即提上日程。根据农产品的自身特点与食用特色，选择不同的农产品加工方式。比如对于枇杷而言，枇杷叶可以入中药，有保健功能；枇杷肉可以做成枇杷膏、枇杷饮料，或是入菜等。产品种类丰富了，品质提高了，吸引来的人自然就多了，第三产业也就发展起来了。人气旺了，知名度提高了，这些农产品的销售渠道也就畅通不愁了。一二三产业相互关联，逐渐融合，形成你中有我、我中有你的局面。

产业联动作为乡村建设中一种新的经济模式，虽然发展态势良好，但依然需要不断改进与发展。要继续坚持"美在生态、富在产业、根在文化"的建设主线，营造好的生态环境，打造新的产业模式，弘扬传统文化，深度融合三大产业，始终以提高农民们的经济收入，提高生活保障为目标。不能简单地强调农村产业融合，要建立互惠共赢、风险共担的紧密型利益联结机制，要建立农村产业融合发展的利益协调机制，保障农民和经营组织能够公平分享一二三产业融合中的"红利"。

以农促旅、以旅兴农，农旅融合才能促进农村经济模式的转变，三大产业相互融合才能拓宽生产链与销售链，才能解放劳动力，让农民的腰杆挺直、腰包鼓起，才能在乡村振兴的道路上先行、快行。青浦开了个好头！

通过声音，更了解绿色青浦

# 农政携手，产销并进

　　良好的技术，为农产品的产量提高和质量标准化提供了保证，但对于农民来说，解决了产量和质量问题还不够，自家的好产品卖不出去，市场上没有人知晓也同样让人着急。俗话说"酒香不怕巷子深"，但在替代产品遍地的今天，就算是再香的好酒"也怕巷子深"，如何通过渠道将好的农产品宣传推广乃至销售出去，成了关乎农民辛苦劳作的成果能否转化成实惠的大事。

　　国务院在 2018 年发布的《关于实施乡村振兴战略的意见》中指出，要重点解决农产品销售中的突出问题，加强农产品产后分级、包装、营销，打造农产品销售公共服务平台，支持供销、邮政及各类企业把服务网点延伸到乡村，深入实施电子商务进农村综合示范，加快推进农村流通现代化。在解决销售难、渠道少等问题的探索上，青浦人积极尝试，从多个角度给出了他们的思考。

## 统一销售显规模，自助碾米保品质

　　青浦薄稻米可谓是一大地方特色农产品。每逢水稻收割季，稻田间的农民们是几家欢喜几家愁。看着饱满的穗粒，欣喜又是一个丰收年，可转眼就又开始忧虑从收割开始的一系列后续加工环节。对于农民来说，生产技术早已不是问题，但后续的收割、晒场、烘干、碾米等一系列环节，如没有设备的支持，没能及时加工，再赶上江南地区秋收季节的连绵阴雨，这一年的辛苦怕是要白白浪费。可就算借助设备完成了这些加工，没有合适的仓库供仓储，没有合适的渠道销售到市场，也是件让人头疼的事。稻米的加工销售困境出路何在，上海青角稻米专业合作社（以下简称青角合作社）社长巢庭芳给出了他的答案。

上海青角稻米专业合作社里整齐的设备

细细算来，从 19 岁进入青浦区粮食局做粮食营销工作起，巢庭芳与粮食营销的不解之缘已经整整有 39 个年头。从最开始只是做粮食烘干，到现在还从事农机服务、粮食收购、粮食存储、大米加工、粮食销售等工作，合作社已然能够完成粮食全流程一体化的所有工作。

集中处理与仓储是有规模优势存在的。如若由农民分户进行处理存储，虽然最初种植的都是优质的水稻品种，但因为各家仓储水平不同，后期存储中因稻米水分、霉变等问题影响了稻米品质，便会在最终销售时通过价格反映出来。而如果将稻米统一交给青角合作社帮忙处理，情况则会有所不同。"稻子拿来烘，烘完有的放在我这里，我帮他保管加工。"巢庭芳介绍说，如今合作社存储粮食 1.3 万余吨，仓储能力可达 1.8 万吨。农户们在把粮食送来烘干处理完后，可以带回去，也可以由合作社代为储藏。

储藏只是销售前的一个准备环节，对于巢庭芳来说，合作社的意义除了服务自家产品、提供烘干存储等服务外，还在于销售上的周转功能，具体来讲，就是帮助合作社实现从卖稻谷到卖大米的转型。"有些合作社想把卖稻子变成卖米，但他量不够。"巢庭芳介绍说："米不够卖完全可以到合作社来拿，社里有足够的储备给他们支持。"

可以说，青角合作社不仅帮助合作社进行转型，更是造福了一方稻农。青浦薄稻米历史悠久，在区域品牌搭建过程中已有了统一的准入标准。合作社全年开放收购，所收到的都是有品质保障的青浦稻米。通过大量收购，解决了农民卖粮难的问题，切实减轻了老百姓的负担。收购来的粮食再经过合作社的统一包装与销售，让稻米销售实现了从分散销售到订单式销售的转变。

如果说，巢庭芳用他的经历给出了对于稻米销售思考的答案，解决了稻农们的后顾之忧。那么来自上海泖峰农产品专业合作社的孙昌荣，则创新了市面上稻米的零散销售模式，让市民们可以消费到最为新鲜的大米。

**上海泖峰农产品专业合作社社长孙昌荣**

孙昌荣曾多次前往日本等地，对"鲜米机"这一设备和销售模式进行考察。"鲜米机"，也就是自助碾米机，是一款占地面积更小、可供消费者自行操作、极为便捷的碾米机器。孙昌荣介绍说："你把稻谷放进去，按一下，就可以碾出来五六斤新鲜的大米，等于买回去吃个两天、三天的量。"将这样一台"鲜米机"摆在便利店里，市民朋友们在买完稻米后，就可以自行拿到机器这里，用不了几分钟，很快就可以拿到碾好的大米。这样随吃随碾，吃多少就买多少、碾多少，从而保证了餐桌上吃到的总是新鲜的有着良好品质的大米。孙昌荣很看好这一销售模式，认为鲜米机在全市范围内的推广对市民们而言是一大福利。

鲜米机（自助碾米机）

## 电商加持，打通信息壁垒

相较于"一粒米"能够较为长久保存的特点，青浦区域农产品公用品牌中的"一枚果、一棵菜、一条鱼"都面临难以长期储存的问题。青浦区内消化能力有限，打开市场才是根本的解决途径。如何在保证产品新鲜的前提下，将产品送至各处的消费者手中就是农产品销售的痛点。电商的迅速发展为菜农、果农们提供了一条解决途径。而提起电商，就不得不提到周欢。

周欢是一位"85后"，是他所在的青浦区白鹤镇草莓协会中最年轻的一员，也是上海南巷蔬果专业合作社的社长。2010年大学一毕业，周欢就回到了家乡，利用家乡白鹤种植草莓的地理优势，创立了自己的合作社，种起了草莓。与近两年慢慢增多的电商服务平台不同，周欢在9年前就将目光投向了线上销售。

在决定网上销售草莓时，周边有不少人都对周欢这个想法不看好。成熟的草莓可以说十分娇嫩，受不了一点的挤压碰撞，一旦有一点破皮、压伤的痕迹，周围那一片便很快变质、不能食用了。哪怕只是从水果店买来拎回家的路上都免不了磕磕碰碰，更不用提要把草莓远距离运输。放到近十年前来看，这一想法确实有些不现实。

但年轻人最大的特点就是敢想敢做。周欢了解了一下周边的商场超市，发现装草莓的包装盒就只是一层薄薄的、质地柔软的塑料盒，用这样简陋的盒子包装运输，损耗率高是必然的。周欢大学期间是学设计的，市面上没有合适的包装，那便自己来动手设计。在偶然看到鸡蛋运输的托盘后，一个想法便出现了。周欢按照草莓的形状大小，设计出一款用珍珠棉材料支撑的有着不同规格凹槽的托盘，将托盘放在大小一致的盒子内，再将草莓一颗颗分隔开摆入凹槽，最上面放一层海绵垫后再加盖。这样包装的草莓由于上下左右都受到了柔软的保护，不管怎么摇晃，打开盒子后都与最初装入时没有区别。就这样，物流运输中最困难的问题得到了解决。

**周欢接受采访**

解决了草莓的快递物流问题还不够，由于当时电商服务模式还不受太多人认可，创业初期的周欢只能自己将草莓装在面包车里一家一家公司跑。他从网上搜集到销售水果的电商平台的信息，在电话联系后一一拜访，上门去谈自己的想法和理念。用周欢的话来说，那段日子"司机是我，业务员是我，配送员也是我，联系的所有东西都是我干的"。凭着一股韧劲，周欢终于找到了第一家合作的公司——易果网，在不放弃中扛过了创业最艰难的前三年。

白鹤草莓品质高，卖得好受欢迎是必然的，周欢介绍说："从第一年到第四年，其实增长率特别快。第一年我营业额就做了20万元，第二年有50万元，现在每年大概在300万元左右。"以周欢所在的南巷蔬果专业合作社为中心，这一销售模式的改变也同时辐射带动了周边草莓种植户的生产、管理和销售。现在，由合作社提供技术支持，周边农户一同种植，再通过合作社的互联网市场推广进行统一营销、统一物流的生产模式，带动了周边群众共同致富。现在，合作社草莓的平均日销量达2000余斤，带动的周边草莓种植面积达500余亩，农户增收80余万元。

通过电商来销售新鲜果蔬，这一模式的出现有其必然性。在旧零售时代，生鲜最大的问题就是损耗管理，由于保存储藏的设备不够完整，对于市场价格、货量行情基本靠猜，这些成本在转嫁到消费者身上的同时，也让生鲜销售走向了催熟、保鲜药剂的歧路。如果通过电商来直接与产地对接进行销售，配送上门，不仅避免了在菜市场里常见的挑挑拣拣所带来的损耗，也减少了中间搬运环节、避免了批发商加价，保证了生鲜的低成本和新鲜度。

如今，市面上出现了越来越多的生鲜零售电商，为农户们与合适的平台对接提供了选择。在2019年第十届上海白鹤草莓文化节的开幕式上，白鹤镇人民政府与盒马鲜生签订了品牌销售战略框架协议。开幕式上还发布了"中国农业部地理标志登记产品——白鹤草莓"的全新包装，举行了新包装的使用授权模式与优质草莓种植户授权使用仪式。白鹤草莓正式进驻盒马鲜生，往后市民们购买草莓也会更加便利。

除了草莓，2019年6月10日，上海自在青西农业发展有限公司与吃之以恒（上海）电子商务有限公司，就"叮咚买菜"与青浦蛙稻米项目也签订了合作协议。叮咚买菜在上海有着近300个销售点，签约后将实现对青浦绿色大米以及艾米优糙米粉、谷物酸奶等青浦优质产品的推广。双方还在青西郊野公园莲湖村成立了叮咚买菜青浦蛙稻米产品专供基地，以供进一步深入合作。

电商模式，是青浦人对于生鲜产品销售作出的回答，这一模式有效打通了农产品供需双方的信息壁垒，也让青浦的优质农产品更好地走出青浦，打出一张区域名牌。

## 政府助力，让农户敢想敢干

如果说巢庭芳的统一销售思维、周欢的电商开拓途径是来自民间的智慧，那么要想销售得好，少不了要借一把政府的东风。在农产品销售问题的解决中，政府提供的后备力量为农户们增添了不少助力，让农户们敢于放开想、敢于放手干。

巢庭芳在合作社运营中就提到，针对青浦薄稻米的文化底蕴，通过政府层面对其内涵与价值的挖掘，能让人们更好地了解到青浦稻米的优质，拓宽了品牌运营之路。周欢在创业刚起步时，社保中心也主动联系，让他了解到大学生创业可以享受到的贷款政策支持。虽然一笔 10 万元的贷款算不上多，但却解决了创业初期的燃眉之急。可以说，巢庭芳与周欢的成功与政府提供的帮助不无联系。

除了具体政策的助力，青浦区政府也在思考从其他方面入手，来解决销售的难题。要想卖得好，得到消费者的认可是关键，能在消费者好评的基础上打出品牌则更好不过。为了让更多的市民朋友能够了解到青浦的优质农产品，青浦区政府通过举办不同的展示展销活动，为感兴趣的消费者了解详情提供了一个便捷的窗口。

青西郊野公园，凭借其良好的生态环境吸引了一批批游客前来。依托公园里游客量大、环境好的特质，政府在这里搭建了一块农产品展示中心，用实物再加上图文配套的展示方式，呈现了青浦农产品的生产种植环节及成品。自在青西、蛙稻米、优禾谷、弘阳农业等大型农业企业、合作社纷纷进驻于此，展示自家特色农产品，来往的游客们在信步之余便可同时了解到青浦的农业特色。

2018 年 12 月 8 日，由青浦区农业委员会（现青浦区农业农村委员会，下同）主办的"第七届青浦薄稻米品鉴暨优质农产品展示展销会"在张马村寻梦源举办。

自 2012 年举办"青浦薄稻米品鉴会"以来，这一展会已经成为青浦薄稻米对外展示的绝佳舞台。每逢展会，来自青浦全区三十多家农业专业合作社齐聚一堂，带着各家近百种优质农产品，供市民们了解和购买。展会上还有品鉴环节，有统一蒸熟的 20 余种优质品牌的大米，放在现场供专家进行品鉴评比，市民朋友们品尝后也可以给自己喜欢的大米投上一票。品质好不好，一尝便知。无数优质品牌在展会上大放异彩，让市民们切身体会到青浦薄稻米的魅力。

在对外展示宣传之余，政府还发挥了牵线搭桥的作用。合作社在发展的过程中自然会产生许多问题，有着急迫的问题诉求，政府在其间要做的不是直接上手去干涉，而是在提供助力的同时，充分调动合作社与市场经营主体的积极性。2018 年 7 月，在上海市农业委员会（现上海市农业农村委员会）蔬菜办、市蔬菜食用菌行业协会的牵线下，青浦区农业委员会种植业科、蔬菜站在上海世鑫合作社召开了青浦区绿色蔬菜产销对接座谈会。来自青浦区的 12 家绿色蔬菜基地负责人，与来自食行生鲜、盒马鲜生、上蔬永辉 3 家农产品零售企业的负责人，同坐一起，就如何拓展销售渠道、挖掘蔬菜的附加值进行了讨论。蔬菜基地与销售平台的面对面沟通，对于双方来讲都十分必要。这使得双方能够直接了解到彼此对于销售这个问题的思考，有利于加强合作。这样的沟通，如若没有政府的牵头与支持，举办的可能性和举办过程中面临的困难可想而知。

政府的支持，为青浦农户们发挥积极性去想、去做提供了最坚实的后盾。销售难，但办法总比困难多。因为有了政府的助力，青浦的农产品品牌打开了知名度，增加了销售上下游间的沟通。

青浦，是幸运的。从农业环境上来说，这里有着农业发展最得天独厚的条件，优质的农产品在市场竞争上独具优势；从地理位置上来说，身处长三角地区的交界地带，这里有着广阔的市场与发达的交通；从配套设施上来看，上海西郊国际农产品交易中心位于青浦，它是能够惠及全国、连结海内外的大型农产品交易王国。

青浦，也是努力的。销售难，从来不是一个地域性的问题，不论在我国哪片地域，销售各有各的难处。面对这一难题，青浦人向国内农业发展给出了自己的思考：其中有来自农户们的积极尝试，从下至上给出了好的效果与反馈；也有着来自政府的牵线搭桥，由上而下给到的支持和帮助。从政府至农户，对于解决这个关系农户生计的大事，是团结的，也是齐心的。

通过声音，更了解绿色青浦

# 角里书香，人气张马

在上海市青浦区有这样一个人气古镇，不仅有着原汁原味的明清街，也有小桥流水的质朴乡村，既有稻田旁的农家书屋，又有大片薰衣草盛开的寻梦园，把白居易《忆江南》里"江南好，风景旧曾谙"的江南风光体现得淋漓尽致，令人心驰神往，这就是紧挨着淀山湖风景区的朱家角镇。

这样美丽的乡村，可谓来之不易。"乡村振兴，不仅仅是经济基础的问题，还包括生态、文化、基层的传统，这项工作可以说是百年大计，功在当代利在千秋。"朱家角镇党委书记高健介绍，"为带动就业、提升村民获得感，目前，朱家角古镇旅游区创建国家 5A 级景区与美丽乡村张马创建 4A 级景区等项目同步进行，以张马美丽乡村为核心，辐射沿线六大休闲村落，串点成线、沿线成片，形成美丽乡村集群区，带动就业，提升村民获得感"。

**高健接受采访**

## 最美农家书屋

青浦的林家村，原本是个不起眼的安静小村落，近两年，却因为一家安置在大片水稻田旁边的"网红书屋"而变得热闹起来，这就是被很多人称为"最美农家书屋"的薄荷香文苑。

薄荷香文苑的屋主是一对热爱生活和艺术的中年夫妻。女主人陈君芳是林家村土生土长的文化人，曾在青浦城区开过书店和画廊；男主人张瑞杰是一位中医，年轻时曾在日本拿过医学博士学位。他们靠着书本相识结缘。2015 年，他们回到家里老宅，精心布置一番，将自己的一部分私房改造成向社会开放的公益性农家书屋。

走进书屋，木制大书架整整占据了三面墙壁，木地板、蓝土布覆盖的长茶

**薄荷香文苑内景**

几、刻意未粉刷的天花板，处处透露出粗粝的美感。书屋内藏书共计1万余册，医学、艺术、小说、外文等各类书籍应有尽有，让爱书的人倍感踏实。书屋免费向村民开放，或直接在书屋找一处阅读，或借回家中慢慢细品。窗外小院中，农作物藤架上青藤缠绕，花草绿植在角落里静静生长，猫咪慵懒地晒着太阳，耳边风铃脆响，半掩的院门外，不远处便是几百亩稻田。微风拂过，稻浪阵阵。

谈到为什么当初要将书屋开在稻田边，女主人陈君芳说道："大家都在谈乡村振兴，如果没有人来的话，我想这个村很难发展。所以我是希望我们村能够活跃起来，首先要有人。"在建设书屋这个文化平台之外，为了将村里的人气更多带动起来，夫妻俩盛邀艺术家朋友落户林家村，用原汁原味的"土灶菜饭"款待八方来客。于是赵松涛相声田耘社、杨冬白雕塑工作室、王磊电影工作室相继在这里落户。

**陈君芳接受采访**

书屋里举办了无数活动，如台湾地区戏剧教授张纹龙的戏剧艺术交流、上海中医药大学的中草药互动体验、中国油画院课题组导师张立农对写生基地建设可行性的探讨、青浦区妇联的"妇女课堂"等。这里还常能欣赏到城里艺术家带来的古琴、相声、快板表演。书屋的所有活动都对村民开放，耳濡目染，村民们的思想也跟着开阔了。"很多新的东西进来了，会带来新的生活态度，村民会跟着学，把自己的生活打理得更好些。乡村社会不是单纯充满乡土气息的存在，而应该是生态和文化并行不悖的地方。"张杰瑞说。

自从薄荷香文苑农家书屋落户林家村，村民们发现村里逐渐热闹了起来。短短一年时间，不仅从村里走出去的年轻人周末会带着孩子回村到书屋坐坐，城里的读者也纷纷慕名前来，更有不少游客前来"打卡"。

与此同时，陈君芳按照绿色大米的种植标准，组织村民种植，并通过了产品绿色产品认证，统一品牌包装，进行营销推广。丰收时节，她还用自己的朋友圈帮着村民卖大豆等农产品。说起愿望，陈君芳最希望的，一是当地的大米品牌能够"走出去"，另一个则是希望村里的年轻人能"跑回来"，把村子"做活"，那才是真正的美丽乡村。

## 张马好环境，旅游好去处

在朱家角镇的最南端，有一片美丽乡村，农居错落有致，点缀在农田和绿树之间，河道两旁花红柳绿，每个角落都散发出江南水乡古镇的神韵，令人流连忘返，这就是上海市美丽乡村示范村——张马村。

以前，张马村是出了名的"穷村"，村民说起自己家，用的是这样一句顺口溜：走到河浜头，都在皱眉头。有的捏鼻头，有的狠摇头。青浦区生态环境资源禀赋好，朱家角更是有名的江南水乡，可位于黄浦江水系源头泖河边的低洼地带、面积只有3平方公里多、户籍人口2000多人的张马村，长期以来都是朱家角镇沈巷片区默默无闻的经济薄弱村。几十年前的张马村，农民收入微薄，村经济发展缓慢，村民就靠种植水稻和茭白为生，看天吃饭，除了农业没什么别的产业。

转变始于近十年前，2009年，村子里开始进行村庄改造。乡村发展千头万绪，张马村党支部书记朱惠根选择从改善村庄环境着手，"环境好了，风景就好，人的'精气神'就会上来，经济也会好起来"。朱惠根说。

2009年开始，张马村通过路面硬化、墙面白化、路灯亮化、100%污水纳管、

100% 完成拆违、100% 规范土地流转等工作，全面改善人居环境，为后期美丽乡村建设打下良好基础。2014 年起，朱家角镇美丽乡村试点工作全面启动，张马村率先成为首批市级"美丽乡村"。

张马村河道风貌

环境的整治提升，整体激活了张马村这个原本濒临"崩溃"的乡村生态系统。"大扫除"完毕，村民们有了"面子"，开始更加关心"里子"问题。生态系统为了维系自身动态稳定需要不断输入能量，张马村开始借助社会力量，发展乡村旅游经济。张马村是青浦备受赞誉的"中国最美村镇"，有着悠久的历史和丰富的文化遗产。这里是国家级非物质文化遗产青浦田歌传承基地之一，同时也是全国六十多万个行政村中"全国美丽乡村百佳范例"的获得者。张马村致力于"农业＋旅游"打造特色产业，村里四季美景如画，如同上海的一处世外桃源。

张马村在 1991 年引进休闲度假胜地——太阳岛；2005 年引进 400 亩以薰衣草为主要类型的综合性香草观赏园——寻梦源；2010 年引进 100 亩左右可供自由采摘蔬果、体验农家乐的园地——泖塔农情园；2013 年引进 300 亩蓝莓生产基地——浦江蓝莓园；2015 年引进 500 亩集四季蔬果采摘、水上森林、湿地公园、野生动物保护区为一体的上海市首家开放式的农村公园——蓝美庄园，共同构成张马村"四园一岛"农事旅游格局。通过"四园一岛"建设，张马村的乡村旅游业目前已如火如荼，每一处景点都对市民游客有很大的吸引力。

以张马村的浦江蓝莓园为例。作为天然的亲子课堂，家长和小朋友可以在这里体验采摘的乐趣。每到蓝莓成熟季节，紫中带红的蓝莓缀满枝头，一层厚厚的果霜渗透着盖不住的甘甜，让人隔着屏幕都想流口水。在这里可以采摘到市场上相当少见的特级蓝莓，也可以品尝自己亲手制作的蓝莓果酱。每年盛果期，二十多个蓝莓品种相继开放采摘，采摘期长达两个半月。蓝莓园为孩子们提供了一个和大自然亲近的崭新课堂，让他们离开教室、走进林间，通过农事体验规划自己的梦想田园。"四园一岛"的美景吸引来了大量游客，住宿服务也得跟得上。张马村里坐落着几栋颇具"网红"气质的民宿，着实令人眼前一亮。几栋小楼干净整洁，雪白的墙壁、灰蓝色的瓦片在蓝天的映衬下，显得格外清新。这里的民宿都很"任性"，所有的房间都没有电视机，游客可以静心练字、看书、摘花、种菜、砍柴和务农。以兴趣爱好为出发点，精准划分市场，同时为会员用户提供集餐饮、民宿、乡村观光的乡村"打包服务"，盘活农村资源，实现了空置房屋的高效利用，同时也通过项目的延展，进一步美化农村环境，为建设美丽新农村的战略反哺助力。更为重要的是，通过经济的盘活，生态的建设，乡村开始向都市圈传达一种全新的生活理念。从紧张的都市生活向恬静淡雅的乡村生活回归，实现对于自身生活质量的提高，追求一种返璞归真的生活，这是张马村向都市人们默默传递的一种崭新的生活态度。

对于未来发展，朱惠根有很多正在落实或者将要进行的计划，不过，一切工作都围绕"人"来进行，让村民的居住环境更好、办事更方便、"钱袋子"更鼓，就是大家的共同愿望，也是所有乡村振兴者的愿望。"这些年，张马村尝到了信息、资源、先进理念流入村里的'甜头'，也希望在将来能有更多社会力量参与张马村的建设，让张马村'颜值'更高、'气质'更好。"

以最美农家书屋、美丽乡村张马为典型的朱家角镇美丽乡村集群为百姓带来了

**朱惠根接受采访**

生态红利，让人们真切体会到好环境真的可以"当饭吃"，同时吸引了年轻人返乡建设，真正做活了美丽乡村。在乡村振兴的长远道路上，相信朱家角镇会发展更好，呈现更美的"上海后花园"。

**通过声音，更了解绿色青浦**

# 重固小镇，创新生活

青浦民间素有"金章堰，银重固"之说，用以描绘此地的农商繁华。重固镇位于上海市青浦区东部，南通黄浦江，北连苏州河，自古便是航运枢纽和粮棉集散地。在重固镇的发展史上，"一"字应该算是关键字。这里有上海市唯一一处国家级大遗址——福泉山古文化遗址，它是"古上海的历史年表"，被誉为"东方的土建金字塔"。这里是2018年上海市唯一进入国家发改委和国家财政部双库入库的政府和社会资本合作（PPP，Public-Private Partnership）项目试点，将建设成集文化、生产、生活、生态于一体的新型城市化小镇。2018年，重固镇又成为上海市第一批生活垃圾分类全区域创建工作试点街镇之一。重固镇不断推进环境治理，搞好人居生态，为乡村振兴铺就绿色之路。

## 垃圾分类倡导环保生活

垃圾分类是当前上海各项工作的重中之重。2000年，上海成为国家首批生活垃圾分类试点城市。2017年，上海市人大将《上海市生活垃圾管理条例》列为重点调研项目。2019年年初上海市第十五届人民代表大会第二次会议上通过了《上海市生活垃圾管理条例》，并于2019年7月1日起正式施行。作为上海市首批生活垃圾分类达标、示范街镇，重固集全镇之力打响"垃圾分类战役"。

俗话说"万事开头难"，各个村为了让村民们分清干垃圾和湿垃圾着实费了一番功夫。徐姚村的垃圾分类志愿者为了让村里识字不多的村民快速记住分类规则，编出了两句顺口溜，"能烂的是湿垃圾，不能烂的就是干垃圾。湿垃圾要放在红色的桶里，干垃圾要放在黑色的桶里"。村子里老年人居多，生硬地讲理论、仔细地教分类都很难让他们记住，用顺口溜这样既形象又好记的语言，一说他们就明白了。

重固镇的垃圾分类宣传给很多群众最直接的感受就是"接地气"。重固镇以"垃圾分类齐参与，人人动手美家园"为主题，充分利用村（居）民组长会议、村民客堂间、志愿者上门走访等各种方式，开展了一系列垃圾分类知识的培训、座谈等活动，培养百姓自觉分类意识。与此同时，利用墙画、迎风旗、电子屏、广告牌做足宣传版面，开展互动体验游戏、文艺作品创作展演等宣教活动，用老人和孩童都能听懂的语言，提高村民群众垃圾分类的积极性，感染更多的人参与垃圾分类。通过志愿者向小区居民发放《生活垃圾分类指导手册》，同时详细了解住户家中生活垃圾分类的情况，鼓励居民从自身做起，坚持做好干湿垃圾分类。针对小区居民的生活作息，社区采用入户上门的方式征询关于垃圾分类的投放时间段。在每个村的绿色环保小屋里，有四个小垃圾桶，这是专门给村民宣传培训用的四分类垃圾桶模型。每周这里都会举办几次垃圾分类小课堂，培训时用的一张张特制卡片，每张上都画着一种常见的生活垃圾，哪张卡片应该投入哪个垃圾桶，清楚明确。这种宣传培训方式对于农民来说，很容易接受。

除了解决垃圾分类的源头问题，重固镇还创新提出餐厨垃圾"公交"收运模式，规范垃圾分类收运，严格贯彻"不分类不收运"的准则。重固镇开辟了15条垃圾收运线路，制定了全镇垃圾收运线路图，对于每个垃圾收运点的分类情况也有明确的评价，分为优秀、良好、一般、较差四类标准的旗子，一目了然。每天固定时间，沿着固定线路，双桶电瓶驳运车挨家挨户收集餐厨垃圾，开展"点对点"餐厨垃圾上门收运服务。驳运车垃圾装满后，集中到驳运点位，由专用餐厨车统一收运至指定公司进行处理，整个收运工作井然有序。生活垃圾定时定点投放工作也在各个居民区很好地开展。每个定点投放地都有志愿者"蹲守"，确保居民在扔垃圾时不偷懒。为了方便上班族们扔垃圾，定时投放的时间段还做了适度调整。不少居民纷纷加入垃圾分类的志愿者行列，由居民带动居民，宣传效果更好，垃圾分类也越来越深入人心。

重固镇里每一家店铺门口都悬挂着一块贴有二维码的星级评定牌。目前，全镇沿街商铺的二维码已经全部制作完毕，并实现了全面挂牌上墙，实施商铺垃圾星级评比考核，并与垃圾处置费用挂钩。用手机微信扫描二维码后，会跳出调查问卷的页面，一共 10 个问题，包含了该店铺关于垃圾分类工作的方方面面，可进行实时评价。除了定时上门收集人员可以打分外，过往的路人也能扫一扫进行评价，普通市民的问卷没有垃圾收运人员的那么细致复杂，只需要填写 4 个问题即可完成市民评价，这也会作为对该店铺考核的参考。测评结果直接成为考核及奖惩沿街店铺市容管理、分类制度落实等相关工作的依据。根据制定的规则，对分类实效好、星级评定为四星以上的商户，予以积分兑换实物或抵扣次年缴纳的生活垃圾处置费用。对星级评定为三星及以下的商户，限时整改，并延迟上门收运，待整改完成，现场确认后予以收运。逾期拒不整改或整改不达标的，保洁公司拒绝收运并移交城管执法中队按照相关条例进行行政处罚。

搞好垃圾分类还要让老百姓尝到绿色环保的"甜头"，重固镇共有九个村，每个村都有绿色环保小屋。"麻雀虽小，五脏俱全"，别看环保屋小，里面的内容可不

重固镇垃圾分类绿色小屋

少。重固镇采取"绿色可积分，积分可兑换"的激励机制，村民们可以用自己的绿色积分兑换日常用品，小屋的墙上就摆放着各种兑换实物。玻璃瓶、废旧衣物、报纸期刊等各种可回收物的"今日回收价格"也在墙上公示。回收的价格随市场波动，有时甚至会略高于市场价，因为政府在这方面会给予一定补贴，老百姓的参与度也很高。小屋的桌子上摆放着各类台账，有积分兑换物资清单、每月收运垃圾汇总表，还有对各家垃圾分类情况的考核表。工作情况对村民公开，既是对村民们参与垃圾分类的鼓励，也是让村民对考核工作的一种监督。

目前，重固镇已基本实现垃圾分类全覆盖无盲区，分类纯净度达到 92% 以上，生活垃圾日产量约 45 吨，全镇湿垃圾分出量达 23 吨/日，"两网融合"可回收物资源化利用量 3.15 吨/日，有毒有害垃圾回收量达 1.1 吨/月，生活垃圾逐步减量，分类质量明显提升。现在走进重固镇，能看到家家户户的院子门口用木栅栏围出一方小天地，里面摆着一红一黑两个干湿垃圾桶。随手打开，红桶里是菜叶子、水果皮，黑桶里是塑料袋、餐巾纸等，分得清清楚楚。这场"垃圾分类战役"重固镇打得响亮，的确担得起"示范"二字。

## 新闻中心发挥独特优势

重固镇党委书记金彪曾经做过宣传工作，对新闻媒体和宣传工作了然于心，为重固镇建立青浦区第一个镇级新闻宣传中心奠定了基础。金彪从当地人才中选出了 8 人，组建了由一个主任和 7 个工作人员构成的新闻中心团队。重固镇新闻宣传中心融合传统媒体与新媒体，以"一报、一网、一微"为宣传主阵地——新民晚报社区版《重固家园》报、重固人民政府网站、重固家园微信公众号，按照"弘扬主旋律，掌握话语权，传播好声音，凝聚正能量"的要求，统筹镇辖区内各单位宣传平台，加大全镇新闻舆论宣传报道的广度、深度和力度，实现宣传效果最大化。新闻宣传中心负责全镇新闻信息的搜集、采编、发布，各个部门相互协作，采访部根据不同的选题进行采访、撰稿以及图片摄影，然后报送编辑部审核、排版、上传。编委会则是负责大局的把控，拟定月度、季度、全年的宣传报道计划。

**金彪接受采访**

随着互联网和智能手机的普及，社会进入了智能时代，网络早已经深入千家万户，更不要说有线电视了。有线电视的普及取代了昔日的"小喇叭"广播，广播曾经是上海每一个乡镇的文化"标配"。20世纪，每一个乡镇都建有广播站。每天十多个小时的节目，从农事、气象、新闻到好人好事、新风尚，内容涵盖方方面面。收听广播节目曾经是农民们每天必不可少的精神食粮，深受他们的喜爱。而今广播逐渐淡出人们的生活，在享受更为便捷的智能媒介的同时，农民朋友们还时不时想起伴着生活作息的广播声，尤其是中老年村民，更是深深怀念"那些年我们一起听过的广播"。

如今，重固镇的乡村社区和乡间田头又响起久违的乡村广播之声，重固镇新闻宣传中心重磅推出了"重固福泉之声微广播"。广播作为新闻宣传中心旗下的融媒体宣传平台之一，由新闻宣传中心组织策划和运行。这项新举措，旨在充分发挥广播"收听便捷、传播迅速、覆盖面广、感染力强"的独特优势，进一步把党的新闻舆论宣传触角伸向最基层，把党和政府的关怀与温暖传递到最基层，探索一条既符合重固特色，又符合时代要求的融媒体发展道路。

新闻宣传中心每周开设一到两期广播自办节目，目前已经策划和制定的栏目有："福泉之声""乡村振兴""红色课堂""空中学堂""谈天说地""法在身边"等。

同时，该广播系统还具备应急插播、定时广播、上级平台对接联网等功能。作为第一批试点，重固镇回龙村、福定居委康浦小区 900 多户家庭都能收听到由镇新闻宣传中心编排的自办广播节目。村民对广播的安装很是欢迎，以前广播主要是对农业生产布置、防汛工作作用很大，如果遇到灾害性天气或者一些紧急通知都能通过广播及时告知村民。现在除了发挥它的预警通知作用，还开始用广播宣传党的政策方针，不会专门占用村民们的时间，覆盖面也很广，无论是在田间劳作还是茶余饭后都能同步进入"红色课堂"学习。文艺节目也"声入人心"，特别是老年人，晒太阳时听听沪剧等节目真是非常惬意。

2019 年，重固镇将陆续在各个村开通广播线路，让更多的群众收听到广播节目，实现宣传效果最大化，进一步扩大和守牢农村宣传舆论阵地，以正确的舆论引导人、塑造人、鼓舞人，在全镇推动形成崇德向善、见贤思齐的社会风尚和凝心聚力谋求新发展的精神力量。

作为青浦区首个镇级融媒体平台，重固镇新闻宣传中心还与市、区相关媒体如区广播电视台、青浦报、绿色青浦微博微信等建立合作机制，持续发挥独特的优势，做到"网络有言、报纸有文、电视有影、广播有声"。在提倡"内容为王"的今天，让新闻宣传中心保持恒久的生命力。

"不是政府这一头想怎么做（就行的），关键老百姓不理解、也不知晓。你没有群众的参与，没办法做。在做之前，让老百姓心中也知道，我们乡村振兴有这样一个宏伟的蓝图。让他去参与进来，这样我们的工作就好做了。"重固镇党委书记金彪如是说。乡村振兴不仅要富起来，更要美起来。重固镇率先拿起绿色环保的画笔，绘制出一幅美丽整洁的乡村画卷，与百姓共建新型城市化小镇，共享绿色清洁新生活。

通过声音，更了解绿色青浦

# 三生融合，最美莲湖

　　驱车沿着青浦的练西公路一直向西行驶拐入莲湖路，便是以"大莲湖"为名的莲湖村。莲湖村地处上海、江苏、浙江三省交界处，周边自然与人文旅游资源极其丰富。青砖白墙黛瓦，小桥流水人家，现代与古朴相融，这个古韵悠长的江南水乡里，让人陶醉其中，流连忘返。

青西郊野公园

　　莲湖村是青西郊野公园核心范围内唯一的原生村落，2014 年、2015 年连续创建区级、市级美丽乡村示范村。2018 年被评为全国生态文化村，同年被列入上海市首批 9 个乡村振兴示范村之一（青浦区唯一一个村）进行重点建设。多年以来莲

莲湖村村貌

湖村建设以生态、生活、生产"三生融合"为主线，咏唱着郊野之源、乡愁之恋。

## 打造生态莲湖，以生态促生产

大莲湖畔的莲湖村与青西郊野公园交互重叠，重叠面积达 200 公顷，可谓是"村在公园里，家在景区中"。从莲湖村的尤家谭至青西郊野公园，有一条长约 1 公里的莲湖景观大道。信步在这条蜿蜒的沿湖长廊上，两岸绿意葱茏，水面波光潋滟。每逢夏季，1500 亩湖面上莲花盛开，一眼望去尽是"接天莲叶无穷碧，映日荷花别样红"的无限风光。这座傍湖而居的村庄，拥有沿湖 60% 的堤岸风景线，舟楫点点，鸥鹭翩翩，鱼虾潜跃，充满着诗意与野趣。

依靠这得天独厚的生态优势，再加上近年来随着郊野公园建设的开展，乡村振兴的实施，莲湖村的村民真正实现了"家门口就业"。"以前离开村子去镇上的年轻人，好些回到了家乡。"金泽镇镇长凌敏说，在自己家门口实现就业，这是青西老百姓最大的一个愿望。

金泽镇作为上海的水源地，在水源地的范围内一直坚持生态保护，因而工业发展受到非常严格的限制，特别是近几年开展"五违四必"整治，在对一些高能耗高污染企业进行清理过程中，不得不对原来的部分工作岗位"做减法"，这对于村民来说就意味着将失去一些工作机会。然而，如今莲湖村依托青西郊野公园发展旅游产业，年游客量达到了10万多人次。青西郊野公园在吸引大批游客前来游玩的同时，也相应地产生了100多个就业岗位，这成了村民经济收入的一个重要来源。据金泽镇镇长凌敏介绍，莲湖村2017年的人均可支配收入为1.9万元，到2018年则达到了2.6万元，这是有史以来增长最快的一次，而增长的主要部分是来自莲湖村的工资性收入。

关于莲湖村的乡村振兴建设，青浦区区委书记赵惠琴强调，莲湖村是典型的江南水乡，要坚持"生态优先、生活美好、生产有序"的发展理念，走出一条特色发展的道路。莲湖村在建设发展的过程中利用自己得天独厚的自然环境优势，组建出了一条有自身特色的产业生态链。

莲湖村作为上海首批9个乡村振兴示范村之一，拥有相对最优的外部发展环境和最具辨识度的生态基底，这为它的产业发展提供了绝佳的条件。首先是莲湖村的交通十分便捷，它距离上海市中心仅有一小时车程，且周边地铁可达。此外，村子农地全部流转，由青西郊野公园统一管理，村庄毗邻华为小镇等重点项目，随着莲盛工业区未来逐步地减量转型，莲湖村未来将有机会承接更大规模的旅游与科创产业溢出。再者，莲湖村由于本身田多水好，所以它的产业定位也以农业为主，并坚持以农业促进旅游业的发展。绿色农产品的种植仍是莲湖村发展的基石，在持续提升有机稻种植品质的基础上，可进一步提高农产品的附加值，延长产业链。通过一二三产业的融合发展，给莲湖村村民带来了农产品与农产品加工、旅游服务、农田与房屋租金等多元的收入途径，让村民有了切实的"获得感"。村民在乡村开发过程中，以"主人翁"姿态充分参与，与政府、企业、游客良性互动，对乡村重新产生归属感与责任感，未来更积极投入乡村建设与运营。

## 美化村容村貌，优化乡村生活

莲湖村不仅拥有优美的自然环境，村庄风貌也保存较完好，随着近年美丽乡村建设与乡村振兴战略的实施，村容村貌也有了极大的改善。村里共有西谢庄、东谢庄和朱舍三个居民点，其中西谢庄为自然村，小河蜿蜒而过，农家屋舍错落有致，现代与古朴相融。这里基本上都保持了江南水乡白墙黛瓦的格调，西谢庄尚存有百年老屋"陆家宅"，"四落厅"屋面，"瓦棱花"高耸，古意盎然，整体格局保存比较完整。

沿着莲湖村漫步，见证近些年美丽乡村建设以及乡村振兴战略带来的成果，道路两侧村容村貌焕然一新，整洁干净，村庄对外交通便捷，内部的道路也是近年新修建，系统完善，路况良好，各农居均有停车设施，村民居住环境得到大大改善。整齐漂亮的花园小院、垂柳婀娜的带水河堤、生机盎然的金色麦田，好一幅乡村美景图。能生活在这如诗如画的景致中，令许多外来游客羡慕不已。然而莲湖村村民这份幸福的背后，也倾注了镇长凌敏和全镇团队的万千心血。

凌敏接受采访

莲湖村的美丽乡村建设早在 2014 年的时候就开始启动，2018 年 8 月，莲湖村被列为上海市首批创建的乡村振兴示范村。在规划方案的执行过程中，凌敏最大的感受就是"时间紧，任务重"，因此，需要调动起全镇的力量。

莲湖村在经过美丽乡村建设后，基础设施等方面已经有了一定的提升，在如今的乡村振兴战略实施过程中，村民们有了新的需求。为改善村民的生活，开展了百年老宅修缮、双桥景观改造、村内公共空间景观提升、莲谢路两侧景观绿化提升、电力扩容、给水管扩容、村内架空线入地、村庄及庭院风貌提升工程、村民综合服务中心、老年日间照料中心、有机垃圾处理站及码头、朱舍综合服务用房等 15 个项目。

**莲湖村党建凉亭**

其中，对于村容村貌进行统一打造提升，是莲湖村乡村振兴示范村建设过程中最为艰难的工作之一。金泽镇镇长凌敏提到，村庄的风貌建设涉及对村庄 458 栋村民住宅进行统一的外立面风貌打造，细致到每家每户的屋顶墙面和门窗。对农居的改造延续了江南水乡传统的青砖黛瓦白墙的建筑风格，对原本的宅院进行完善和提升，彻底改善村民的居住环境。此外还涵盖了农村宅前屋后的小庭院，在原本的小菜园、小花园、小果园的基础上进一步规划提升，让每家每户都能拥有一个漂亮的"和美庭院"。

村民都是比较朴实的，很愿意积极地配合村容村貌的改造工作，但是由于这样的改造毕竟会涉及自家的房子，并不是所有村民都能欣然接受。因此，沟通工作就显得尤为重要。凌敏也非常能理解村民们的难处，"毕竟是自己的房子，老百姓非常关注我原来的瓦，我原来的墙面，我原来的窗、门，你会帮我怎么去做？施工工艺上的沟通，这不是三言两语就能够讲清楚的，这一块的工作自然也就需要花费很多的精力"。

在这过程中，镇里的领导团结动员了全镇的力量一起投入项目的建设过程中。各部门的工作人员通常是白天跟项目对接，晚上就会入户到老百姓家中去，利用晚上、周末的时间，通过对每家每户的走访与村民们进行有效的沟通交流，确保项目能够按时按计划地进行。

在村容村貌的建设过程中，政府部门还加强了对村内公共服务功能的提升。根据村民的需求，首先完成了一个标准化卫生室的提升改造，其次是对老年日间照料中心的建设提升。莲湖村村里的户籍常住人口以老年人居多，因此对这两项公共服务场所进行改善和提升是非常迫切而必要的。此外，对村民活动中心以及村民活动会所这两个功能场所也进行了全方位的打造。村民活动中心最主要的功能是给村里的家庭住户提供一个能够举办家庭喜事的公共宴会空间。同时，这个空间也是村里的文化团队建设的一个活动展示空间。莲湖村每年都会在村里举办一些演出，演出一些老百姓自己爱看的戏曲，甚至一些村民自己也会参与到表演中去，因此在建设改造过程中也为村民规划了属于自己的村民小舞台。

虽然在乡村振兴示范村的建设过程中会出现各种各样的困难，有各种矛盾，但是在凌敏看来，只要示范村建设是对村民有益的，是村民所期待的，就必须按时且高质量地完成。背负着这份朴实的信念，大伙儿迈向乡村振兴的步伐也就更为坚定而充满力量，更能大步向前。

## 继承传统民俗，挖掘莲湖文化

莲湖村除了具有水乡地区的自然生态优势，它自身的传统民俗文化也很丰富，如田山歌、打莲湘、提花篮、荡湖船、茭白叶编织等都是莲湖村珍贵的本土资源。

因此，莲湖村对这些经典的传统民俗进行了传承，建设莲湖村独有的人文景观。例如对田山歌唱法的继承，打莲湘钢琴曲的创新；对农业生产及古法加工的复兴，如蛙稻米的种植法，编茭白的手作复兴以及对一系列古宅的修复与活化；等等。因此，在2018年首届"中国农民丰收节"上，莲湖村入选了全国"100个特

莲湖村景

色村庄"，这极大地吸引了游客走进村落，感受自然，品味莲湖村的乡土文化。

在继承传统民俗文化的同时，莲湖村还注重挖掘新的文化主题与传统民俗文化相结合。莲湖村因"大莲湖"而得名，于是"莲"和"湖"就成了莲湖村文化生态建设过程中的两大主题。一方面，莲藕既是莲湖村的特色农业产品，同时莲在中国的传统文化里有着深厚的文化底蕴，所以莲湖村开展了一系列关于莲文化的挖掘活动，比如征集与"莲"相关的古诗词等；另一方面，依托这两个主题，莲湖村还将导入一些相关的文创产业。以"莲"和"湖"两大意向为原点，构建"莲湖+"体系，延伸出能够连接传统与现代、东方与西方的多元化产品主题。在莲湖村未来的规划中，将进一步开展一些与"莲""湖"相关的文创项目以及定期举办一些相关的节事活动。如在未来计划"爱莲堂·乡村善堂"的建设与运营中，善堂建设将链接"本土乡贤""外出乡贤""外来乡贤"三种乡贤共建，促进多种乡贤与村民共建共享活动。通过"爱莲堂·乡村善堂"这一传承乡土文脉的文化伦理基础设施的建设来进行村风宣传、善治传播、村史展示、家谱修订以及村民交流等活动，并使之成为乡贤链接、公益组织的联络点，还能进行线上平台运营。除了善堂的建设，莲湖村未来还将建设"米芝莲·乡村食堂""情归莲湖·乡贤会""印象莲湖·艺术节"等一系列的文创项目与节事活动，在丰富村民生活的同时，还能够吸引更多的外来游客，助力乡村生态旅游业的发展和提升。

莲湖村的新变化只是乡村振兴发展的一个缩影，随着乡村振兴建设的深入，在各方力量的共同努力下，莲湖村会建设得愈发美丽，吸引更多人为它驻足停留。

通过声音，更了解绿色青浦

# 湖畔明珠，美丽蔡浜

　　淀山湖之滨，急水港之畔，一个三面环水的自然村落映入眼帘。这个占地 0.34 平方公里的美丽村庄便是蔡浜村了，它因水而生，依水而建，素有"水中蓬莱岛"之美誉。树林、农田、农居、湖泊各种自然景观交织而成的村落，俨然构成了一幅赏心悦目的田园画卷，让人乐"居"其中。

　　随着近年来美丽乡村建设的开展以及乡村振兴政策的实施，这个沪苏交界的古朴村落更是焕发出新的生机。"蔡浜村里变化大，文明不比城里差。生态大道绕村

蔡浜村俯瞰图

走，黑色路面通到家。绿树成荫瓜果香，小河清清见鱼虾。邻里和睦互相帮，安居乐业人人夸。"在成功创建全国文明村和上海市美丽乡村示范村之后，蔡浜村村民们为自己的村庄编起了顺口溜，字里行间难掩喜悦之情。

## 环境治理，村民唱"主角"

进入蔡浜村，映入眼帘的是干净整洁的村道，道路两旁"花果是我家、清洁靠大家""乡村振兴、卫生先行"等朗朗上口的宣传标语随处可见，村子的卫生环境和村民思想观念都悄然发生着转变。"整洁有序的环境不仅让外人直竖大拇指，本村人也大大地受益，本来很多人逢年过节才回来，现在很多人都在造新房，准备一到周末就回来'度假'。"望着大变样的村子，村民冯老伯不禁感慨万千。蔡浜村如今环境治理大有成效，离不开全体村干部和村民的共同努力，在村干部的带领下，村民成为了环境整治的主力军。

发动全村参与，共建自治家园。在环境治理的过程中，村里首先向每户村民下发了《告全体村民书》，号召村民自觉树立公共环境意识，摒弃不文明、不卫生习惯，规范自身行为，培养良好风尚，努力营造出共建、共治、共管的环境整治良好氛围。

在村干部看来，村容保持整洁的最大主角是村民。在创建美丽乡村之初，如何整治农村的环境面貌成了摆在村领导面前的第一道难题。"只有村民参与进来，才能建立长效机制。"村领导一致这么认为。那么，如何让村民从清洁活动的旁观者变成主动行动者？在经过多方商量、意见征求之后，村里开展了"清洁户、清洁示范户评比活动"。随着越来越多的游客沿着淀山湖来到蔡浜村旅游，村民们逐渐意识到村里环境对于村庄形象的重要性，凭着这份责任感，村民们都自发地参与到环境卫生整治中来。目前，村里的"清洁户"或"清洁示范户"达标户家庭，从原来的 20% 左右增加到现在的 95% 以上。

同时，蔡浜村还制定了内容细化、指标量化的《蔡浜村"文明·美丽"长效管理综合考核奖考核标准及奖励办法》，涉及 10 个条款，内容包括：不乱倒垃圾、不乱扔杂物、不乱垛柴堆、不私搭乱建、不养殖畜禽、不乱埋乱葬、不毁坏绿化、不损坏公共设施、不违规种植等。村里每月邀请镇美丽乡村指导小组相关人员和村美丽乡村义务监督考核小组进行考核评比，凡考核达到以上 10 条的，会给予一定奖励；相反，如有村民违反上述规定也会按比例扣除考核奖金，奖金在年底根据考核情况汇总后统一发放。每月对每户家庭开展一次考核评比，并将评比结果在村委会宣传画廊进行公示，以此奖励先进，鞭策后进。虽然奖励很少，但是村民的积极性却很高，通过几年来的考核评比，村民参与积极性和态度已变成了一种习惯。

在蔡浜村美丽乡村的建设中，也离不开村民干部的努力。成立专业队伍，紧抓环境综合治理。紧紧围绕"田园美、村庄美、生活美"的美丽乡村建设目标，蔡浜村专门成立由村党支部书记为组长、村主任为副组长、村两委班子成员为组员的环境卫生综合整治领导小组，制定可操作的实施方案和工作抓手。以"绿化、净化、美化、亮化"为治理核心内容，深入开展农村环境综合治理工作。同时，成立三支队伍，全方位落实管理。

第一支队伍为保洁志愿服务队。每月六人，其中三人针对村内道路、景观河堤、湿地、农民菜园等做好清扫保洁；两人负责全村范围内垃圾清运；一人对全村范围内的公共厕所进行保洁、管理。

第二支队伍由村民小组长、老干部、老党员和环保志愿者组成，作为环境卫生巡查督查小组，联组联动经常对全村宅前屋后、田间岸沟、道路河流等进行地毯式检查。发现存在问题，及时向上反馈信息，督促有关单位或有关人员限期进行整改。

第三支队伍则由第三方绿化、河道养护保洁队伍组成，负责村内6000平方米的公共绿化、480米的河道以及湿地水面的保洁、绿化养护、病虫害防治等。

针对这三支队伍的管理，蔡浜村村领导们按照专业化、制度化、规范化的要求，积极探索网格化管理方式方法，将责任落实到每个小组成员，并着重在管理再覆盖、责任再落实上下功夫，确保所有管理无缝对接。在长效保洁上，按照定工作范围、定工作标准、定保洁人员、定工作报酬的"四定"要求，充实村级卫生保洁队伍，制定卫生保洁制度，配备垃圾清运车辆，指定村内垃圾存放点，基本做到队伍、人员、经费、设施、制度的"五落实"。

在蔡浜村环境治理的成绩单上，垃圾分类工作也是卓有成效。2016年蔡浜村被列为青浦区第一批垃圾分类样板村。为了更好地宣传垃圾分类工作，蔡浜村每年在村湿地开展一次垃圾分类宣传活动，并对全村190户农户开设了绿色账户，通过扫码积分，充分调动了村民的参与度，截至目前，蔡浜村80%以上的农户都能对干湿垃圾进行准确的分类。此外，村中还建造了村级污水处理站，把村内家庭生活污水纳入管道进行无害化处理，走上了持续发展之路。

## 美在生态，富在产业

江南水乡向来温婉，"小桥流水、亭台楼阁"是江南风光的常见景象，然而被淀山湖环抱的蔡浜村却拥有着不同于一般江南水乡的别样韵味。依傍着波澜壮阔的淀山湖，1200米长的环村生态大道与村里青砖白墙黛瓦的村舍一起勾勒出了一幅水墨丹青画，天高水远，天水无疆。

**蔡浜村村景**

　　静静地走在淀山湖水利生态大道的蔡浜段，可以看见成片的水杉树，恬静而自然。村里种植了青浦红柚1500多株，村民们在宅前屋后也种植了大量的桂花、红枫、樱花、海棠、黄杨球等观赏类树木，可以说是实现了春有花、夏有荫、秋有果、冬有绿，让郊野的田园充满了诗意。在这里，走走乡间的小路，看看田园的风光，吹吹湖面的清风，可以感受到原汁原味的农家风情。

　　蔡浜村这得天独厚的自然生态环境，为其旅游产业的发展提供了天然的机遇。美丽乡村创建活动开展以来，为提高农民收入，蔡浜村依托当地优美的自然风光和一流的生态环境，逐步有序地发展生态乡村旅游，渐渐打造出自己的特色。

　　在生态建设方面，蔡浜村注重用生态吸引人，用生态促发展，利用三面环湖的良好水资源优势，大力开展绿化、美化、硬化、亮化工程，特别是积极拓展造林增绿空间，推进休闲绿地、文化广场、湿地公园建设，使村庄呈现出绿化成荫、道路宽阔、粉墙黛瓦、水清岸绿的美丽景色。

　　在生态旅游方面，蔡浜村还积极有序地发展农家乐和民宿项目，目前蔡浜村引进一家道甜农庄，在村内经营民宿。有条件的村民也纷纷办起了农家乐、农家宾馆，让游客们品尝农家绿色蔬菜、淀山湖水产、垂钓、农田体验种菜……体验农村慢生活。村民们自主创业增收，同时也带动了村内百姓经济，为了规范农家乐经营管理，以上经营户全部签订了《蔡浜村农家乐监督管理协议》，协议内容涉及每家经营户，按照经营规模缴纳一定诚信经营保证金，用于食品安全纠纷等事宜的先行赔付，并且按照经营范围的大小制定不同标准的物业管理费。同时，经营户承诺遵守蔡浜村村规民约及《蔡浜村"文明·美丽"长效管理综合考核奖考核标准及奖励办法》。另外，村内所有农民闲置房的出租也统一纳入村级管理平台，由村委会统一监督管理，防范和消除居住房屋租赁隐患，规范居住房屋租赁市场，保障村民的利益，从而吸引更多的游客到蔡浜来观光旅游，最终实现农业增效、农民增收的目的。

美丽乡村既要美在生态，也要富在产业。曾经的一场沿淀山湖大堤骑游活动让村领导对如何发展产业有了想法，决定将充分利用2400米长的环湖生态大道开展竞走、骑游等体育项目，让游客在蔡浜村吃吃农家菜、喝喝阿婆茶、住住农家屋，还能动动筋骨，真正地让村民的腰包鼓起来，让游客的体验多起来。

在产业建设方面，蔡浜村通过农田林网建设、经济果林建设、景观绿化改造和村容村貌改造等，不断探索农业休闲体验产业模式，初步形成了农民增收、农业增效的新产业平台，吸引了越来越多的游客到村里观淀山湖、吃农家饭、住农家屋、干农家活、摘瓜果菜，进一步增加了集体和村民们的经济收入，使村里逐步形成了产业生态化、生态产业化的良性循环。蔡浜村积极发展生态经济、突出产业特色，把种植的青浦红柚经济林、大棚特色蔬果都作为观光农业的一部分，发展壮大村级经济收入。

## 道德引领，弘扬文明乡风

蔡浜村认识到，美丽乡村建设一定要保护、传承好乡土文脉，让村民们的文化生活活跃起来，丰富起来，健康起来。所以，在村里一方面践行社会主义核心价值观，大力倡导健康向上的各类文化活动，满足村民多方面多层次的精神文化需求，另一方面十分重视传统乡土文化的保护、挖掘和传承，在"旧瓶"里装上"新酒"。根据村民的意愿，蔡浜村兴建了建筑面积 280 平方米的老年活动中心及 1200 平方米的村民休闲文化小广场，安排了篮球、门球、健身器材等各种设施，使老百姓足不出村就能享受到文化娱乐、健身锻炼等公共服务。

2009 年村里建立了"蔡浜村奖学帮困基金项目"，2010 年村里结合组团式联系服务群众开展了"手牵手"帮扶活动，每年还开展"好婆婆、好媳妇"文明家庭等系列创评活动，起到先锋模范的带头作用。村里还开展了家训家规上墙活动，根据村民自己制定的符合自家实际的家训家规，村里统一请书法家为村民写好、装裱好，送到村民手里，上墙到每户老百姓家里，得到老百姓的一致好评。2017 年蔡浜村结合"蔡浜妈妈厨房"农家乐创建了 6 家市级"金乡邻"睦邻客堂间，以阿婆茶为媒介，开展形式多样、内容丰富的客堂间活动，宣传引导村民共同参与社区自治，拉近邻里关系，创建和谐村庄。

例如每年的 5 月底 6 月初，村里一年一度的"情满淀山湖爱在夕阳红——金泽镇阿婆茶文化主题活动"都会如期在蔡浜村举行，村民们都可以来喝上一杯茶，看看文艺节目、扯扯家常。"什么样的家庭符合生二胎政策？晚婚年龄和晚育年龄分别是多少岁……"主持人和台下村民的一问一答让现场气氛非常热烈。这样的活动，不仅可以把计生知识传授给村民，更是可以化解邻里矛盾，很多有点小矛盾的村民"以茶代酒"，一笑泯恩仇。

一起喝口浓浓的阿婆茶，听曲悠悠的田山歌，尝尝甜甜的菜茎饼，品品香香的久酥豆，享受和传承着乡土文化。美丽乡村——蔡浜村，不仅让文化美透进村民生活，而且让风尚美融入人心，使乡村的景美、人更美，成为镶嵌在淀山湖畔的一颗明珠。

通过声音，更了解绿色青浦

# 魅力徐姚，和谐家园

在上海市青浦区重固镇，有这样一个充满田园气息的宁静村落。这里水清岸洁、粉墙黛瓦，依河而建的民宅错落有致，一步一景，处处散发着浓厚的江南水乡气韵。这里就是先后被评为"上海市文明村""上海市美丽乡村示范村"的徐姚村。

## 田野美

徐姚村作为农业大村，村里有大片永久基本农田，以种植水稻为主。在开展美丽乡村建设的过程中，村里挖掘乡村特色时，发现按常规方式种植水稻很难吸引市民游客的注意力，没有游客前来，乡村的美丽便很难展现给更多的人看。于是，徐姚村开辟"艺术水稻"的新领域，将第一产业与第三产业相结合，打造产业联动的积极效应。

"艺术水稻"的打造不能简单机械化，庞大的工程都由徐姚村民们人工操作。首先需要在白色油毡布上画好设计的图案，然后将图案剪下，在水稻还没有播种时先用木板把白色油毡布图案"固定"在稻田里。铺好油毡布后，在水稻田的其他地方正常种植常规水稻，在图案区域种植紫糯米水稻，秧苗一出，图案就会显现出来。稻田为纸，秧苗为笔，徐姚村的农民化身艺术家，把常规农事做成了充满快乐的"先锋艺术"，用不同品种水稻混种的方式，在水稻田里做出了观赏性很强的艺术画作。这些画作中最出彩的当属圆团湾区域的"稻田怪圈"了，整幅图案呈圆形，下半部分是紫色"线条"勾勒的朵朵祥云，圆圈中间是两间民房的屋顶，屋顶上方则是金黄饱满的稻穗。祥云连接着房屋又环绕其周围，象征着徐姚的百姓生活和谐幸福，表达了他们对美好生活的向往。稻谷颗颗饱满，象征着徐姚农业丰收，百姓生活富庶。图案下方还有"文心重固，美丽徐姚"的字样。从高处看下去，这片水稻田充满了诗情画意，美不胜收，焕发出勃勃生机。

徐姚村立足自身特色，在已经种植的"艺术水稻"基础上，不断创新内容和形式，精美的"艺术水稻"为休闲观光农业增添了独特的生态风味，让人领略创意农业的魅力，激发创新创业精神。人工操作过程中农户也体验了农事和艺术相结合的新鲜感和乐趣，大家互相协作，在农活中也能感受到快乐。

美丽乡村，既是自然景观、生活空间、乡村风貌的美，也是人文之美、风尚之美、文明之美。徐姚村自启动美丽乡村建设以来，村庄面貌焕然一新，结合生态环境综合治理工作，一大片水清岸洁、诗意盎然的田园景观正在逐步呈现，"艺术水稻"只是这些景观之一。徐姚村党支部书记徐国军表示："这是徐姚村第一次尝试'农田艺术'，我们准备在下一季的油菜种植中也吸取'艺术水稻'的种植经验，通过混种各品种油菜的方式，让油菜也能成为观赏性较强的大地景观，让美丽乡村建设成果更多地惠及民生。"

## 人文美

农业上开辟新领域，文化建设上也在不断注入新血液。漫步在徐姚村内，一幅幅墙体彩绘吸人眼球。徐姚村邀请专业团队，对村庄风貌进行整体设计，选定 17 幢民居，绘制 1000 余平方米的墙体彩画，每一幅都具有农耕文化特色。白墙绘江南，木桥卧清波。一处处留住乡愁的农家庭院，一勾一划都溢满了美丽的色调，彰显了宜居美居的生活。这里远离城市的繁华喧嚣，经过民宅，和蔼可亲的阿婆们总会面露笑容，欢迎游客的到来。

2017 年，徐姚村将废弃农资仓库和部分空地改建成为小型的村民活动广场，依据公共、公正、公平的意义，定名"说理堂"。说理堂内设党建服务站、妇女微家、村史陈列室，外有家训长廊、百姓戏台、法治长廊，成为百姓茶余饭后休闲娱乐、调解邻里纠纷等的综合性平台。徐姚村还组建了村级文化小组，依据群众意愿给他们配备相应场地和资金，目前村民已经自发组建了器乐队、健身操队和广场舞

徐姚村村内墙体彩绘

队，村落的上空经常流动着音乐的旋律。

徐姚村还十分注重德治，致力构建德治、自治、法治相结合的乡村综合治理体系。德治方面，实施村民道德提升工程，开展"美丽重固人""美丽重固人家"评选活动，培育良好村风民风，提升村民人文素养，发挥德治在农村社会治理中的基础作用；自治方面，牢抓村规民约，强化村民自治制度的自我管理、自我服务功能；法治方面，依托党建服务站、法治长廊、人民调解室、综治中心等，系统性开展普法教育，真正形成遇事找法、办事依法、解决问题用法、化解矛盾靠法的法治型乡村秩序。徐姚村的文化建设中不断传承历史文化、挖掘民俗文化、注重文化融合，丰富和提升美丽乡村的内涵和品质，以理服人、以德育人，让美丽乡村更具魅力。

## 支部美

美丽乡村的建设离不开党支部的领导。徐姚村党支部结合实际，构建党员作用发挥机制，进一步细化"三会一课""主题党日"等内容，在全村范围内实施"党员网络化"管理体制，自上而下搭建起为民服务四级网格，形成了党员联络员"群众家有纠纷出面劝劝、家有急活帮忙干干、有事没事常去转转"的机制。徐国军作为青浦区挂职交流干部，2016年9月来到徐姚村担任党支部书记。由于长期从事工商行政管理工作，没有农村工作经验，初来徐姚，面对农业、农村、农民，一时间他也有过困惑和压力。三年前的徐姚村，面临着经济薄弱、环境差等诸多问题。面对这一切，徐国军没有纠结没有退缩。为了更好地了解民情民意和村子的情况，他和同事每周都要走进村子跟老百姓沟通，了解他们身边发生的事，或者需要村干部解决的矛盾、做的事，徐国军每天上下班时都要按不同的路线绕着整个村子查看情况，他坦言："只有下了基层，才能更好地为村民办好事。"

以前徐姚村给人的感觉是脏乱差，村里的道路坑坑洼洼、满是泥泞。最典型的姚奚路，是一条通往现代农业园区的道路，经常有大卡车经过，路上的大小坑给村民的出行造成了很大不便。徐国军发现此情况后，与建管委协调对接，一同改造姚奚路。徐国军的努力让村民看在眼里记在心间，尽管姚奚路在改造时被全面封闭了，但是村民们丝毫没有抱怨，都默默选择绕路走。经过这几年的打造，村道已变成干净整洁的柏油马路，姚奚路也变成了区级示范道路。

现在每年大概有30户人家申请要翻建房屋，村容村貌变好了，百姓的物质条

徐国军接受采访

件提高了，钱袋子鼓起来了。徐国军担任支部书记的三年来，村民们都能真切地感受到徐姚村的变化，河清了、岸绿了，就连去城里打工的村民也回来了，这是让徐国军最高兴的事，他希望更多年轻人可以回来建设家乡。

在徐国军担任书记的三年里，基本上没有一天是休息的，加班加点对于徐国军早已是常态。他舍小家为大家，把自己的时间都奉献在为人民服务上，陪伴家人的机会少之又少。当年村民称徐国军为"城里来的书记"，如今却说徐国军"哪还有城里人的模样"。而言谈之间不难发现，这位长相憨厚、说话爽直的书记，不仅模样不像"城里人"，一颗心也全扑在村里了。

正是像徐国军这样的基层干部，兢兢业业，奉献青春和热情，一步一个脚印踏出了乡村振兴的基石。徐姚村党支部将继续按照"综合配套、功能健全、利用充分、群众满意"的工作思路，进一步充分发挥基层党组织的战斗堡垒作用，全力巩固生态环境治理成果，助推美丽乡村建设。

从"艺术水稻"到"说理堂"，再到区级示范道路"姚奚路"，无不体现了徐姚村村民和村干部专注、精心打磨"美丽徐姚"名片的"匠人精神"，而无数个有着一片匠心的徐姚村，串点成片，汇聚成了中国乡村振兴的未来。

通过声音，更了解绿色青浦

# 村强民富，筑梦中步

　　在青浦区赵巷镇的西南角，坐落着美丽乡村建设典范村庄之一的中步村。中步村西邻青浦城区，南靠松江佘山风景区，清洁的河道自南向北穿越全村，水路交通方便快捷，风景优美，令人向往。

　　近年来，中步村陆续获得全国生态文化村、上海市文明村、上海市美丽乡村示范村、上海市"美好家园"示范村、上海市平安小区、青浦区平安示范小区等荣

中步村村景

誉。"美在生态、富在产业、根在文化"一直是中步村坚持的发展思路，美丽的生态环境提升人们的居住舒适度，产业的快速发展让人们的生活变得更加富裕，文化氛围的环绕充实着人们的精神。

## 环境治理见成效，中步美丽再升级

中步村是由原来的千步和中伍两个自然村落合并而成，拥有丰富的河网水系自然资源。然而随着城市化建设进程加速，处于城郊接合部的中步村一度成为违建"重灾区"，违法建筑随处可见，无证经营的商铺和群租乱象，带来了治安、环境等多方面的隐患。

习近平总书记指出，"我们既要绿水青山，也要金山银山。绿水青山就是金山银山"。为了保护好水乡泽国的生态环境，近年来，中步村先后清退40多家产能落后、污染环境的企业，同时引导十多家企业搬迁至区、镇工业园区。与此同时，随着市、区、镇三级财政大力投入，中步村相继实施新农村改造、河道整治、农村生活污水治理、垃圾收集、处理站、景观建设、老千步泾路改造等项目。

在"拆违"过程中，通过中步村干群的共同努力，原来在村里的违章建筑都被拆除了，"三高一低"的企业无迹可寻，拆后产生的垃圾也被处理得一干二净。完成拆违以后，村里又开始逐步进行河道的整治。为了恢复河道的清洁，中步村发动村民自治，由村民担任"小河道长"，让每条河道都有自己的"贴身管家"。河道管理人员早上六点钟就到河道上去处理垃圾，日复一日，风雨无阻。经过两个月的努力，原来臭烘烘的河道变得清澈见底，从家家户户的门前流过，呈现出"小桥流水人家"的美丽风貌，村民自治河道管理体系的建立和工作小组组织的环境卫生交错检查更是给河道的日常维护增加了一层坚实的保护盾。河道整治工程共整治境内大小河道11条，累计长达8.65公里，新建各类护岸工程16.5公里，人行桥3座，亲水平台8个，防汛通道3.9公里，河道绿化面积52000平方米。面对清澈的河水、整洁的村路，群众不再"皱眉头、扭鼻头"，而是"直点头、乐悠悠"。

经过全村人的努力，12个村民小组里智能柱、健身点、生活污水处理站都已建设完成，绿化带环抱着自家小院儿，环境在一天天地变好，中步村也成为全区第一个"无违村"，如今改造之后的中步村一眼望去，青瓦白墙错落有致，路面整洁绿树成荫，村容村貌也焕然一新。尤其是村里那条绿柳成荫的景观河，也是当初村委会下定决心，通过两个月的整治，才使水质环境得到了改善。

在自然环境得到全方位整治的基础上，中步村还辟建名贵树木园、枇杷园，形成 1200 余亩果木林地，加上 520 亩生态稻米种植基地，为整个村落增添了一个天然"氧吧"，再现水乡田园村落美景。面对优美的自然生态环境，前几年搬迁到城里居住的部分村民又回到村里享受起清静宜居的农家生活。

## 发展生态经济，融合产业发展

生态经济，始终是中步村不二的经济发展理念，发挥中步村地理位置独特、生态环境优越的优势，在现有的 500 亩水稻区级标准化生产基地、400 亩国家级枇杷标准化生产基地、800 亩千艺树博园基础上进行功能拓展、设施改造升级，发展农业和文化特色的休闲旅游产业。据中步村党总支书记邵红光介绍，中步村将依托丰富的河流、生态林和沪剧、崧泽古文化、青浦田歌等生态、人文资源，打造具有水

邵红光接受采访

乡特色的乡村旅游品牌，让游客"穿越古上海，寻觅原生态的田园梦境"。

为了因地制宜实现民富村强，邵红光坚信，拥有水稻、果林、苗木产业的中步村凭借美丽乡村这一"金字招牌"，与沪上旅游、园林企业联合，实现一产、三产融合发展的道路必将在未来开拓出属于中步村的富强之路。目前，已有驴妈妈旅游网、上海园林集团有限公司等知名旅游、园林企业对中步村水乡田园生态景观倍感兴趣，将携手合作开发"踏青游""垂钓游""品尝白沙枇杷游""水乡农家乐"等互动旅游项目，共同发展乡村旅游产业。

**名贵树木园园景**

中步村的名贵树木园种植面积达840亩，是与上海园林集团有限公司深度合作开发的项目。名贵树木园内相继引进日本青枫、红枫等69种名贵树木，将配套建设灯光、音乐、假山、流水等辅助设施，致力于打造一个观赏性园林科普主题公园。面积达368亩的中步村枇杷园种植的白玉枇杷，具有果实大、果型美、风味佳的特点，年产量达14.3吨，销售收入逾57万元。中步村还将发展枇杷园林下经济，放养土鸡、培育菌菇等，拟创建枇杷园"农家乐"，每天可接待500名游客。

除进一步开发盘活农业资源，拓展果木产业链外，在保证稻田生产的前提下，稻田种植基地开辟小部分稻田区域打造崧泽古稻田主题农园，传承象征"上海之源"的崧泽古文化，设置"上海第一房""上海第一人""上海第一稻"等互动景观，通过旅游营销古稻田里的"上海之最"，激发游客的好奇心，形成互动效应，从中推广优质水稻品牌，由此形成主题公（农）园引客、民宿留客、产业增值、农民增收的良性循环。

曾几何时，村里鲜少有陌生的面孔出现，如今的中步村游客络绎不绝，带动了村里整体经济发展，村民的脸上每天洋溢着快乐的笑容接待外来游客，给他们详细介绍着"上海第一稻"的历史渊源和农耕文化背景，并让游客体验"粒粒皆辛苦"的生产过程，体验原汁原味的乡土文化。一天接待工作结束后，走在干净整洁的乡间小道上，哼着欢快的小曲儿回到家，进门就能吃上家人准备好的热乎饭菜，已成为中步村民的日常。

## 精神文明建设见成果，传播满满正能量

中步村南靠松江佘山风景区，西倚崧泽遗址博物馆，村内还有千步遗址，共同书写着崧泽古文化。作为滩簧、申曲时期各班社、剧团的热门传统剧目《陆雅臣》故事的发生地，中步村古有陆雅臣浪子回头，感动邻里乡亲的民间传奇，如今村内精神文明建设亦成效斐然。

中步村以创建上海市文明村和上海市美丽乡村为契机，依托"崧泽文化"悠久的文化底蕴，充分发挥村民的主动性和积极性，积极组织参加各类活动和赛事，以群众喜闻乐见的文化活动为重点，带动村民修身，传递文明新风，村民们也乐在其中。以中步村村民为主力的崧泽龙舟队在 2016 年台北端午嘉年华暨城市大学龙舟邀请赛上获得小型龙舟公开男子组冠军，村里积极组织村民参加上海市市民运动会并获得荣誉。由中步村自己编演的沪剧《美丽家园》在"赵巷三项整治"长效管理文艺汇演上得到展示，村民们还编演了《社员挑河泥》等在赵巷镇第八届运动会开幕式上进行展示分享。村里还会不定时上演一台由中步村村民自编自导自演的"常

回家看看群众文艺汇演",讲述了近年来中步村是如何从一个违建"重灾区"变成如今"美丽乡村"的模样,传播满满正能量。

"小辣椒"代表着热情,象征着红火。中步村"小辣椒"志愿服务队是中步村美丽乡村建设中的一支重要力量,也是赵巷镇一支特色志愿服务队。队伍分宣传和科技创新、经济运行和农业发展、人口调控和环境卫生、公共安全和人文关怀4个小组,在文明村创建、美丽乡村建设、生态环境综合治理、198地块减量、群租整治等工作中发挥了重要的作用,"小辣椒"正在成为村民参与民主管理的一个符号,也形成了人人传播文明的良好风尚,凝聚起强大的"巷心力"。

沿着村口的小道一直前行,便可看见中步村委会,进入村委会一排整齐的宣传栏映入眼帘:以"军魂"为核心的退伍军人先进事迹,引领激励着村内的青年积极入伍,为中华民族的伟大复兴作出贡献;党建咨询、党务工作宣传专栏,使得办公更透明,服务更彻底。中步村还推出了一种全新的宣传方式——"智慧村庄",让村民通过网络不论何时何地都能获知中步村的信息,给村民提供了极大的便利。路过村里党群为民服务点"巷心・客堂间",时常能看到村民代表或者村民小组长和一群村民在里面休憩聊天,在聊家常中联络感情同时还能收集村情民意。

昔日"中步人"的努力成就了今日的美丽乡村——中步村,一幅"美丽中步"的如画卷轴徐徐展开,在往后的日子里,中步村仍旧不忘初心,在乡村振兴的路上坚定不移地走下去!

通过声音,更了解绿色青浦

# 水清河畅，宜居徐练

"高屋窄巷对街楼，小桥流水处人家。"在"上海之门"青浦，有这样一座美丽的村庄——徐练村。徐练村位于青浦区练塘镇西南部，2002年2月由沈练村、徐南村合并而成，村域面积2.02平方公里。徐练村不仅自然风景秀丽，还拥有深厚的文化底蕴。走进村庄既可以看见500年历史的银杏古树，又可看见竹园大道、樱花大道、榉树大道，农家庭院，竹园幽静，翠竹掩映，好不惬意。"河畅、水清、岸绿、景美"的村容村貌来之并不容易，曾经的徐练村，河道不洁，道路脏乱，村干部带领群众一起狠下过一番功夫，才将村子改造成了如今村民安居乐业的家园。2017年徐练村还被评为了上海市美丽乡村示范村。如今，村民脸上笑容更加灿烂，心里也更舒坦。

## 生态环境改善，村民幸福感提升

在2015年建设美丽乡村之前，徐练村还是一个经济薄弱村。徐练村的村支部书记沈引新认为，要发展经济，必须先改善环境，只有环境好了，才能吸引更多的人气和资源。因此，在村干部的带领下，全村上下开启了环境治理工作，大力开展美丽乡村建设。在环境治理过程中，徐练村先是拆除了各类违章建筑设施10715.14平方米，随后又进一步完成了墙面白化、路面硬化、路灯亮化、水体净化、宅前屋后绿化以及河道整治等一系列改建，现在的徐练村村容村貌已然焕然一新。

然而，环境整治并非易事，拆除违法建筑容易触碰村民利益，其中土地整治工作中涉及的坟墓迁移触及民间忌讳，更是增加了环境治理工作的难度。环境整治工作件件都是"老大难"，但是无论面对多大的困难，沈引新书记也从未想过放弃。在拆违的过程中，她为了动员一户人家，亲自上门跑了30多次，她理解老百姓的需求却也深感工作的不易："一次一次地上门做思想工作，最后还是把这块冰融化了。干部做工作，喊破嗓子不如做出样子，主动作为，实实在在地为老百姓去干，老百姓就能感受得到。现在老百姓在美景中生活，在美景中收获，他们都非常支持我们。"

**徐练村里的环境保护宣传标语**

老百姓们眼看自己住了一辈子的村庄变得河清岸绿，生态宜居，都欢喜得不得了："现在很好，好得不得了。我们很幸福！"为了将这样的美持久下去，村领导围绕"河畅、水清、岸绿、景美"的目标，进一步对全村14条河道全面推行河长制。村委建立领导小组，搭建工作专班，形成层层负责的责任体系；建立会议制度、信息报送和共享制度、巡河制度、约谈制度等，实现了制度上墙、分工明确、流程规范。到2017年年底，徐练村最终顺利通过市级美丽乡村示范村验收，这极大提振了村民们的精气神。家乡美了，大家都看在眼里，喜在心里，徐练村村民的幸福感得到了大大的提升。

## 发展特色产业，打造美丽乡村

徐练村所处的练塘镇历史悠久，民风淳朴，是盛产稻米、茭白、水产的江南鱼米之乡，拥有丰富的农业生产资源。徐练村所处的位置更是交通便利，新朱枫公路、老朱枫公路、松蒸公路贯穿其中。然而曾经的徐练村虽然拥有丰富的资源，却没能步入富裕的行列。

近年，随着美丽乡村建设的深入，村庄环境的改善，沈引新书记一直念念不忘的仍然是要把徐练村的经济搞上来。依托徐练村优越的地域优势，积极发展特色产业，大力发展茭白与水稻的种植。目前全村耕地面积 2312 亩，主要以茭白、水稻为主，共种植茭白约 800 余亩，种植水稻约 1400 余亩。徐练村村两委班子凭思想、凭品德、凭作风、凭意志一次又一次地让村民的生活发生了质的飞跃，使得村民收入节节攀升，从 2014 年人均收入不足 19600 元，到 2016 年年底全村农民人均收入达到 21550 元，基本达到了练塘地区中等水平。

顺着徐练村的村道一路向西漫步，映入眼帘的是排山倒海的"谷浪"，这便是徐练村"万亩良田"的一隅——朱枫公路片区。"这样壮观的场面，也许只有在练塘才能看到。"练塘新农办俞主任感叹道，如今，村民们居住环境好了，剩余劳动力也有了出路，越来越感受到了美丽乡村建设所带来的实惠。

未来，朱枫公路"万亩良田"片区，将结合美丽乡村群落，打造农业公园，这将使徐练村的美丽乡村建设得到进一步的发展！徐练村这片神奇的土地上，勤劳的人们正在满怀豪情，唱响美丽乡村建设的主旋律，为徐练的繁荣富裕演奏着属于他们自己的乐章。

## 党建引领，助力美丽乡村

在美丽乡村建设的过程中，徐练村也十分注重激发全体党员的内在动力，发挥党员同志在美丽乡村建设工作中的引领作用。坚持发挥好三个党员家庭服务点和一个党建服务站的"3+1"阵地作用，组织党员就近活动，激活党组织神经末梢，深入基层一线，积极为村民解忧办实事，第一时间解决各类热点、难点问题。

**沈引新接受采访**

徐练村党建服务站自 2017 年 7 月挂牌运营以来，有效缓解了村党支部资源不足的短板，激活了党支部神经末梢，为村支委、党小组长、党员志愿者等骨干参与党建服务、社会治理提供了平台。徐练村 3 个党员家庭服务点每月开展一次学习教育活动，风雨无阻。

依托党员家庭服务点，老党员志愿者们每天巡查反馈信息，发挥自治共治力量。老党员们退休不褪色，主动提出申请，负责一条村支路，每天进行清扫。党员们的奉献担当精神，感染周围的群众，起到指引、带头的作用。徐练村的党员家庭服务点还会定期召开党员志愿者例会，讨论环境卫生巡查工作遇到的问题，商量解决办法。一些党员同志对生态治理工作感受颇深，认为"徐练村环境好、生态好归因于领导带得好、班子做得好、党员撑得好、群众跟得好，最后才能民生转得好"。

近年来，党建工作的深入开展，既凝聚了人心，也发挥了党员们在乡村建设工作中的引领作用。党员们带领村民完成了"五违四必"整治工作，并在美丽乡村长效治理工作中开展自治。为了巩固美丽乡村建设成果，落实长效管理机制，发挥村民自治力量，在党建工作引领下，徐练村进一步制定了《关于徐练村经济合作社参与环境卫生保洁实施方案》，探索由合作社参与走村民自治的徐练模式。

除了在环境治理上积极发挥党建引领作用以外，党建服务站还会结合"乡村课堂"，着眼经济社会发展的重点问题和干部群众关心的热点问题，精选讲题，在服务站组织开展专题讲座，进一步满足新形势下村民日益增长的精神文化需求。

徐练村党建服务站始终坚持以党建引领社会治理创新为核心，以解决实际问题、满足群众需求为出发点，不断深化和拓展党建服务站的服务功能，为建设美丽徐练、幸福家园作出新贡献。

## 传承竹编文化，建设艺美乡村

在徐练村广场的南面有一排粉墙黛瓦，虽然看起来不起眼，但是隐隐透着一番拙朴静谧。走近里屋，可以看见木质房梁上悬挂着一个个手编竹具，地上是扎成捆的竹篾，这些小平房便是村里自建的"竹艺编织小站"。

在竹艺编织小站里经常可以看见一位年逾古稀的老人，他是编织站里仅有的一位"常驻"人员。老人名叫沈永法，今年79岁，是村里有名的竹编艺人，由于其他成员都有自己的本职工作，沈永法老人便成了竹编工艺的"守艺人"。沈永法编织的器具很常见，他平时会用竹篾编织一些生活中司空见惯的生活用品，诸如篮子、篓子、晒篦等。这个竹艺编织小站的建立是为了传承和保护徐练村悠久的竹编文化。竹编工艺有着悠久的历史，也是中华民族劳动人民辛勤劳作的结晶，然而随着时间的流逝，谙熟这项工艺的人却在不断减少，竹编文化的传承与保护面临极大的困境。像竹编这样的手艺，在传承上已有了断层，因此，徐练村建设了竹艺编织小站希望年轻的村民能担当起传承的使命，主动加入到竹编工艺的学习中。

竹编文化不仅丰富了徐练村的文化底蕴，还为徐练村村民的精神生活增添了许多乐趣。竹艺编织小站的建设既有利于传统文化的继承与保护，更为徐练村美丽乡村的建设增添了许多色彩。徐练村不仅有环境美、风景美，更有艺术美。

在美丽乡村建设上，徐练村始终坚持"以人为本、尊重民意、节约用地、合理布局、生态优先、可持续发展、因地制宜、整村推进"的原则，如今，徐练村华丽换装变成了"河畅、水清、岸绿、景美"的美丽村庄，让村民享受生态宜居的生活环境的同时带来了满满的幸福感，也吸引了更多的游客驻足于这个美丽乡村。

**通过声音，更了解绿色青浦**

# 寻·根 |

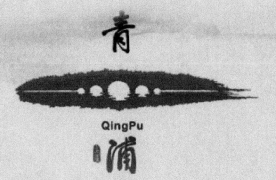

QingPu

似一抹丹青，积淀千年古韵；
似一座虹桥，传递内外交融；
似一片绿叶，勾画碧水江南；
似一字争光，书写崭新青浦。

# 听田山歌，传青浦情

"八月桂花喷喷香，徐阿天哥哥搭五姑娘，细说细话细商量。别人家花烛夫妻同到老，我格恩爱私情勿久长。"作为叙事长歌的青浦田山歌《五姑娘》，讲述了五姑娘与长工徐阿天的爱情悲剧，极具口语化的歌词使强烈的爱憎情感表达得直白明了。类似这样富有特色的民歌还有很多，它们诞生于上海西部一片片茂密的稻田之中，以其清新优美的旋律和江南水乡独特的韵味而获得人们的喜爱。青浦田山歌便是其中颇有特色的一个分支。

## 稻作文化的衍生

田山歌在上海的流传区域主要集中于西部，包括青浦区、松江区、金山区、奉贤区四区。田山歌流传于这些地区并不是偶然现象，而是由这一区域的地理环境、劳动方式和文化条件所决定的。这一带是典型的水网地带，河流纵横交叉，基于此地理特征，当地人的活动范围相对局限，因此在其他地方很少听到的淳朴民歌在这里依然盛行。有学者根据马家浜文化、崧泽文化等与稻作生产有关联的文化类型的发掘，推测田山歌的原始形态也许在几千年前，随着水稻栽培的产生就已被创造并流传于民间了。

上海西部的农业类型以种植水稻为主，稻作劳动一直是当地人最主要的生产活动，从而产生了稻作文化。文化学上的稻作文化除了包括水稻的自然科学、起源、变迁、生产等之外，还包括由于水稻生产而影响的民间生活方式和生产中的种种习俗，稻区人的性格、爱好以及文化心态等。换言之，由水稻生产发展出来的社会生活的一切方面都可看作是稻作文化。田山歌正是先民们在田间劳动时为了缓解劳动的疲倦，配合劳动节奏而喊出的田秧号子。久而久之，人们将民间故事、生活和劳动习俗汇编成词伴着曲调唱出，丰富了田山歌的种类。农业经济的不断发展为田山歌的流传和繁荣奠定了深厚基础。

## 青浦的田山歌记忆

早年间人们常将"青浦田山歌"与"田歌"混用，但田歌却不单纯指田山歌，田歌的范围更大，包括流传在青浦地区的所有民歌，而其中最具青浦特色的则是大山歌，即青浦田山歌。因此，青浦区在申报上海市非物质文化遗产时特别进行了界定区分。

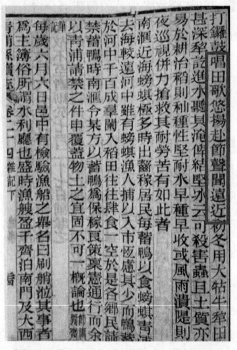

《青浦县续志·杂记》上关于田歌的描述

关于田山歌的流传记载，最早可以追溯到清朝年间。中华民国二十三年编纂的《青浦县续志·杂记》中就描述了"唱田歌悠扬赴节，声闻远近"的歌唱景观。除了文献记载以外，青浦当地还流传着一个稻农们唱田山歌的民间故事。传说当年乾隆皇帝乘龙舟从金山寺出发经过苏州，行到青浦福泉山时，田野里突然传来"哎嗨……哎嗨……"的声音，时而高亢时而低沉。皇帝十分好奇地问大臣那是什么声音，大臣明知道是种田人在田里劳动时演唱的田歌，却因看不起稻农便回答："这是田虫在叫。"皇帝心想田虫哪会有如此大的声音，于是便对他说："捉一只来看看。"大臣没有办法，只好命人到田里带来一位唱田歌的人。乾隆皇帝见带来的是一个人，便问道："你们为什么要在田里叫呢？"稻农很害怕地答道："小的们不是在叫，而是在唱田歌。"皇帝好奇，要他再唱一次，随后这位稻农唱了一段高亢的田歌，皇帝一听觉得很是新鲜并点头称赞。虽然这个传说的真实性无法考证，但它给后人留下了关于青浦先民唱田歌情景的想象空间，众人齐唱的歌声也反映出那时青浦的农人已经有了原始的"田歌队"。

每年农历六七月农活最多，众人忙于耘稻、耥稻，这便是唱田山歌最热闹的时节。田山歌的功用是解乏。种植忙季到来时，农民在田间弯腰劳作，排成一排，边唱边种。当地还有专门演唱田山歌的歌队，会被富裕人家特意请去在田边唱田山歌，以此激发为其种田人的劳动热情。由于种田需要从早到晚进行，因此歌队的歌也都要唱上一整天。歌手经常还会唱一些有趣的故事，或者临时编唱一段笑料，以取悦劳动的稻农。有时他们也会发号施令，指挥大家休息或变换劳动的位置。歌队分为头唱、嘹歌和卖歌，有唱有和。演唱场景一般是头歌手站在田头，敲打锣鼓，随后领唱头歌，其他几个歌手随着接唱。青浦农民有一句话是，天气越热，汗水出得越多，唱起歌来就越有劲，"可以从日出东方一点红，一直唱到日落西山鸟归巢"。

农闲时，一些对田山歌有浓厚兴趣的歌手会三五成群相约到镇上的茶馆，饮茶时相互讲述新学的田山歌内容。每到炎夏时节，青浦区很多村子里的人们经常于晚饭后聚到一家的屋前场地上，把芦柴皮和干草扫在一起，用火焚烧，俗称"做蚊烟"，用来驱赶蚊虫，这是他们流传已久的民间习俗。随后左邻右舍聚集而来、同唱田山歌，既可以互相交流曲调，也可练习配合演唱田山歌。青浦田山歌的歌词内容表现在劳动、生活、思想、爱情等方方面面，来自生活，也反映生活，是青浦及周边稻作地区社会生活的缩影。

"山歌勿唱忘记多，我搜搜索索还有十万八千九淘箩"，田山歌伴随着青浦人民经历社会变迁，一直传承至今，田山歌的词与曲也早已与稻作文化、历史文化相融合，成为了每一个青浦人的记忆。

## 旧曲唱响新时代

上海市青浦区是上海乃至江南地区特有的田山歌之乡。1953年9月，由上海市青浦县的10位农民组成的田山歌队，在首都北京参加了"全国首届民间音乐舞蹈汇演"，他们演唱的青浦田山歌代表作《五姑娘》得到国内外专家的一致好评，荣获了"优秀演出奖"。不仅如此，当时周恩来总理还亲切接见了田山歌队的演员们。从此，青浦田山歌成为上海田山歌特有的名称而闻名全国。

1953年9月，由上海市青浦县的10位农民组成的田山歌队，
在首都北京参加"全国首届民间音乐舞蹈汇演"

1993年，日本早稻田大学的专家学者慕名而来，并把青浦田歌带到了日本。1997年，采用青浦田歌音乐元素改编创作的"新田歌"，应日本福冈市之邀，参加了中日文化交流的"秧歌节"。当年到北京参加全国比赛的10位民歌手，到了2007年，健在的就只有王锡余、王彩英和孙美芳3位了，老人们没有忘记当年的荣耀，也没有忘记韵味悠长的田山歌，他们发展壮大了"队伍"，传承着古老的民间艺术。在田山歌传承人和青浦文广局的不懈努力下，青浦田山歌在 2007 年被列为上海市首批非物质文化遗产，并被列入市重点保护项目，再次受到极大的重视。

如今，青浦田山歌正朝着"新民歌"的方向发展，更符合现代的审美需求，在学术理论上也是精益求精。作为上海市郊民谣的代表，青浦田山歌还成为了"江浙沪"田（山）歌学术研讨会上的"座上宾"。现在，上海市青浦区最年轻的一支队伍——平均年龄已达 67 岁的卯甸村田山歌队 5 位民间歌手张永联、吴惠其、吴阿多、张法连、周岳均，还活跃在音乐舞台上。他们演唱的"大头歌"和"落秧歌"两个不同曲调的"田山歌"——《十二月生肖》和《十杯酒》颇有影响力。年纪大的歌手唱起来颇有韵味，仿佛歌词中都流淌着岁月的痕迹，这两年，听众群里注入了很多新鲜血液，不少"90 后"和"00 后"听到田山歌，也会觉得很有吸引力。

田山歌的传承往往通过心口相传，资料记载并不是很多，随着传承人年龄的增长，如何让青浦田山歌流传更广更久变得有些困难。劳动者唱歌，往往是看到什么唱什么，花鸟虫鱼、晴雨四季都能入歌，所以流传至今的田山歌内容格外丰富。为了留下更多田山歌的资料，青浦区文化馆副研究员李维红和她的前辈们，着实费了一番功夫。会唱传统田山歌的老人在不断减少，珍贵史料的整理迫在眉睫。近年来，李维红与同事们经常到农村采风，努力寻找健在的老人，把他们能唱的都手写整理下来。一分耕耘一分收获，李维红团队的付出也有了回报。目前，青浦区以四个"青浦田山歌传承基地"为核心，让田山歌文化的空间和资料都得到了有效保存，更增加了田山歌的知名度，这让李维红和团队有了更多动力和信心。

"多想坐在童年的田埂上，听爷爷再唱一首小板艄；多想回到当年的打谷场，听奶奶再唱一首花灯调。"在青浦人的努力传承下，充满魅力的田山歌和着新时代的节拍，迎来了又一个春天。

通过声音，更了解绿色青浦

# 阿婆茶香，和睦邻里

几杯香气四溢的浓茶，搭配自家做的茶点，阿姨们编虾笼、纳鞋底、话家常。这就是在淀山湖西畔的商榻地区流行了 700 多年的"下午茶"习俗，名为"阿婆茶"。

阿婆茶，并非某种茶的具体名称，而是指"边喝茶，边聊天，嘴不闲，手不停"的当地喝茶习俗。如今，阿婆茶已被列入上海市非物质文化遗产保护项目，成为青浦区"十大乡土文化"之一。

## 阿婆茶的传说

关于阿婆茶的来历，民间有许多传说，其中最广为流传的是"金口玉言"的起源故事。

乾隆皇帝下江南，有一天，路经商榻，由于天气炎热，使他口干舌燥，精疲力竭。向一个叫阿蒲的婆婆讨杯茶喝，然后说："阿蒲，茶。"阿蒲老婆婆就递给他茶，于是"阿婆茶"就这样世代相传了。

追溯中国人的喝茶，已有 2000 多年的历史。古往今来，以茶会友，以茶论道，以茶吟诗，甚是风雅有趣。"烹茶待客至，得味有诗来"，"一杯在手，情兴盎然"。到了元代年间，禅教盛行，修禅修道乃至寻常百姓，提倡以茶提神，喝茶之风比屋皆然。

青浦人民也由此深受影响，将茶文化结合当地独特的人文因素以青浦自己的方式传承了近一个世纪，成为了农村妇女，特别是老年妇女饮茶聚会的一种休闲方式。每当农闲之时，妇女们相约以喝茶消闲，今日这家，明日那家，轮流作东。

## 阿婆茶的讲究

苏东坡的一首《汲江煎茶》道尽了从汲水到喝茶的讲究，"活水还须活火烹，自临钓石取深情；大瓢贮月归春瓮，小勺分江入夜瓶。雪乳已翻煎处脚，松风忽作泻时声；枯肠未易禁三碗，坐听荒城长短更"。

青浦阿婆茶作为一种民间生活性茶道，向来被商榻人重视，因此，在喝法上从用具到煮水到沏茶都极为讲究。

和当下人们对喝茶的热衷不同，最原汁原味的阿婆茶不讲究茶叶的优劣品类，也不在意用什么茶具，但却对煮茶的过程十分讲究。古人泡茶"烘炉炖茶"，用草木煎熬之而芳香，这种别具风味的煎茶，也就是"炖茶"。阿婆茶也是如此，泡一杯"阿婆茶"需要以树枝、风炉炖水，开水沏茶，再配上独特的茶点。

一般农户烧水的炉灶和饭灶混合，但是"阿婆茶"有单独的炉灶。阿婆们觉得锅水沏茶有油腥味，所以他们在土灶靠着墙的课堂间的地方另外挖一个洞，然后把烧水的炉子挂在上面。

**烧阿婆茶**

水一定要用淀山湖里提起来的清香甘冽的活水，烧水用的炉子则是用烂泥稻草和稀后黏连在一起手工制作的专门用来炖茶的灶具，叫"风炉"，据说可以省柴，烧起来又快。炖水最好用树枝，在树枝中要数松树条最佳，其次是棉花秆、菜花秆、豆秆等，最后才是稻柴。还一定要用铜吊子灌水，往往是祖上传下来的铜吊，别看铜吊子又黑又重，泡出来的茶味道好，香润、解渴。风炉里的火要烧得烈烈的、旺旺的，铜吊里嘟嘟地热气直冒。水烧得越滚茶味道越浓郁解渴，一边吃、一边炖，这样茶才酽才香，真是别有一番风味。

沏茶时，先要点茶头，称为"点茶娘"，相当于首次沏茶，只用少量的开水点茶，然后将盖子捂上，略等片刻，再冲入较多的开水，这样沏出来的茶芳香四溢。最后用密封性好的盖碗盛茶水，以保证茶水色香味俱佳。

早时候商榻人家小屋里，家家都有一只炖茶的烘炉，旁边则备有一根笛子尺把长的"竹竿筒"，烘炉里木柴块火熄了时，用它来吹燃火星。白天出工，一般人家都用茶壶。炖茶的水壶外黑里香，茶具则使用陶器，茶壶里的茶一天一夜不会变质。

喝阿婆茶，还要配上几道自己腌制的当地小菜，如菜苋、萝卜干、酱瓜、雪菜等，也有自己做的热点心，如芥菜塌饼、麦芽塌饼、毛蒸芋艿等才够味。每年春天，田里的油菜开始抽蕊吐蕾时，每家每户便要去摘菜苋了，往往一腌就是几大缸。菜苋的名气方圆几十里无人不晓。

客人来了，东家房客再把碗茶沏满。以往串门吃茶的阿婆们，不会空着手来，总要随身带些活计，比如做"虾笼"。以前商榻人家阿婆们做虾笼是一大特色，故民间有边做虾笼边吃茶的习俗。

一碗阿婆茶、两块萝卜干、三根咸菜苋、四根青竹头，手里的活也不断。

## 阿婆茶的精神

据悉，20世纪80年代，日本茶道研究专家曾来商榻考察，就被商榻阿婆茶的随意、精致以及其中蕴含的古老智慧所折服。阿婆茶代表了一种上海农村地区独特的传统文化精神，是一碗"解闷茶""和谐茶"和"孝顺茶"。

以前商榻地区男人们要外出做工，女人们在家编虾笼赚钱，这种单调乏味的工作，让商榻的女人们聚集在一起，累了、渴了就拿自己家中咸菜、萝卜干就着茶水吃，闷了就说说家长里短，久而久之便形成了大家时常相聚一起喝"解闷茶"的习俗。

如今，阿婆茶被列入上海市非物质文化遗产保护项目，极大改善了当今社会物质迅速发展，而人与人之间感情交流愈发退化的矛盾。这不仅是对民间传统文化的保护，更可启发心灵"内省"。成为了青浦人们生活中交流信息、增进感情、融洽邻里关系的"和谐茶"。

隔壁乡邻有矛盾，一碗茶一吃，大家面对面，矛盾都化解掉了。平日里，一有空闲，村里的每家每户便要轮着喊吃茶。轮到喊吃茶的那家女主人，一早就开始为吃茶作准备，包括炖水、准备茶点等。等受邀的客人们来了就开始喝茶，被邀客人们还可以邀请别的朋友一同前来，这种无拘小节的"喊吃茶"扩大了人们的人际交往，融洽了邻里关系。阿婆茶在代代相传中，还形成了一个"规矩"，就是在一起喝阿婆茶的婆婆们要赞美自己的儿子媳妇，特别是婆媳关系。阿婆茶让婆媳间关系融洽，婆慈媳孝，生活和谐。

**村民一起喝阿婆茶**

每逢重要时刻，大家总要聚在一起，结婚喝"喜茶"、生孩子喝"添丁茶"、造房子喝"进屋茶"，上大学喝"状元茶"、参军喝"报国茶"等，除了平常生活中的吃茶外，阿婆茶还包含了众多的名目，大致有22种。而逢年过节，家家户户更是要买上几斤茶叶和几张大红纸，把茶叶分开包装，如果走亲访友，茶叶总是必备礼品之一。全村人热热闹闹，和和气气。

随着生活水平的不断提高，阿婆茶也发生了很大的变化，成了一碗"孝顺茶"。原先那些纹路密布的大碗茶，如今不见了。往昔喝的大抵是便宜的老茶叶，如香梗茶、茉莉花茶。现在条件好了，小辈们买的茶叶也高级了，阿婆们开心地喝起了龙井、白茶、毛峰、碧螺春等新茶。大凡村里人出远门或旅游，做小辈们的少不了想方设法带点名茶回家孝敬老人。这已成为乡风习俗，一种孝敬老人的优良传统。茶桌上，也一改了往昔的平凡，除了传统酱菜，还有开心果、花生仁、香瓜子、水果等。

一方水土养育一方人，一杯杯清香恬淡的阿婆茶里饱含了青浦人民和谐的乡村邻里关系、家庭关系。现在游客也可以去阿婆茶体验中心，或者走进村民家中，吃吃这杯茶，暖胃也暖心，了解农村，感受农村的新变化。

通过声音，更了解绿色青浦

# 民俗盛宴，金泽庙会

庙会是我国民间广为流传的一种传统民俗文化活动，它深深地扎根在中华大地。它的产生、存在和发展都与老百姓的生活息息相关，不同地区的庙会拥有各地区的特色，却都反映着当地百姓的传统民俗。

每年农历三月廿八与九月初九重阳节的这两天，便是青浦金泽镇一年两次的民俗庙会。五湖四海的游客和四镇八乡的香客，以祭祀的形式汇集在一起，他们或是虔诚地祭拜，或是欢快地欣赏民俗表演，大家皆欢聚于此，共享这场期盼已久的民俗盛会。

## 悠久的祭祀文化

说起金泽的庙会，有一个始终绕不开的话题，那就是金泽的寺庙。青浦的金泽古镇素来被誉为江南的"桥庙之乡"，因为在这里不仅桥多，寺庙也多，史料记载最多时曾达到30多座庙，迄今仍然留存大大小小庙宇20余处。据1897年版的《金溪志》记载：在金泽历史上，最早的寺庙建于东晋时期，多数寺庙建于宋、元、明、清朝代，其规模之大，数量之多，为江南地区所罕见。当时，由于佛教、道教两大文化盛行，金泽地区信仰活动十分频繁。每逢"佛诞"，佛教徒便至庵堂烧香拜佛，祈求五谷丰登、风调雨顺；每逢初一、月半，则在本村或附近庙宇烧香拜神，祈求逢凶化吉。而金泽地区数量庞大的寺庙，为民间百姓们的祭祀活动提供了绝佳场所。

受传统宗教文化的深刻影响，金泽地区百姓庆祝"佛诞"的祭祀活动，便逐渐演变成了一年两次的大规模祭祀盛会——金泽庙会。金泽庙会主要由每年农历三月二十八的"廿八汛"和九月初九的"重阳汛"两大香汛组成。据清道光十一年（1831 年），金泽镇人蔡自申修纂的《金泽小志》中记载："东岳神赛会，每年三月二十八日、九月初九日两举。远近村农为一日之游，由来已久。"其中"廿八汛"源于东岳大帝的诞辰祭祀，而"重阳汛"源于杨震（民间俗称杨老爷）的诞辰祭祀。

**村民聚集在杨震殿前表演**

每年农历三月廿八日这天，便是金泽古镇的大香汛了，俗称"廿八汛"。每到这天，来自江、浙、沪及周边地区的香客如潮水般涌向杨老爷庙，进行虔诚的祭拜活动。杨老爷名杨震，东汉陕西人，少年好学，博览群书，当时被称为"关西孔子"，历任荆州、涿郡太守、司徒、太尉等职。杨震因为官清正，为国为民，而被写入史册。为纪念杨震，发扬他忠贞不渝、疾恶如仇的崇高思想，金泽老百姓为其建庙立像，并在每年农历三月廿八这天对其进行祭拜。

金泽庙会的祭拜十分有讲究，除了杨老爷庙以外，香客们还会按照严格的进香顺序对其他寺庙进行祭拜。据青浦区文化馆馆员杨城介绍："为显虔诚，民间常有'烧十庙香'的规矩，这进香顺序十分重要。香客们会从杨震庙开始，然后到七老爷庙，还有一个二王庙，然后再到颐浩寺和总管庙这样一个路线。绕着镇子外围一圈，再回到镇中心。"祭拜当天，各路烧香队伍撑着"国泰民安""风调雨顺""五谷丰登"等各色彩旗，在喧天锣鼓声中浩浩荡荡经过镇上的放生桥、如意桥、普济桥等，一路前行，最后涌向颐浩寺、东岳庙聚会。杨老爷的事迹流传至今已有一千八百多年，而由庙宇产生的金泽庙会发展到今天也有一千两百六十多年的历史，到今天，每逢"廿八汛""重阳汛"，金泽古镇的庙宇仍是四方进香、人山人海的景象，整个金泽镇热闹非凡，盛况空前。

各地香客前来进香

## 热闹的民俗盛会

庙会，亦称"庙市""古节""香汛""节场"，已经成为金泽地区的重要节日。庙会期间，除了香客们的祭拜和"神灵出游"等信仰活动外，还有为庆祝节日而举行的各种民俗娱乐活动，这便形成了集信仰、娱乐、商贸于一体的盛大民俗庙会。而对于一些非香客的外来游客而言，庙会期间的民俗演出成为了最大的看点。

"可以去看那些民间的歌舞，他们演出是非常投入的，比较原生态。如果是研究民间信仰，这一套祭祀仪式，其实是蛮有看头的。"青浦区文化馆馆员杨城推荐大家去观看庙会的歌舞活动和祭祀仪式。金泽庙会的祭祀仪式，往往从庙会的前一天晚上就开始了，有时甚至会通宵唱神歌，第二天一大早，祭拜仪式和巡游陆续展开，将庙会的氛围推向高潮。

白天的时候，金泽当地的民间文艺表演者在颐浩禅寺、杨震殿院的广场里，表演挑花篮、宣卷、唱神歌、打莲湘、舞龙、舞狮以及荡湖船等各种民间娱乐活动。表演者中多数为女性，她们各自身着艳丽喜庆的服装，你方唱罢我登台，巡游在庙与庙之间，有声有色。

**庙会期间舞狮表演**

在众多的表演节目中，扎肉提香最是引人注目。表演者用铁钩钩住自己的前臂，铁钩下面挂着香炉、铜锣。铁钩钩住皮肉，铁钩下又挂着如此笨重的东西，而前臂未见点滴血渍，着实令人惊奇。根据资料记载，扎肉提香表现活动至今已有一百多年历史，其中奥秘也从未公开，至今仍是"未解之谜"。

庙会除了是汇集民族风物和民间文艺的一种形式以外，千百年来，还以当地集市的形式被延续下来。从各地赶来的小商小贩，因庙会汇聚于此，带来各种小商品和风味小吃，遍及大街小巷。金泽镇中心通向东岳庙、颐浩禅寺的道路两旁摊位鳞次栉比、商品琳琅满目，吆喝声、叫卖声不绝于耳，好不热闹。熙熙攘攘的人群和花样繁多的商品，形成庙会期间特有的热闹景象，成为千年古镇金泽的一道特色民俗风情，构成了金泽庙会独特的传统文化魅力。

## 庙会的传承与保护

随着金泽镇生态环境的建设改善，集镇乡村面貌一改往昔的平凡，村镇之间实现了村村通，交通的改善使得小镇与周边民众来往更加频繁，来金泽逛庙会的游客、香客数量也逐年增加。2018年的"廿八汛"当天，杨震庙售出门票达到7500张，实际的香客有8000人左右，"廿八汛"持续一个星期，参加总人数达到2万人左右。街头坊间交通要道，在各部门管理下井然有序，使得各路客人充分感受这热闹非凡的传统节日，个个笑逐颜开穿梭于古镇街头巷陌。

历史悠久的金泽庙会发展到今天，已成为金泽最隆重的祭祀活动，极大丰富了金泽及其周边民众的物质生活与文化生活，在推动当地经济发展的同时，还给当地民众带来许多精神乐趣。每年庙会期间，各类民间文化艺术团积极加入民俗表演，既丰富了表演的形式，又很好地继承发扬了庙会的民俗文化。2018年，金泽民俗庙会已获批青浦区级非物质文化遗产项目，同年11月，金泽庙会又被列入第六批上海市非物质文化遗产代表性项目扩展名录，成为珍贵的民间文化遗产。

青浦区历来重视对民间文化遗产的保护工作，对于金泽庙会这样一项充满历史感、仪式感的集体传承项目，青浦区各部门也都十分重视其保护工作。青浦区文化馆非遗办工作人员一直在深挖金泽庙会各方面的价值，旨在努力保护好这一民间瑰宝。青浦区文化馆馆员杨城表示"金泽庙会有专门的一个保护责任单位，然后我们会确立传承人，是对庙会的仪式比较了解的一个代表性人物"。庙会期间各种民俗艺术的展演，都具有重要的地方文化史价值和独特的文化价值，只有通过有关部门通力合作，这些传统文化才能得以传承和保护。作为珍贵的民间文化遗产，金泽庙会早已声名远扬，人们欢聚于此的同时，也是在身体力行地对其进行继承与保护。

金泽的庙会从古代严肃的宗庙祭祀及民间的信仰中孕育诞生，加入佛教、道教的宗教信仰和民间娱乐形式，经过进一步地完善发展，逐渐突出商贸功能，从而成为金泽居民经济生活、精神生活和文化生活的重要组成部分。参加金泽庙会，游客不仅可以在庙会吃好、玩好，更重要的是可以感受一场民俗的盛会，得到人生的洗礼与特殊的文化体验。

通过声音，更了解绿色青浦

# 淀山湖畔，非遗传说

　　淀山湖位于上海市青浦区，被誉为"东方日内瓦湖"，是上海最大的淡水湖泊。在漫长的岁月中，世代先辈们凭借丰富的想象力创造出一个个民间传说，将淀山湖的历史人文生动地蕴藏于故事之中。这些关于淀山湖的民间传说经说书先生加工演绎，深得大众喜爱，不但在淀山湖周边广为流传，上海市区、昆山、太仓等地也是脍炙人口。原青浦县文化馆馆长、上海市故事家协会顾问钱昌萍介绍，水运助力文化交流，不少淀山湖传说同时在江浙等地也可以听到。因此，她认为广义的淀山湖传说可以扩大到整个淀山湖流域。

**淀山湖景**

## 很久以前，淀山湖的成形

在很久很久以前，经过多次地壳运动，淀山湖地界地表塌陷形成了淀山湖。古代人无法解释大自然的变化，因而淀山湖的形成产生了强烈的神秘感。

传说淀山湖最初名为"甜水湖"，那时湖面宽阔，水天相接。湖上的船工疲劳口渴时会直接舀碗湖水喝，人们都觉得这湖水略带甜味，久而久之，人们便随口叫它甜水湖。后来有个人挑了一担泥要去填满甜水湖，大家都不相信凭他一己之力怎能将湖水填满，谁知他倒在湖里的一担泥越长越大，竟变成了一座山，后来甜水湖被改称为"淀山湖"。

又传说很久以前，淀山湖地区有两座宝塔，塔里住着一个心地善良的红胡子老人，他爱打抱不平，当地老百姓都说他是塔神。因为塔神在这里，当地官府不敢明目张胆做坏事，官府带兵想把宝塔烧毁，这时只听见"轰隆"一声，泥土把官兵埋成一座小山，后来人叫它淀山，这湖亦随之称为淀山湖。

还传说秦始皇统一六国后，一次出游经过江浙时，看到有一颗星降落于东方，臣子告诉他此象为天神下凡，说明东方有王气。为了稳住自己的皇位，秦始皇下旨将十万囚徒遣送于此，命令他们连夜挖掘地表，灭了天神的灵气。这些囚徒中有个年轻人叫芈生，他的妻子听说此事后只身前来找他，找到后却只能远远相望。十万囚徒在数年的劳作中，将一片平地挖成了方圆近五十里的湖泊。芈生因劳累过度而死，妻子泣不成声，抱着他的遗体往湖中心走去。此时，天空一声霹雳，把湖水炸开了口子，湖水在她跟前分成两路。她继续向湖心走去，随着雷声阵阵，大雨滚滚，她与芈生被卷入湖中，随湖神而去。在雷雨中，水势滂沱，湖水的面积不断扩大，最终成为方圆七十二里的湖。此湖，就是淀山湖。

关于淀山湖的变化也有传说故事，据说淀山湖边有座起伏不平的大山，最高峰叫淀山，有一天一个和尚将一个能变出各种食物的金灶头送给当地百姓，财主欲强抢金灶头，结果金灶头沉到湖底，只听一声巨响，大半个淀山沉到淀山湖里，淀山湖就变得更宽阔了。古籍的记载远比不上传说故事这么生动，北魏郦道元的《水经注》称:"一江东南行七十里入小湖,为次溪,自湖东南出,谓之谷水。"据《吴郡图经》记载:"在县西北七十二里,有山居其中,湖之西曰淀山湖,南接三泖。"清光绪《青浦县志》上记载:"淀山原屹立于淀山湖中,昔人比之'落星浮玉'。其后湖沙淤积化为平田,渐成村落。"可见关于淀山湖形成与变化的传说是空穴来风,只不过人为地润色了不少,更具传奇色彩。

## 很久以前,发生很多故事

在很久以前,淀山湖已然形成,陆续有人在此居住,"有人的地方就有江湖",有江湖的地方就有故事。这些故事经过一代又一代人口口相传,逐渐丰富完整。

话说在很久以前,紧连着淀山湖西北部的湖泊"棋盘荡"还是一块风景秀丽的大草坪,一天风和日暖,万里无云,淀山湖面略有微波,湖中白帆片片。八仙中的铁拐李、张果老驾起祥云正想飞腾去蓬莱仙境,途经淀山湖上空时被淀山湖的美景吸引,于是二人放弃去蓬莱的打算,降落在湖畔的一块草坪上。在草坪上小憩时铁拐李产生了棋兴,他自认为棋艺高超,为了一显身手硬要与张果老交锋,于是两大仙席地对弈起来。张果老知道铁拐李素来棋风不良,能让则让,尽管如此,铁拐李仍然窘态百出,眼看自己败局已定,无法挽回,立即要起花招。他将一副残局棋盘用拐杖往下一按,顿时那副棋盘和草坪同时徐徐下沉,淀山湖湖水迅猛地向下沉的草地奔腾涌来,一片好端端的草坪顷刻变成了湖泊。铁拐李不承认输棋,但张果老不肯罢休,他在半空中将拂尘一扬,留下了几枚棋子浮在水面上,变成了湖泊中的几个明墩,显示自己几枚取胜的棋子永留世间。而铁拐李的几枚棋子却被湖水沉没在湖泊的下面,变成为几个暗墩,永世不能上浮。湖泊成了张铁两仙一局象棋赛胜负的留念之处,所以人们称此湖泊为棋盘荡。

话说很久以前,有一农民在盖房时发现淀山湖内湖沙中含有一闪一闪的金质沙土,便采用土方法淘沙,果然从湖沙中获得了量很少的黄金。这消息传到了一名贪心的财主耳朵里,那财主想独占湖沙,于是雇用上百名长工,动用了几十条船只,昼夜不断地去淀山湖中的金家庄小岛附近挖沙,使淀山湖的北半湖的湖底越挖越深。淀山湖湖神坐镇南半湖,发觉南半湖湖水迅速流向北半湖,查明原因后发现财主在北半湖囤沙挖湖企图淘金。于是湖神将此事向玉皇大帝奏明,玉帝得奏后令矿神将湖沙含有的金质成分全部变为铁质。贪心财主所挖的湖沙里未能淘得出一丁点黄金,淘来淘去尽是劣质铁屑,雇工雇船弄得财主倾家荡产,却未能得到黄金,财主着急之下一命呜呼。直到现在淀山湖湖底南浅北深,湖沙中还含有铁质。

话说在很久以前,宋高宗赵构昏庸无能,在被金兵追赶途中仍旧花天酒地,金兵统帅金兀术率兵长驱直追,将高宗皇帝赶逃到明州(今浙江宁波)。韩世忠是主张抗金将领之一,他足智多谋、英勇善战,当时韩金兵力悬殊,金兀术率军有十万之众,而韩军仅有八千,要以少胜多十分困难。韩世忠的夫人梁红玉是一位很有见识的巾帼英雄,她认为兵不在多,只要能英勇善战。韩世忠采纳了夫人的意见,将运河一带的驻军,调去白蚬湖(昆山周庄境内)和淀山湖屯兵操练。淀山湖离白蚬湖仅有十多华里,湖面辽阔,湖底平坦,且有深有浅。湖边可有水兵从滩上起岸,也有直接上岸之处,是最佳的水军练兵场所。韩世忠率军在淀山湖练兵数月,一艘艘战船浩浩荡荡在急水港南岸、淀山湖西畔列队停泊,气势磅礴,真正达到兵精艺高的要求。后来果然以少胜多,金兀术不敢孤军深入,只能退兵北撤。韩世忠及其率领的韩军,深受老百姓的爱戴,淀山湖西岸曾经停泊过韩军战船的村庄为纪念他们改名为韩郎村。

## 很久以后,民间文学永流传

一则故事的流传靠千百人,淀山湖传说有几十篇故事,是几代人不断完善、口口相传的经典。由于用本地方言口耳相传,没有文字记载,许多故事已经失传。明清时期,朱家角兴市,淀山湖的奇闻异事、民间传说经过了说书先生的加工、完善。20世纪80年代开始,相关机构组织专家搜索挖掘,用文字记录整理流传于淀山湖周边的民间故事,收录在《中国民间故事全书上海·青浦卷》《浪花》《风情朱家角·民间趣谈》《风情朱家角·薛淀润珠》和《朱家角镇志》等书中。书中有秦朝银鱼的传说、汉朝蟹簖与八卦阵、三国甘宁墓传说、明朝看鸭囡吃黄鳝成巨人、清朝乾隆五难小和尚等一系列淀山湖的传说，涉及人物、史事、风物、动物、风俗等各种类型。淀山湖的故事运用本地方言，讲述中穿插俗语、歇后语、民间俚语，展示丰富的语言功能，故事易讲、趣闻易传，符合大众情趣，表达民心意愿，起到了寓教于乐的作用。

《中国民间故事全书上海·青浦卷》

长期以来，这些传说故事被改编演绎为说唱、戏剧、田歌剧，在田间、屋前、会堂或宣讲或表演，作为一种民间文学，那些千百年的地质演变、特色物产、历史事件、民俗风情和传奇人物根植于群众文化生活，深受百姓的欢迎。这原汁原味的江南传说，是令人百听不厌的宝贵财富。早在1979年，朱家角就成立了业余故事队，专讲淀山湖传说。尽管网络时代对这种依赖人际交流的文化带来冲击，但这些传说依然散发着独特的魅力。如今，更多的人参与到社区里的"讲故事"活动中，通过口口相传，让传说活跃、更新在当代。"像我们开故事会，你再讲给别人听，也是一种传承。肯定是越传越完善的。"钱昌萍对淀山湖传说的传承、保护工作充满了信心。朱家角镇"淀山湖传说"于2015年入选上海市第五批市级非物质文化遗产，保护和传承工作也进入了新篇章。

"半空楼阁淀山寺，三面篷樯湖口船。芦叶响时风似雨，浪花平处水如天。"淀山湖一日之内变化多姿、皆是美景，晨雾似乳白色的薄纱，如梦如幻；傍晚火红的晚霞映射到江中，宛若一朵红莲绽开。如此美景配上淀山湖传说，山与湖便更有风韵，深入人心。

通过声音，更了解绿色青浦

# 民间文化，艺术之乡

一个城市的底蕴积淀于这个城市的文化，而一个小镇的内涵往往凝聚于当地的民间文化艺术。白鹤沪剧的吴侬软语，练塘评弹的妙趣婉转，盈浦龙舟的激昂奋进共同丰富了青浦小镇的文化艺术氛围，为其增添了更多的人文情怀。

## 白鹤沪剧

说到白鹤镇，最先让人想到的就是红艳艳的"草莓"，但除了满足味蕾幸福的美味草莓之外，还有能满足白鹤人民精神体验的文化生活。作为著名的"沪剧之镇"，沪剧早已成为了白鹤人民生活的一部分。

沪剧起源于吴淞江和黄浦江两岸农村的山歌，最能代表上海的声音，温婉柔和，曲调优美动听，尽显沪派语言特色。沪剧的表演，没有配合虚拟夸张的程式动作和伴奏念白的各种锣鼓点子的运用，打击乐也很简单，反映的是上海人的纯粹与简约。同时，沪剧在静场及某些情节中经常会演奏一段民间乐曲作为气氛音乐，也在细节上浸染着浓浓的民间文化气息。

随着现代化步伐的加快，加之沪剧的高艺术价值，决定了其传承与发扬需要一定的门槛，沪剧的发展空间被不断挤压。白鹤镇，是少数仍然能够保持原汁原味的沪剧的地方，沪剧在这片土壤上愈发红火了起来。早在 2003 年，白鹤镇就因为沪剧被评为了"中国民间文化艺术之乡"。

沪剧在白鹤镇的蓬勃发展得益于 20 世纪 60 年代白鹤镇农业的发展，上海沪剧院派演员前来白鹤镇体验生活和编写剧本。青浦区文广局公共服务科科长怀林军介绍说："当时沪剧家丁是娥带着一个团队蹲点在白鹤，而且蹲点时间比较长，那么本身我们这个地区又偏爱沪剧，传唱的比较多，通过名人名家的效应，大家普遍传唱，人群越来越多。"

丁是娥《罗汉钱》剧照

如今的沪剧已经走进了白鹤镇寻常百姓家，村民们只要有闲暇时间总会去白鹤镇文体中心沪剧排练厅里参加排练。沪剧爱好者们因为沪剧结缘，经常自发地聚集在一起相互指导与切磋，从专业老师那里拜师学艺的内容也都会相互毫无保留地分享。若遇老师前来指导，这里总是早早的就坐满了人。每到下午，文体中心美妙的歌声隔着老远就能听到，为了共同热爱的沪剧，大家一练就是三、四个小时，从不感到疲倦。

76岁的顾利亚老人是文体中心的常客了，风雨无阻，几乎每天都来看一看，练一练。老人已经唱了60年的沪剧，早年间还自己办过"沪剧社"。如今退休了，又重新操持起旧业，成立了"老龄沪剧队"，不计报酬，坚持多年义务去各村居演出。老人75岁的妻子也曾参加过艺术学院进修，凭借着舞蹈艺术功底做着表演者与化妆师的志愿工作，默默无闻地奉献自己。他们的女儿在耳濡目染下也对沪剧有了深深的喜爱，出演沪剧，积极响应志愿者工作。这一大家子在沪剧的文化氛围中有了共同的话语，凝结了更深的情感。

在白鹤镇，上到八十几岁的老人，下到五六岁的娃娃，都能随口吟唱一两句，随便找一户人家，总有人会唱沪剧。沪剧的弘扬已经深入了白鹤幼儿园、白鹤小学、白鹤中学、白鹤成教以及白鹤活动中心，这五个地方都建立了"沪剧传习馆"。各传习基地也是使出浑身解数，将沪剧艺术发扬光大。

为了能够给沪剧爱好者搭建更广阔的平台，白鹤镇在 2007 年创办了白鹤沪剧节，将分散的民间活动有效地进行了整合，显示了白鹤镇对保护和传承沪剧的决心，沪剧艺术也成了青浦区开展群众文化建设的品牌项目。

在如此浓厚的沪剧氛围下，白鹤人民自编自演的沪剧《城里的月光》以身边故事为题材，讴歌时代，赞扬人民，体现出了超高的艺术水准，在首届全国"金百花"小型戏剧戏曲作品展演中脱颖而出，一举获得"优秀剧目""最佳剧本奖""最佳音乐奖"等五个奖项！

白鹤精神不止，沪剧文化不灭。

## 练塘评弹

青浦练塘在 2018 年因为"评弹"被评为"上海民间文化艺术之乡"，青浦的民间文化艺术宝库又多了一枚分量十足的奖章。评弹是吴语地区的一种民间曲艺形式，传统评弹轻松愉悦，宣扬极富正义感的英雄好汉，歌颂忠君报国的社会栋梁，弘扬读书做官、为民做主的清官能臣。

出生于江南吴语水乡的伟大无产阶级革命家陈云同志一生喜好评弹，幼年时就常去练塘镇上的"长春园"书场听评弹。从评书中养成了凛凛然维护正义、浩浩然匡扶社稷、忧戚戚为民谋福的优秀品质。晚年时，陈云同志更是把欣赏评弹艺术、支持评弹事业的发展作为工作生活的组成部分，提出了"出人、出书、走正路"的精神，这也成为了现在上海评弹团一直以来坚持的原则。即使到了生命弥留之际，陈云同志也是在评弹的婉转中逝世的，陈云同志的夫人说"是评弹的音乐声送走了陈云同志"。

评弹也是备受当地百姓喜爱的民间艺术，评弹的情节曲折离奇，表演扣人心弦，形式雅俗共赏吸引着男女老少。

一曲评弹，悠扬宛转的弹唱声中，身穿长衫和旗袍的表演者手持三弦和琵琶，吴侬软语应着指间旋律缓缓流出，或缠绵、或欢快、或忧伤、或平和，绕梁清音紧紧抓住听众的思绪。匆匆的时光此刻仿佛放慢了脚步，令人沉醉其中，久久不愿离去。除了经典的评弹曲目，还有不少像《陈云三次回故乡》《青浦好风光》这样介绍家乡伟人和本地风土人情的曲目，这种开放式的曲艺展示能唤起更多的人关注和了解青浦本地的传统文化。

练塘的孩子们也是幸运的，从小就有接触评弹的机会。练塘当地逐步发展的"苗苗评弹"深入到了学校，从小学一年级开始就有专门的老师教孩子们正宗的评弹。陈云同志的母校颜安小学更是专门设置了评弹训练室等场地，琵琶和三弦等设施配备齐全。同时，还经常邀请市评弹团退休老师担任指导，并利用橱窗、黑板报

苗苗评弹团参加练塘镇区域化党建活动演出

营造浓厚的评弹艺术育人氛围。"苗苗评弹团"成立至今，已培养出近600名学生，小演员们常到社区、农村、敬老院演出，广受好评。通过表演的形式，孩子们成为了评弹文化的继承者和传播者，民族情感得到培养，也影响着更多的人真正理解并认同评弹文化。

为了更好地弘扬评弹文化，练塘政府利用下塘街的一处民宅，办起了评弹文化馆，别具特色。馆里展示了评弹在上海的发展、陈云同志对评弹的影响，以及评弹的现代化发展。评弹文化馆也成了来练塘体验江南水乡摇船文化之外必去的地方。

上海女作家程乃珊曾说："如果要我评选上海的非物质文化遗产，评弹艺术肯定是其中不可缺席之一。虽说评弹源自苏州，但上海宽广的胸怀早已将评弹的弦曲雅韵纳入血脉之中，世世代代，营养着我们的城市和民生，从而成为上海文化的标帜之一，上海人公认的乡音，即使人在天涯，仍拂不去那曲曲靖韵所激起的乡愁。"

练塘评弹声不停，青浦文化不断弦。

## 盈浦龙舟赛

如果说白鹤沪剧和练塘评弹考验的是艺术天赋，那么同样是2018年被评为"上海民间文化艺术之乡"的盈浦，则以讲究体能和技术的龙舟赛见长。

龙舟赛作为盈浦街道的特色项目，经过不断地改善与发展，已经成为青浦区一道靓丽的风景线，成为盈浦街道群众体育活动的品牌和名片。

每年的端午节前后，盈浦都会举办龙舟赛，环城河岸，人潮涌动，彩旗飘扬，锣鼓喧天。参加比赛的选手们摩拳擦掌，经过多次的专业训练之后，每个人都铆足了劲想要一展雄风，争取在比赛中拔得头筹。

河面上，一片片船桨快速跃动，水波伴随着选手们"一！二！一！二！"的口号声有节奏地律动着。岸边，密集的隆隆鼓声和啦啦队的呐喊声不断，汇聚成一片欢乐的海洋。岸上，同时开展戏曲文艺演出，形成水上"赛龙舟"、岸边"赛粽子"、舞台"观社戏"的欢乐氛围。既洋溢着"民间文化艺术之乡"的生活气息，也展现出了老百姓对于艺术的向往和热爱。

参加龙舟赛的队伍都是业余爱好者组成的队伍，他们来自不同的街道，拥有不同的职业，可能是工人、是农民、是老师、是学生，也可能是退休职工。但无论是什么职业，无论年纪多大，因为有了龙舟比赛，因为有了共同的目标，这些队员总能团结到一起，集中参加训练，接受专业教练的培训与专业老师的指导。在比赛的准备过程中，人们从繁忙的生活中各自抽出时间，相互信任，相互鼓励，现代人与人之间冷漠的壁垒也在一次次的见面与交流中荡然无存。每个人都拼劲了全力，这才最终呈现出"龙舟争流、桨起水浪涌"的精彩画面。盈浦龙舟队更是多次参加区级、市级的比赛，成绩斐然。

龙舟比赛

盈浦龙舟赛已经连续成功举办了好几届，但每年都会有所创新，增加新的项目，比如"水上皮艇""赛艇"和"陆上划船器"，持续吸引游客前来体验浓浓的端午氛围，增强了人们的体育文化理念。传统的体育事业在盈浦这片土地上欣欣向荣。

赛龙舟，是端午节的主要习俗，是中华文化的重要组成部分。但是，盈浦举办龙舟赛不仅仅只是为了纪念端午节，更是希望将此作为契机，丰富民众的业余生活，滋养精神文化，形成积极向上、齐心协力、拼搏与奋进的氛围，建设和谐社区，打造"美丽盈浦"。

龙舟锣鼓不停，体育精神不熄。

白鹤的沪剧、练塘的评弹都是上海古老的城市记忆，构成了很多上海人小时候的影像与声音，是会在空闲时、年迈时、深夜里一遍一遍回味的儿时记忆。盈浦的端午龙舟赛更是以一种昂扬的姿态鼓励大家亲历文化艺术，切身从中感受龙舟赛蕴含的团结协作的体育精神。"民间文化艺术之乡"的称号，是对白鹤、练塘以及盈浦努力保护与传承民间文化艺术的肯定与鼓舞，也是青浦人对传统文化表达热爱的方式。

**通过声音，更了解绿色青浦**

# 崧泽遗址，上海之源

位于上海市青浦区赵巷镇崧泽村的崧泽古文化遗址是上海远古文化的发源地，被誉为"上海之源"。在这里相继发现了"上海第一谷""上海第一井""上海第一房""上海第一村落"等重大考古成果，随着考古工作的深入，六千年前上海先民们的生活画卷缓缓展开。

## 揭开神秘的面纱

"崧泽"，意指"吴淞江流域湿地中的一块高地"，这一名字的来源有个传说。相传晋代时期，吴郡太守袁崧在今属崧泽村的地方居住，后来他的子孙陆续移民于此，称这里为"崧宅"，又因它处于水乡泽国富庶之地，故取名"崧泽"。明朝初年，崧泽村凭借水陆交通便利而聚集人气，逐渐成为热闹的江南集镇。

崧泽遗址于1957年被发现，对它的发掘改写了上海的历史，大量珍稀文物将上海古代史前推至6000年前。1959年

**崧泽古文化遗址发掘现场**

崧泽村古文化遗址被列为青浦县级文物保护单位，随后分别于 1961 年、1974 年进行了两次有计划地挖掘。21 世纪初，上海市政府决定在崧泽遗址上建造一座遗址博物馆，所以在 2004 年，上海博物馆考古研究部又对遗址进行了两次抢救性发掘，笼罩在崧泽村土地上的神秘面纱被考古工作者逐渐揭开。这里挖掘出的文物丰富，有大量的石器、陶器、玉饰、稻谷等，再现了上海先民创造的灿烂文化。崧泽遗址被评为"20 世纪全国百项重大考古发现"之一，2013 年 5 月还被国务院核定公布为第七批全国重点文物保护单位。

## 饮食居所皆创新

在遗址出土的文物中，有很多展现先民饮食起居的证据。新石器时期，捕鱼和狩猎在上海先民的生活中仍占有重要位置，这些活动的危险性和局限性都较大，睿智的先民逐渐摸索出一些更为先进的生产生活方式，其中驯养家猪就是重要的方式之一。崧泽遗址出土了家猪的牙床骨，2004 年又发掘出一只绘有红彩的陶塑小猪，是典型的家猪形象，这些都证明 6000 多年前的上海先民已经开始驯养家猪，从而稳定了食品来源，改善了先民食品质量。

农业生产也是居民定居生活的基础，青浦区从古到今的主要农作物都是水稻。在崧泽遗址下层里发现了炭化稻谷遗存，是上海出土最早的人工栽培水稻，被称为"上海第一稻"。这是国内发现的首个稻谷遗存，为中国稻作起源提供了直接证据。

崧泽遗址出土的器皿品种较少，制作工艺较为原始，当时的生活器皿主要是陶釜、豆、盆等。结合考古中对食物的发现，可以推断先民有了广泛的食物来源，逐渐学会了吃熟食，其中釜是主要的炊器。陶釜是上海地区发现的最早的炊器，除此之外他们还发明了炉箅，使炉膛供氧充足，节约了燃料，提高了炊事速度。单独成器的炉箅，是上海先民予以中华文明的又一贡献。

饮食反映了早期上海先民的探索精神与学习能力，更令人惊喜的是他们的创新精神。曾任青浦区文广局局长的曹伟明指出，崧泽先民还有很多创新创造，比如"上海第一井"，他说："上海是一个海滩，如果离开了水就不能生存。但是有了井，你可以选择一个宜居的地方，把人定居下来。所以我觉得这些都是上海先民的智慧所在。"早期人们为了用水便利只能被动地选择依水而居，水井的开凿彻底改变了这一局限，拓广了人们的活动范围。考古发掘还发现了最早上海人居住的房屋基址，说明6000年前的上海先民已不再风餐露宿，他们已经掌握了建筑房屋的技术。

除了开创精神，崧泽遗址上的先民甚至已经具有了鲜明的审美意识，出土的陶罐上有的刻着符号，有的有精致的纹饰花样，还有些是别致的镂空花样，十分有创意。最早的上海人不再是原始的蛮荒形象，他们懂得使用纺轮，将葛、苎、麻这些野生植物的纤维搓捻成线，缝制成衣。爱美的天性还使他们学会用配饰装扮自己，琢磨美玉用以佩戴，开创了上海人用玉的先河。先民还会用动物的肢骨削磨成笄，用以固定和装饰头发，十分精致。

## 崧泽村变上海城

2004年春天，上海博物馆在青浦赵巷的崧泽遗址进行抢救性发掘时，发现了一个保存大体完整的头骨，鼻梁骨、两侧颧骨和上颌骨因过度粉碎难以拼合，下颌骨上还留有一排乳白色的牙齿。经鉴定，头骨的主人是一名6000年前25岁到30岁的青年男子，这是迄今为止考古发现已知最早的上海先民，因此被誉为"上海第一人"。确切地说，"上海第一人"并不是一个人，而是一群人。考古学家推测，这批最早的上海居民可能从今浙北、苏南马家浜文明一带长途迁徙而来，是上海最早的外来移民。经过两次发掘，在约200平方米的挖掘地发现十余座6000年前马家浜文化时期的墓葬，其中所埋葬的就是迄今发现最早在上海生活的先民。墓葬相对比较密集，以单人的俯身葬为主，仅在女性的墓葬中有较少的随葬品。当时处于母系氏族公社晚期，尚没有贫富差别和私有观念，生产工具公用，女性的地位比较高，血缘纽带牢固。著名考古专家黄宣佩称，"上海第一人"人骨的发现，意义等同于中国发现"北京人"，他的发现为上海地区古人类发展史、早期生态环境的研究都提供了宝贵的资料。

崧泽遗址发现的多个"第一"证明了崧泽村就是上海的源头，6000年沧海桑田，群居之地逐渐发展成村落，小村庄摇身一变成了大上海。地域变大了、房屋变高了、环境变好了，但崧泽文化依然经久不衰、长存于世。崧泽可以被称为是古代江南的文化腹地，文化遗址分布范围东临东海，南至钱塘江两岸，西达镇江，北抵长江南岸，贯通整个长三角地区。崧泽文化衔接着长江上下游河姆渡、马家浜和良渚之间的文化序列，而且和当时其他地区的文化之间也存在着交集。

崧泽文化的意义不仅仅体现在考古上，先民的探索与创新精神指引着一代又一代上海人，既探索新鲜事物，又不忘本土资源，文化基因早已浸入血液，演化成现在常说的"海派精神"。曹伟明说："海派精神它就是不断地扬弃，创新发展能够符合时代潮流的这种新的文化。"青浦区对于崧泽文化的传承给予很大重视，从精神和文化方面引领青浦人传承本土文化。精神上，青浦人继承了先民顽强拼搏的精神，在党政领导的带领下各个村镇齐心协力，打造"绿色青浦，上善之城"。文化方面，建造崧泽博物馆，陈列关于崧泽文化的详细介绍，包括发展渊源、生活劳

上海崧泽遗址博物馆

作、艺术造诣等，让前来旅行的游客也能领略崧泽文化的魅力。此外还创作了很多反映崧泽文化的文艺节目，原创歌曲、原创舞蹈灵动地展现文化之美。微电影《上海六千年》上线后点击量大、广受好评。这些都为青浦的发展带来不竭的历史"红利"。

海纳百川、追求卓越。源远流长的崧泽文化，彰显了上海 6000 年的文化自信，为上海建设国际文化大都市提供了文化软实力，是上海具有悠久历史和灿烂文化的见证。作为遗址的所在地，青浦区也将汲取文化力量，不断开拓创新，谋求更好的发展之路。

通过声音，更了解绿色青浦

# 福泉古迹，探秘良渚

　　金字塔，可谓是埃及的代名词，位于尼罗河下游的一座座宏伟建筑，再想到里面放置的法老木乃伊，更为金字塔增添了几分神秘色彩。这些历经千年依旧高耸的法老陵墓，以众多未解之谜吸引了世界的目光，被称作世界七大奇迹之一。然而，在遥远的东方，中国上海青浦，也有一座"金字塔"，这座同为人工堆筑的高土封墩里，埋藏着从新石器时代开始至宋代的150余座墓葬。这里，就是青浦区重固镇的福泉山遗址，从看到遗址入口处"上海文化之源"几个大字的那一刻起，一张关于上海的古老年表就此展开。

20 世纪 70 年代福泉山遗址全貌

# 良渚大墓，重现人世

20世纪五六十年代，不时有农民、学生、筑路工人在福泉山周围发现陶片、石器等器件，考古专家们来此考察后，确定这里是一处古文化遗址，所发现的陶片、石器属于新石器时代的文物。当时正处新中国成立不久，虽然这一系列信息引起了市文物工作者对福泉山的重视，但受条件所限，直到1979年年底，福泉山遗址的第一次试掘工作才正式开始。

1982年，有群众反映筑路工人在遗址周围取土时发现了数件陶器，这一消息让福泉山重新回到了文物工作者的视野。在对挖土现场进行简单翻查时，考古人员从中发现了数块玉器碎片，经过拼凑，这些碎片竟拼成了一件基本完整的玉璧！经鉴定，这是一块距今4000多年的新石器时代良渚文化时期的玉璧。在古代社会，玉不仅是装饰品，更是权力身份的象征，这一玉璧的发现，不由得让人振奋起来。

随即，在上海市文管委、上海市博物馆的主持下，考古工作者们于1982年9月开始对福泉山遗址进行正式挖掘。据曾参与过福泉山遗址发掘的上海博物馆副研究员孙维昌回忆，在经历了几个月的挖掘后，虽然清理出多座崧泽时期的墓葬，但出土的文物都较为一般。直到12月，在一场意外的大雨冲刷后，竟然发现了大量玉器，上海第一座良渚文化时期的贵族大墓就这样戏剧性地出现在世人面前。这次发掘出玉、石、牙、陶器共119件（粒），可以说是长江流域新石器时代良渚文化考古的一次重大突破。

考古表明，福泉山遗址是人工堆筑而成的、用于埋葬和祭祀的高台墓地和祭坛，有着多个时期的墓葬遗存，迄今合计清理了崧泽文化墓葬19座、良渚文化墓葬30座、战国墓6座、西汉墓96座、唐墓1座、宋墓2座。在1983年的一次考古工作会议上，中国考古学泰斗苏秉琦教授称福泉山遗址为"中国土建金字塔"。

# "古上海的历史年表"

　　说到福泉山，除了"土建金字塔"这一别称外，青浦博物馆业务部主任张力华还提到了福泉山扬名于外的另一大原因："文化地层非常完整，是各个年代都有的'古代上海的历史年表'。"

　　关于上海地区的文化之源，最常提及的词便是马家浜文化、崧泽文化和良渚文化。古上海最早可以追溯到新石器时代的马家浜文化，年代大约始于公元前5000年，这一时期仍处于母系氏族社会。到了公元前4000年左右，发展出崧泽文化，这是新石器时代母系社会向父系社会过渡阶段，因最先在上海青浦崧泽村发现而被命名。之后承接的便是良渚文化，距今约5300—4500年，这一时期墓葬最大的特点便是出土有大量的玉器，可以说到达了史前玉器的高峰。在出土的良渚时期器物上，考古人员还发现了"原始文字"的痕迹。文字的出现透露着文明的曙光，因此也有专家提出中国朝代的断代应从良渚开始写起，接下来才是夏、商、周。在2017年12月召开的第三届世界考古论坛上，国际考古权威已经明确提出以良渚来标志中华5000年文明史。福泉山的良渚文化和杭州的良渚古城遗址以及江浙沪其他的良渚文化遗存共同构成了这一观点的考古学证据。

　　福泉山遗址的特点之一，便是历史遗存完整、年代众多。福泉山，这座东西长约94米、南北宽84米、高7.5米的小山，外表看起来和一般的小山差别无二，并不怎么起眼。然而，经过多次的发掘，这里发现的遗存最早可以推算到新石器时代马家浜文化，再到崧泽文化、良渚文化、战国、汉代、唐宋时期。在这样一处遗址上，集中发现保留如此完整、历经年代众多、文物种类丰富的历史遗存，实属珍贵。不同历史时期堆积留下的土层颜色会有所差别，在福泉山就有这样一处景点，完整保存了五色土层的叠压遗存，从下至上分别显示出青灰色、灰黑色、灰褐色、黄色、黄褐色。

　　福泉山遗址的特点之二，便在于福泉山土层的秘密。考古人员在挖掘中曾发现一个奇怪的现象，最上面的第一层土层是马家浜文化的陶器残片，往下第二层是

福泉山古文化遗址考古发掘现场

崧泽文化陶片，第三层是良渚文化遗存，再往下则是崧泽文化后期遗存，崧泽文化前期遗存。为何前三层出土年代会颠倒，考古专家可是费了一番功夫，最后成功破解了福泉山土层的秘密。专家推测，这是古代先民将附近另一个遗址的泥土搬运至此，后又堆积起的高台，认定这里是良渚先民所堆砌的一座良渚时期贵族墓地。

福泉山的特点之三，便是于良渚文化考古上取得了重大突破，对加深良渚文化晚期社会结构、社群生存、历史起源的认识有着极为重要的研究意义。除了20世纪80年代发掘出的良渚文化贵族大墓外，2008年至2011年期间，上海博物馆考古部在福泉山遗址新的勘探发掘中发现了又一处良渚文化晚期墓地——吴家场墓地。其中最重要的便是207号贵族大墓，墓中共发掘出玉器、石器、陶器、漆器、象牙器等共计300余件，其中象牙权杖、人头盖骨碗、一次殉葬6条狗的发现，在全国范围内良渚文化墓葬中都极为罕见。吴家场墓地的发掘更加证明了福泉山遗址是能代表太湖以东良渚文化最高发展水平的遗址，是良渚文化晚期古上海地区重要的政治中心。2011年，吴家场墓地入选由国家文物局主办的2011年"全国十大考古新发现"候选名单。2013年，福泉山遗址成为《大遗址保护"十二五"专项规划》中全国150处大遗址保护项目之一，也是上海地区唯一入选的遗址项目。

## 远古祭坛，罕见珍品

除墓葬这一用途外，经考证，研究人员发现福泉山遗址的高台土墩有曾作为祭坛使用的痕迹，集埋葬与祭祀功能于一体。祭坛，是远古的神巫、显贵举行祭天、通神、祭祖活动的地方，发生在距今约四五千年前的祭祀活动，更为福泉山增添了几分神秘色彩。在福泉山良渚文化层内，考古人员发现了祭坛、积灰坑、介壳末堆积和祭祀器物堆。祭坛呈阶梯状，自北向南、自上而下共有三级台面，每级逐层升高。整座祭坛，经考证发现包括土块和地面都曾被大火烧红，有着燎祭遗迹，这是现已发掘的同时期其他地区良渚祭坛所不具备的特点。考古学家分析，良渚时期人民对天地、祖先已形成了一种集中的大型祭祀仪式。

在祭祀中，玉琮、玉璧、玉圭、玉璋、玉璜、玉琥被称为"六器"，是我国古代祭祀所用的重要礼器。"璧圆象天，琮方像地"，《周礼》中记载的"以苍璧礼天，以黄琮礼地"说的就是玉璧、玉琮。玉器不是寻常的生活用品，它们是权势的象征，殉葬品中琮、璧越多，越能显示出墓主人生前身份显赫、地位崇高。在福泉山遗址中，除了最初发现遗址时的那块良渚大玉璧外，还曾出土众多精致的玉器，人殉墓葬的发现，也可证明福泉山遗址墓葬的规格等级之高。

在墓葬所出土的文物中，有几件珍品尤为罕见。飞鸟兽面纹玉琮，玉质晶莹，透光性好，线条流畅，表面饰有神面和兽脸，两侧共刻有 4 只飞鸟，形象生动而不失庄严，现为上海博物馆镇馆之宝之一。灰陶带盖双层簋，食品盛器，区别于一般的仅有器盖和器身组成的簋，这件簋分为三部分共两层，能同时放置不同的食物，这在良渚文化中为首次发现。在吴家场墓地中发掘的象牙权杖和人头盖骨碗，在国内考古发掘中都是首次。神人兽面纹象牙权杖，长约 97 厘米，上面刻有精美的羽冠、人脸、兽眼等元素，共有 10 组，显示了良渚文化时期礼器除了以往认为的玉器之外，还存在以其他材质制成的重要礼器。还有众多珍贵的出土文物，有些珍品更曾在美国著名的大都会博物馆展出。

张力华介绍说："现在福泉山挖掘过的遗址是露天式的，像一个小公园，还有一个文化陈列室，游客去了之后可以参观陈列室，还可以在福泉山上走一圈，感受古上海历史的脉络。"未来的福泉山，除了继续的考古工作外，也将在城镇化建设中得到更好的利用和保护，围绕福泉山遗址建设文化公园，向更多的人展示古上海历史文化，守护好古上海的历史年表。

**通过声音，更了解绿色青浦**

# 第一名镇，青龙古镇

在青龙镇遗址未被发现之前，"青龙镇"这个名字对于许多土生土长的上海人来说都还是陌生的，没有人会把它与1000多年前唐宋时期那个外商聚集的繁华市镇联系在一起。然而，随着近些年陆陆续续地考古发掘，这座曾经盛极一时却又淹没在历史尘埃中的"东南巨镇"，被逐渐揭开了神秘面纱，展现在世人面前。

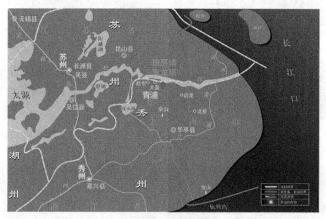

宋代青龙镇位置

## 商贸繁荣的经济巨镇

青龙镇，位于今天的青浦区白鹤镇东北部和重固镇北部。根据明正德《松江府志》记载，它设置于唐朝天宝五载（746年），是文献中记载的上海地区最早出现的市镇。又因其处于沪渎之口，控江（松江，今吴淞江）连海（东海），拥有如此特殊的地理位置和良好的海港条件，青龙镇成为了上海最早对外贸易与文化交流的重要窗口，亦是近代上海港口的起源地之一。

海内外贸易，极大推动了青龙镇的繁荣兴盛，来自全国各地的瓷器、丝绸、茶叶等在这里进行交易。一时间，青龙镇"海舶百货交集"，成为了唐宋时期上海及"长三角"地区重要的商品集散地和贸易港。青龙镇历次的考古发掘也印证了其当时商贸之繁荣。在青龙镇遗址出土的大量文物中，属陶瓷器最为集中，且数量巨大、品种丰富，有碗、罐、盆、壶、钵、盏等各种器物，其中既有内销瓷，也有外销瓷。青龙镇不仅与周边苏杭地区建立了贸易关系，而且与东南沿海地区的港口通航，更与广南、日本、新罗等国家与地区直航。

左：遗址出土的唐长沙窑变体莲花纹碗；右：遗址出土的唐褐釉腰鼓

左：遗址出土的五代越窑莲花盏；右：遗址出土的唐鹦鹉衔枝绶带纹铜镜

青龙镇雄厚的经济实力从其当时上交的商税可见一斑。根据《宋会要辑稿》

"食货·商税"条目所记录，商税是国家对市场交易的商品进行征收的主要税赋，"凡布帛、什物、香药、宝货、羊彘、民间典卖庄田、店宅、马、牛、驴、骡、囊驼及商人贩茶盐皆算"，能够体现出一个地区或城镇的商品经济发达程度和水平。当时，一般州府级城市在 5000 至 30000 贯之间，县级城市在 3000 至 10000 贯，市镇则在三千贯以下。彼时全国拥有 1880 多个镇，在镇级比较中，商税达到 10000 贯以上的只有 10 个市镇，可谓凤毛麟角，而青龙镇却以上交商税 15879 贯的"好成绩"位列全国第五位。在经济发达的两浙路（大致今浙江、苏南、上海地区）17 个镇中，青龙镇更是居于首位，是排在第二位的越州（今绍兴）曹娥镇的 3.22 倍，是第三位渔浦镇的 4.9 倍。可见当时的青龙镇已经具备了雄厚的经济实力，并影响着当时"长三角"地区的经济发展。

商贸繁荣与经济发展促进了青龙镇市镇规模的进一步扩大，到了北宋时期，根据北宋诗人梅尧臣在《青龙杂志》上的记载，青龙镇已经发展成了一座拥有"三亭、七塔、十三寺、二十二桥、三十六坊"城市规模的"东南巨镇"。这其中

青龙寺大雄宝殿

"三十六坊"的"坊"指的是坊巷，也就是当时的居民小区。其中，有一个叫作"来远坊"的地方专门供国外商人居住。"来远"，取的是招徕远方的客商之意，该坊与泉州"来远驿"性质相同，地点在青龙江南岸的"望江桥北"，估测位于青龙镇发掘的隆平寺遗址的北侧。

结合其他史料的记载和近年考古勘探的发现，青龙镇的核心区域约有 2 平方公里，镇域总面积约 5 平方公里，分为东江市和西江市两大镇区，东市依托通波塘，西市凭借崧泽塘，镇上亭台楼阁林立，寺刹宫观相望，长桥短梁相接，街道宽广。如此规模的青龙镇，在唐宋时期已属于特大型的市镇，与当时其上级行政单位华亭县的 26 坊巷，福州的"三坊七巷"等相比，实属"大县"。

## "海上丝路"的始发市镇

许多域外人士认为，上海是近代才形成的港口城市，其实不然，自隋唐华亭港开始，上海就已经是一个港口城市了。华亭港形成于隋开皇年间，也就是公元 581 年至 600 年间，港口位于吴淞江支流顾会浦旁。尽管隋朝只有 37 年的历史，但南北大运河的成功开凿，使华亭地区的谷物和散盐得以便捷运出，促进了当地运输和经济的发展。《吴郡图经续记》曾记录青龙港的得名："昔孙权造青龙战舰，置于此地，因以名之。"相传孙权曾在此地建造青龙舰，故得青龙江和青龙镇之名。但青龙港作为贸易港口被史书所记载，则是在唐代。所以，上海地区最早的贸易港口城镇应是青龙镇，最早的通商港口为华亭港。

北宋年间，华亭县设立市舶务，派来专任监官，实际负责管理青龙镇对外贸易，这是在上海地区设立的第一个海外贸易管理机构，也是以青龙镇为支点的华亭县海上贸易发展的新标志。贸易促进了城市的发展，到北宋后期，华亭县已是"据江瞰海，富室大家，蛮商舶贾，交错于水陆之道，为东南一大县"。

到了南宋时期，青龙港已被称为"江南第一贸易港"。2010 年至 2016 年间上海博物馆的考古研究人员在青龙镇遗址考古发现的瓷器，再次证明了青龙镇是海上丝绸之路重要港口之一。青龙镇遗址出土了来自福建、浙江、江西等窑口可复原瓷器 6000 余件及数十万片碎瓷片。通过鉴定，这些瓷器绝大部分来自南方窑口，且大量福建窑口的瓷器与朝鲜半岛、日本等地发现的瓷器组合非常相似。据嘉祐七年（1062 年）《隆平寺宝塔铭》记载："自杭、苏、湖、常等州月日而至，福、建、漳、泉、明、越、温、台等州岁二三至，广南、日本、新罗岁或一至……"也就是说，当时许多瓷器产品运到青龙镇后，进而转口外运，主要销往高丽、日本以及东南亚等地区。大量出土的瓷器及其碎片与文献互为补充，再次印证了青龙镇曾是"海上丝绸之路"重要的始发港之一，并由此连接起了一条唐宋两朝外销瓷生产、中转、消费的路径。

## 群英荟萃的文化重镇

一座城镇的个性和魅力能由其文化所反映出来，文化更是城镇的灵魂。青龙镇经济的发达，贸易的繁华，人口的集聚，也促进了其文化的繁荣。青龙镇作为江南文化的码头、上海文化的源头，集聚了灵气、大气和文气，在这里高雅文化与世俗文化相互激荡，自然而然成为了唐宋时期江南地区的文化重镇。

海内外万商云集的青龙镇也因此有了"小杭州"的称誉，其坊巷间酒市、茶市云集，更出现了专门的演出娱乐场所——瓦市。据明代正德年间的《松江府志》记载，南宋青龙镇上的"平康坊，中亭桥西，有瓦市在焉"。青龙镇在平康坊设有专门的瓦市，吴淞江畔两岸更是建造了不少供百伎演出的专业舞台。当时的青龙镇，街头巷尾和码头乡村皆有精彩的民间杂耍表演，这些瓦市的出现，就犹如今天的上海大剧院和文化广场，极大丰富了青龙镇各阶层市民的文化生活，成为那时繁华港口人群的一种娱乐方式。据元丰五年（1082 年）陈林所撰的《隆平寺藏经记》记载："富商巨贾，豪宗右族之所会"，镇上还出现了"人乐斯土，地无空闲"的市井繁华景象。

青龙镇作为江南地区宜居的风水宝地，可以说是人杰地灵，吸引了文人雅士聚集在此，纷纷定居创业，形成"地无空闲"的生动局面。这些文人雅士来到青龙镇酬唱赋诗，撰文作画，为青龙镇带来了新的活力和新的气象。王辉在其所著的《青龙镇——上海最早的贸易港》一书中提到，北宋著名的书法家、画家米芾，曾经就在青龙镇做过镇监。更有王安石、范仲淹、司马光、苏辙、赵孟頫等一干文人墨客在此驻足，交友赏景，吟诗作画，留下了脍炙人口的名篇。唐朝陆龟蒙的《淞江怀古》、白居易的《淞江观鱼》、杜牧的《吴淞夜泊》、皮日休的《沪渎》，宋朝范仲淹的《吴淞江上渔者》、司马光的《江上渔者》、苏东坡的《记游松江》等诗词名篇佳作流传了不计其数的佳话，给青龙镇增添了浓郁的人文色彩，也营造了青龙镇浓郁的文化氛围。

青龙镇是上海参与海上丝绸之路的重要标志，其发展曾经带动整个华亭县，并进一步推动了上海、江南地区的对外经济文化交流，使之得以驰誉远洋、名闻中外。而今天，通过一系列考古发现与历史文献资料的相互印证，再次证实了大上海，是从青龙镇出发的。虽然上海城市的中心已从昔日的吴淞江畔变成今天的黄浦江畔，但今天再次以青龙镇为视角，从青龙镇深厚的历史文化资源出发，或许能为上海参与"一带一路"建设的人文历史定位开辟新的思路。

通过声音，更了解绿色青浦

# 治水功臣，书画奇才

元浙东道宣慰副使都水监丞康定公像 第六十三世薛仁发

任仁发画像

2016年12月4日晚，清宫旧藏的任仁发《五王醉归图》从6800万元起拍，经过近一小时、上百轮激烈竞价，最终以2.64亿元落槌，以3.036亿元成交。不仅刷新了任仁发个人作品的拍卖记录，也创下了2016年度全球中国艺术品成交纪录。这位对不少人来说名字略感陌生的元代水利专家——任仁发究竟有着怎样的传奇身世呢？

# 任仁发及其家族

两宋时期，朝代更迭，北方被少数民族侵占之后，大量条件优越的士族选择南迁。在宋高宗这一朝就有上百户的北方大族在上海落户，青龙镇当时发达的贸易和良好的居住环境，更是吸引了许多北方士族迁居于此，任仁发家族便于南宋初期迁居青龙镇。

根据民国十三年《任氏大宗谱续修如皋支系十二卷》所记载，任仁发的始祖为任尽言，任仁发是他的第五世孙，绍兴年间曾任平江（苏州）通判，正是因其"有仕于吴"，所以任氏家族从此便落户在了青龙镇。这也从侧面印证了北宋灵鉴《隆平寺宝塔铭》所撰青龙镇为"富商巨贾、豪宗右姓之所会"这样的史实。

任仁发家族墓志记载了他的祖父名为任通，曾任宋宣义郎；而父亲则是任珣，被赠中顺大夫、高邮府知府、上骑都尉，追封乐安郡伯。任仁发的儿子任贤才、任贤能、任贤佐、任贤德与其孙子任士珪皆同任仁发一样，擅长绘画，且为时世所认可，任氏家族可以说是名副其实的艺术世家。

任氏家族在元代持续发展，一方面以水利和绘画传家，显赫地方；在婚姻的圈层中，任氏家族也持开放和寻求变化的态度，与南宋遗民家族、蒙古色目家族、地方显贵家族等都保持了联姻关系，积极参与地方社会建设和文化的恢复活动，为稳定地方社会作出了贡献。通过任仁发家族的活动轨迹，可以明显地看出他们在内心保持了不变的一面——坚持儒家价值观底线，对价值观、艺术及学术的共同兴趣和品味，群体意识超越了族群意识，对于民族的融合以及多元民族的沟通和交流作出了贡献。

南宋理宗宝祐三年（1255年），任仁发出生于当时的华亭县，任仁发原名霆发，字子明，号月山道人。他从小读书十分用功，18岁时中了乡试举人，原本可以"学而优则仕"，却由于南宋被蒙元铁骑灭亡，他通过科举入仕的梦想也因此破灭。但任仁发并没有因此放弃自己的政治理想，他以南宋举人的身份毛遂自荐，刺见时任中奉大夫、浙西道宣慰使的游显。深得游显的赏识，并破格纳其为幕府中的宣慰掾，负责整理文书档案，任仁发一直做到了都水少监、浙东道宣慰副使。在职期间，任仁发治水能力出众，书画艺术高超，且为官清正廉洁、恪尽职守，得到了元朝皇帝和许多高级官员的器重，元成宗还亲自召见他并给予赏赐。

## 著名的鞍马画家

任仁发在绘画上十分有造诣，是个名副其实的通才，他传世的绘画作品中，涉及了人物、花鸟、山水等各个方面，其中尤以人物鞍马画最为著名。他曾自称"画学韩幹（唐代杰出画家，以擅画人物和马著称，善行书）"。任仁发画作中的马，肥瘦停匀，形态安详。勾线一改宋代刚健婀娜的笔法，使用唐代及以前常用的游丝描，纯用中锋笔尖画出，细密绵长、从容不迫，犹如春蚕吐丝。唐代和元代画家较多描绘马，这是战争在艺术中的投射，反映了尚武的时代风格；宋代画家较多描绘花鸟和山水，流露出文人的闲情逸趣，反映了尚文的时代风格。

元末三高士之一杨维桢赞曰："任公一生多马癖，松雪画马称同时。"元代著名画家柯九思也认为任仁发的绘画艺术可与享负盛名的赵孟頫相媲美，对他极为推崇，曾在任仁发的《二马图》中题曰："自曹、韩之后，数百年来，未有舍其法而

任仁发《五王醉归图》

逾之者，唯宋李龙眠（李公麟）得其神，本朝赵文敏公（赵孟頫）得其骨，若秘书监任公（任仁发），则甚得其形容气韵矣，岂易得哉！"

如今，除最为著名的《五王醉归图》外，他所画的《熙春天马》《张果见明皇》《秋水凫鹥图》等皆成为传世巨作，现收藏于北京故宫博物院和上海博物馆。他的《饮饲图卷》和《贡马图卷》则分别被中国国家博物馆和台北故宫博物院收藏。

## 元代的治水功臣

任仁发除了是位画意精湛的画家，他还是一名优秀的治水专家、水利科学家。2001 年在上海市普陀区延长西路志丹路口出土的"元代水闸"，经过考古专家的反复考证，证实了这个"元代水闸"就是任仁发当年疏浚吴淞江时所建造的"赵浦闸"。苏松一带素有"国家粮仓"的美誉，然而自宋元以来，随着吴淞江出海口的不断东移以及河道的逐渐变窄，导致太湖泄水不畅，因此常发生洪涝灾害。

"不是青龙任水监，陆成沟壑水成田。"这首《上海竹枝词》就是当时的老百姓，为了纪念任仁发对治理吴淞江地区水患作出的贡献而作。元成宗大德年间，吴淞江地区屡发大水，引起了朝廷的注意，于大德八年（1304 年），成立浙西行都水监，专门负责浙西水利事宜。由中书省江浙平章政事亲自督役，任仁发被授命为浙西行都水监丞，成为疏浚吴淞江的主要负责人。

在治理家乡水患的过程中，任仁发尽职尽责并作了详细的调查研究，他十分关心家乡的水情，多次上书提出建议："今下源沙高水浅，不甚湍急，若及早开浚，工费省而易为力。数年之后，愈久愈湮，工费倍而难为功，所当预为之图也。""治水之法，须识潮水之背顺，地势之高低，沙泥之聚散，溢口之缓急，寻源溯流，当得其当，合开则开，合闭则闭，合堤防则堤防，庶不徒劳民力，而民享无穷。"近代以来，上海一直没有发生过较大的水患，这与任仁发主持疏浚吴淞江及其重要支流，包括赵屯、大盈两浦和白鹤、盘龙两江有很大的关系。

任仁发在长期治水的过程中，积累了很多经验，形成了自己的水利思想。不同于宋代水利书籍中记载的恢复"五里一纵横，七里一横塘"的太湖水网的治理思想，任仁发认为治理太湖水利的重点在于治理吴淞江，吴淞江是太湖排水的主要渠道，因此疏浚吴淞江才是治理太湖的关键。任仁发治理太湖的观点被明代水利专家所继承，对后世产生了深远影响。后来，任仁发将生平治水的经验与思想，撰写成了一部十卷的《水利集》，在后来的流传过程中，这部书又形成了许多名称，如《水利书》《浙西水利集》《浙西水利议答》《水利文集》。

任仁发退休后告老还乡，再次回到青龙镇，在青龙江畔修筑了"来青楼"和"揽辉阁"，终日以诗书绘画相伴，安度晚年，于泰定四年（1327年）病卒，终年73岁。他的墓葬位于重固新丰村，他的墓志碑于1953年在重固镇新丰村高家台出土，现藏于上海博物馆。

通过声音，更了解绿色青浦

# 千年金泽，古桥依依

撑着乌篷船，从一汪碧水上穿桥而过，两岸居住的人家白墙黛瓦，木格窗临水而立，这桥望桥的水乡便是金泽镇了。金泽因南临太浦河，北靠淀山湖，水网密布，形成了镇上湖塘交错、河港纵横的独特景色，水多桥多的金泽也因此成为了以桥闻名的水乡古镇，被冠以"江南第一桥乡"的美名。据乾隆年间《金泽志》记载："金泽四面巨浸，内多支河，桥梁尤多余他镇，古称四十二虹桥。"

居住在这远近闻名的鱼米之乡，开门见河，出门遇桥，这些历经数百年风吹、数百年雨打、数百年日晒的金泽古桥更有着它独特的文化韵味，桥与水相依相傍，一起见证着金泽的发展与成长。

著名书法、篆刻家钱君陶曾为金泽镇题写"金泽古桥甲天下"七个大字

## 四朝古桥，文化悠长

漫步在古镇下塘街的河道边，踩在数百年的石子路上，每走几步路的距离，便可见到一座古石桥。在金泽古镇下塘街这段仅仅 350 米的河道上，并列了五座古桥，它们跨越了宋、元、明、清四个朝代，每一座桥都印刻着那个朝代的遗痕，因此有了"四朝古桥一线牵"的美称。"大气的万安桥，古朴的普济桥，精致的迎祥桥，典雅的放生桥以及秀美的如意桥"皆书写着金泽源远流长的古桥文化。

修建于宋朝景定年间（1260—1264 年）的万安桥位于金泽镇北市，是金泽镇现存最早的古石桥。万安桥在 1959 年被列为县级文物保护单位。据《金泽小志》记载："万安亭桥，跨市北。亭建如穿廊，数间飞出。其出尽处，又有佛庐相向，高于亭埒。亭中四望，水天一碧，淀山峙其东，真奇观也。谚云：'金泽四十二虹桥，万安为首'。"万安桥桥长 29 米，宽 2.6 米，跨径 9.8 米，为弧形单孔石拱桥，坡度平缓，拱跨大，具有宋代石拱桥的典型特征。

与万安桥并称姐妹桥的普济桥，也是一座年代久远的宋桥，修建于宋朝咸淳三年（1267 年）。在它的桥顶圈板石上镌刻着"咸淳三年"字样，是上海地区保存最完好、最古老的单孔石拱桥，具有重要的研究价值，它在 1987 年被列为市级文物保护单位。相传南宋灭亡后，赵匡胤第十三代孙赵孟頫与夫人管道升在金泽镇上游览时曾站在普济桥上吟诵《小重山》，以此怀念抗金保国的名将岳飞。"昨夜寒蛩不住鸣。惊回千里梦，已三更。起来独自绕阶行，人悄悄，帘外月胧明。白首为功名，旧山松竹老，阻归程。欲将心事付瑶琴，知音少，弦断有谁听？"

始建于元朝的如意桥，也用它桥壁上的桥联述说着自己的故事。其中一副对联这样写着："顾名思义祖师庙主善为师，前果后因如意桥发心遂意。"如意桥的南面有座南圣堂庙（又名祖师庙），这是建桥之人为赞美祖师而刻，因此如意桥又名"祖师桥"。另刻着的"化险境为坦途千秋如意，赖博施以济众一路平安"，讲述了朱元璋用兵统一天下，化险境为平坦并走向胜利的故事。告诫后人治国平天下，要靠关心民众，方可国泰民安。此外，还有古朴典雅的明朝放生桥，以及金泽现存最完好的清朝如意桥，带着各自的历史印记留存至今。

漫步在金泽古镇的河道边，观赏着独特的古桥景观的同时，再听听这些有趣的故事与传说，令人陷入无限的畅想，倍感奥妙，平添许多佳趣。

## 独特的构造，智慧的结晶

金泽现存的古桥千姿百态、各具特色，一砖一桥都凝聚着人民大众的智慧。这里的桥既能作为人们每天必经的交通桥，又是供游人观赏的文物桥、观赏桥，独特的构造使它们兼具了实用价值与观赏价值。金泽古桥有的体态雄伟，长若垂虹；有的虽然小巧秀气，实则柔和刚健；有的则是古色古香，结构精巧，历经千年，仍然坚固如初，与小镇相依相伴。小镇淳朴的民风以及安静祥和的生活环境，使得古桥越发渗透着历史文化的魅力，吸引着古往今来的人们，也萦绕在背井离乡的游子心里。

天皇阁桥

在金泽现存的古桥中，构造最为独特的还是要数各处南北两市的普济桥和万安桥。普济桥与万安桥的桥身均由晶莹光洁的紫石砌成，每当细雨斜打桥面，紫色花岗石便焕起紫赭色的夺目光彩，宛如一块块宝石镶嵌而成，远远望去便成了"宝石桥"。

在金泽诸多的古桥中，还有一座横跨北胜浜的天皇阁桥，因其独特且丰富多彩的浮雕而出名。这是一座三孔连拱石桥，由青石和花岗石材混砌而成，在桥的正中间有如意石刻图案，并有浮雕"轮回""宝幡""莲座"等多种佛教图案和"鸳鸯剑""芭蕉扇""葫芦"等八仙过海图，所有的浮雕画栩栩如生。在桥梁的楹柱上还雕刻着"南无阿弥陀佛"等字样。东侧楹联："愿天常生好人，愿人常行好事。"此桥造型典雅清脱，桥墩纤细薄盈，是为了便于泄洪。像天皇阁桥这类桥在上海地区目前已不多见，于1994年被列为青浦县文物保护单位。与天皇阁桥隔河相望的，是一座位于金泽镇上塘街中心的塔汇桥。塔汇桥不同于其他的石拱桥，是一座单孔石梁桥，位于上塘街中心，坚固又刚健，也是人们日常必经的交通桥。

建于明朝崇祯年间的放生桥则因桥下的放生河而得名，它于清乾隆五十六年（1791年）重建，民国时修缮，2001年9月再次被修缮。放生桥桥型古朴典雅，一色青石，岁月洗刷，桥面十分光滑，整座石桥的台阶也十分整齐，拱杆坚固如初。桥石采用花岗石和青石，质地较坚，正中方形石板还刻有如意图案，整座古桥大气又典雅，散发着别样的魅力。

在金泽众多的古桥中，还有一座特别的"古桥"，它的特别之处在于它是一座古桥的复制桥——普庆桥。普庆桥原名汴水虹桥，原建于北宋汴京城内，是宋代画家张择端笔下《清明上河图》上的一座桥，是中国古代木建桥梁的典范。美国电视公司为拍摄这座桥，请《中国桥梁史》主编唐寰澄先生从史书中考证出来，然后请青浦区建筑公司施工，将《清明上河图》上的虹桥进行复制建造，并把造桥的过程一一拍摄下来，从中了解中国木桥的施工方法。最后于1999年9月，在桥乡金泽再现当年的桥姿风采。桥梁严格按古代的造桥工艺，采用无支架施工法，没有榫头，不用钉子，全部用捆绑式扎起来，连成一片。桥的两旁有木拱，桥的坡变平坦，拾级而上，行走平稳，拱梁的两端，分别雕刻狮、虎头像，既增加木桥的外表美，又反映中国的建桥特色和民族风格。

**普庆桥**

美国电视公司很赞赏这座虹桥，在完成拍摄任务后，它就永远"落户"在金泽，因与古镇内的其他石桥相近，如普济桥等，都是宋代桥梁，经中美双方协商，便取虹桥的桥名为"普庆桥"。金泽镇人民政府为此立碑纪念，负责维修，这桥也成了中美两国的友谊桥。美国电视公司将《汴水虹桥》在世界各国放映，引起很大的反响，中国丰富的桥文化获得颇多赞美。精湛的造桥艺术使得中国桥乡金泽，也因此荣幸地被世界人民所认识。

"金泽有桥，桥桥精妙"，因桥而闻名的金泽，不仅在于它数量之多，更在于每座古桥构造之独特与精妙，具备了很好的实用价值与观赏价值，著名书法家、篆刻家钱君陶也称之为"金泽古桥甲天下"并为其题写。在金泽，所有的这些历史古桥，一起构成了金泽一道独特亮丽的风景线。

# 天然古桥博物馆，宝贵的文化遗产

金泽是座天然的古桥博物馆，而金泽的古桥更是一部天然的历史教科书，是一笔珍贵的财富。金泽古桥作为历史的产物，是历代先辈留下的宝贵文化遗产。然而这些经历了数百年风雨的古桥，虽然多数是由讲究的选材和精巧的技艺打造而成，但也难抵岁月的侵蚀。据青浦区博物馆副馆长王辉介绍："古桥的受损，可能受各方面因素影响，主要是历史原因，因为桥梁也有生命周期。还有一种可能是城市的发展，需要交通改善把它拆掉了。"在历史的变革中，它们有的被摧毁，有的严重遭损，有的因为交通规划而不得不拆掉，如今的金泽镇，能够幸运地留存下来的古桥也仅剩七座了。

再结实耐用的古桥，也经不住漫长岁月的侵蚀。历经 600 多年风风雨雨的迎祥桥曾经也遭受了诸多自然和人为的破坏，此前已出现木梁糟朽劈裂，石柱和石梁局部倾斜、偏移、断裂等现象，并且面层青砖局部也有不规则沉陷，已无法确保使用安全。青浦区和金泽镇相关部门非常重视迎祥桥的保护修缮工作，2017 年委托了上海交通大学建筑文化遗产保护国际研究中心等机构对迎祥桥进行了测绘、病害勘察研究及保护修缮设计。经过精心保护和修缮，如今的古桥已恢复"健康"，桥上又有人来人往，桥头依旧是金泽百姓茶余饭后谈天、乘凉的好去处，站在古桥之上，仍可欣赏到"月印川流，水天一色"的"迎祥夜月"美景。

无论是从古桥的历史作用还是它的文化底蕴来看，金泽的古桥对于古代桥梁建筑的研究都是一部珍贵的天然"教科书"。这样的古桥，每毁掉一座，都将是后世的遗憾。王辉介绍，在金泽的建设发展过程中，青浦人也在竭尽全力呵护这些珍贵的历史建筑，"我们通过这几年不间断地维修，保存这些具有历史建筑艺术价值的古桥。还有相应的文物保护组织，也都是义务性质的"。越来越多的人加入到古桥的保护中来，这既是对历史负责，同时也是对未来的交代。经过岁月的洗礼，这些遗留下的古桥依然静静伫立水上，风姿犹存，记录着古镇的时代变迁。

诗人余光中说过"人上了桥，却不急于赶赴对岸，反而欣赏风景起来。原来是道路，却变成了看台，不但可以仰天俯水，纵览两岸，还可以看看停停，从容漫步"。当我们漫步在金泽的古桥上，也不用急于赶赴对岸，在桥上驻足，看看桥下青碧的河流，听听古石桥串起的两岸故事，在传奇与古色古香的倒影中，让思绪随着河流慢慢流动。静静地感受这一座座历经百年沧桑的古老石桥，古趣幽情油然而生。

通过声音，更了解绿色青浦

# 青浦一角，沪上一宝

上海，作为国际性的金融大都市，以其风格强烈的现代化特征让人印象深刻。然而，随着历史的演进，仍有许多带有传统江南印记的城镇留存了下来。"小桥流水天然景，原汁原味明清街"，"名人多、明清建筑多、河埠、缆石、茶馆多"的朱家角，古风犹存。正如同济大学教授阮仪三在考察朱家角后所赞："朱家角有这么丰富的文化遗产，不仅是上海一宝，也是国家的瑰宝。"

朱家角美景：水天一色

## 悠悠千年，商贸古镇

江南名镇朱家角，地处苏浙沪二省一市的交通要枢，东有崧泽、福泉山等古文化遗址，西有人称"上海西湖"的淀山湖，北连昆山，南接嘉兴，优美的自然风光再加上四通八达的水运航道，地理位置可谓是十分优越。说起朱家角，"千年古镇"所言非虚。在镇北的大淀湖水底曾发现大量的新石器时代遗物，经考证证明是良渚文化的遗存。1936年镇上出版的《骊珠报》还曾刊登过这样一则消息："镇东祥凝浜，十年前曾有人发掘，见下有一石板，板上刻有'东吴大将军甘宁墓'八字"，可见，朱家角的历史至少可追溯至三国时期，细细算来距今已有1700多年。到了明万历年间，这里正式建镇，取名"珠街阁"。清嘉庆年间编纂的《珠里小志》，又将这里称作"珠里"。

被青山绿水环抱的朱家角，有着"上海威尼斯"的美誉。朱家角，不仅在其"外形"上与威尼斯相似：水网交织、河道密布，更是在其"内在气质"上与威尼斯相契合：繁荣的商贸文化。今天，徜徉在上海"最早的南京路"朱家角北大街上，看着鳞次栉比的百年老店，游客们似乎能穿越历史，一览当年朱家角的一派繁华。

朱家角的繁荣，最早得益于布业、米业的发展。在明代，布业发展迅速，在小农经济的基础上，朱家角的农妇们以织布作为家庭副业，在这里，北大街是当时江南地区棉布交易的重要集散地。特别是当地特产棉布——标布，誉满东南，盛行全国。崇祯《松江府志》记载："朱家角镇富贾辏聚，贸易（棉）花（棉）布，京省标客往来不绝。"一时间，经朱家角出去的布料可谓是"衣被天下"。据说，就连江南首富沈万三也经常来到朱家角，了解最新的商贸行情。待到明末清初，米业兴起，朱家角盛产的"青香薄稻"，远销海内外，每至稻米成熟期，每天交易量可达二三万石（约1500吨至2250吨）。在北大街沿河的漕港河上，米船络绎不绝，其中还有长三角地区的米商们摇船来此参考定价。时有歌谣为证："鱼米庄行闹六时，南桥人避小巡司；两泾不及珠街阁，看尽图经总未知。"

如今的北大街，历经沧桑，仍保留着明清时商贸繁荣的那番味道。狭窄而整洁的街道上，充盈着糯米粽、扎肉、状元糕、薰青豆等特产美食的香味，飘荡百年老店的经典招牌依旧闪耀。当年的"长街三里，店铺千家"，如今依旧热闹。

## 水曲桥古，街美园精

事实上，自明清起，朱家角不仅是长三角地区集米市、布市等商贸往来的重要中心，更是一个文化重镇。如今，提起朱家角，人们直接想到的便是这里丰富的旅游资源。在青浦区博物馆副馆长王辉看来，朱家角镇最大的特点便是古镇风貌保存得规模之大、格局之完整、人文资源之丰富。"明清时期形成好多市镇，到今天好多都消失、不振，但朱家角保存下来了，而且保存下来了好多，桥、寺庙、园林、名人故居……"，谈及朱家角的特色，王馆长如数家珍。

在江南水乡，最常见到的便是将一条条街道连接起的桥。在朱家角，36座石桥将9条长街相连接，串起这镇上的千栋明清建筑，其中最负盛名的便是朱家角十景之首的"明代五孔石拱放生桥"。放生桥，长700多米，造型宏大但细节不失精巧，始建于明隆庆五年（1571），距今已有四百多年的历史。据传，当年慈门寺和

**朱家角放生桥**

尚性潮的母亲在怀孕期间渡河，不幸落入水中，用尽全身力气强游到岸边后，在河滩生下性潮便去世了。慈门寺的僧人们发现了性潮，将他抚养成人。性潮长大后得知自己的身世，便决心集资造桥，以感念母亲。在经历了整整 15 年后，终于造成这座五孔桥。后来，每逢农历初一、十五，他都会组织僧人和香客到桥边举行放生大会，故名"放生桥"。如今，放生桥是上海现存的最大、最高、最长的五孔石拱桥，也是包括周庄、乌镇、同里等在内的"江南十大名镇"中惟一的大型古桥。

课植园，江南商人马文卿所建的私家园林，建于 1912 年，是镇上最大的庄园式园林。园名取自"课读之余，不忘耕植"之意，院内既建有书城还有田地村落，恰与这园名相映成趣。据说为建造此园，马文卿不惜财力，游遍江南园林，搜奇猎异，以集园林之精华。行步课植园中，移步换景，或似豫园九曲桥，或似苏州狮子林，每一处胜景都值得好好玩味。课植园独特的园林建筑吸引了众多文化艺术工作者前来，实景版昆曲《牡丹亭》便将昆曲文化与这建筑相融。每当唱至杜丽娘死后与柳梦梅相会时，恰是转入深沉夜色之际，园与戏浑然一体，让听者沉浸其中，不能自拔。

"江南水乡，民居外面看起来都质朴自然，不像北方那样外面雕梁画栋，但是在朱家角还保留着不少有特色的，就像席氏的宅子"。在提到名人故居时，王馆长首推席宅。席氏厅堂位于东湖街 65 号，这座规模恢宏、样式考究的宅院里，最为突出的便是宅中仪门及其天井围墙上精美华丽的砖雕。砖雕内容丰富，以寄托着美好寓意的动植物为主，既有喜鹊、仙鹤、鹿等飞禽走兽，也有菊花、石榴、牡丹、松柏等瑞草花卉。仪门上，獾与喜鹊的图案组合在一起，象征着"欢天喜地"；天井旁，喜鹊与梅花组成的则是"喜上眉梢"。

## 《申报》情缘，文儒荟萃

每一座庭院都见证了一个家族的风雨岁月。席氏家族历史悠久，席氏之祖为唐末大将席温，后世迁居至苏州洞庭东山地区后，成为江南地区精于经商的望族。明万历年间，席氏第二十八氏的席瑞樊、席瑞攀兄弟从东山来到朱家角，经营布料生意，于明清时期成为了朱家角最大的布商。因长年往返于两地之间，又爱青浦此地风土，便从东山迁至朱家角镇建宅定居。据席氏家谱记载，席氏至今已在朱家角镇繁衍了十二代。

至近代，上海开埠，席氏家族的子弟在上海开钱庄、当买办、办银行，在金融业势力雄厚，其中最具代表性的就是朱家角的席裕琪、席裕福兄弟。在近代中国，发行时间最久、最具有广泛影响力的报纸，便是被称作"研究中国近现代史百科全书"的《申报》。而《申报》的早期经营便与席氏兄弟有着一段不解之缘。

《申报》于 1872 年为英国商人美查所创办，在席氏族人的推荐下，席裕琪在《申报》担任经理一职。任职期间，席裕琪因踏实敬业深受美查喜爱。然而，1897年，席裕琪不幸病逝，其弟席裕福便进入《申报》，继续担任经理一职。1909 年，美查因年事已高欲早日回国，将报社的产业全部出让。席裕福早就目睹了上海的报纸被外人所控，痛心已久，恰逢此时机，便集合有志之士，集资 75000 银元，买下了《申报》的全部产权。从此，《申报》成为了国人自己掌握的报纸，开创了国人办报的先河！国民党元老于右任先生在席裕琪的葬礼上，曾这样赞扬他的贡献：

"报社之椎轮，书业之石室；殁而不朽，功在图籍。"

从古至今，朱家角文儒荟萃，人才辈出，像席氏兄弟这样的名人志士不胜枚举，"朱家角明清时期就出了 16 名进士，40 名举人"。陆树声，明朝礼部尚书，一代名相张居正曾透露"朝廷行相平泉矣"。王昶，乾隆曾夸其"人才难得"，吴中七子之一，是著名的金石学家，他编成的 160 卷《金石萃集》，价值极高，至今仍不断影印出版。正是这一位位的杰出英才，为朱家角的悠久文化历史添上了浓墨重彩的一笔。

自 1991 年被上海市政府命名为"首批四大文化名镇"之一、2001 年被列为上海"一城九镇"重点开发城镇以来，朱家角镇发展迅速，朱家角的文化生态也呈现出古今交融、中外交汇的特点。课植园内实景版昆曲《牡丹亭》、老宅内水乐《天顶上的一滴水》、上海国际水彩画双年展，创意在艺术与古镇的结合中孕育出新的江南文化品牌。在对外弘扬江南文化的同时，青浦区政府也在守护着朱家角文化的原汁原味。如果游客来得巧，还可以看到朱家角特有的上海市非物质文化遗产——"摇快船"表演。作为当下炙手可热的古镇旅游文化胜地，2018 年，朱家角接待了世界各地闻名而来的游客 714 万人次。古镇，在一代代传承中保持着生命的活力，也将随着上海国际文化大都市的建设焕发新的生机。

通过声音，更了解绿色青浦

# 赏艺术节，品文化宴

金秋十月，瓜果飘香，可谓是约上三五好友出门游玩的好日子。这个时候的淀山湖水清鱼肥，这个时候的青浦更是处处弥漫着艺术的气息。用吴侬软语演唱的沪剧小曲，以话剧小品演绎的家常故事，用水乡舞蹈讲述的民间风情等，成为了青浦人每日闲谈的主要内容。十月的青浦，一场文化盛宴在水乡古镇上演，"文化基因"深植水乡田间地头。而这些都要得益于青浦区的文化艺术品牌——淀山湖文化艺术节。

## 百姓共联展艺术风采

上海青浦淀山湖文化艺术节，是青浦区委、区政府主办的优秀公共文化服务品牌活动。十年来，淀山湖文化艺术节已成为中国上海国际艺术节的重要节中节，每年都有50余项活动，100多万人次参与。艺术节之所以被称为"节"，是因为它是由众多百姓参与，共展风采的活动，"百姓共联"、"人人创造"是淀山湖艺术节不可或缺的重要理念，也是青浦区文化建设的成效之一。

回顾最初几届艺术节，百姓的创造力并未显现出来。与之相对应，"高雅、经典、精品"是艺术节的代名词，气势宏大、规模高端、明星云集的开幕和闭幕晚会是艺术节的追求。随着艺术节理念的转变和居民文化精神追求的提升，艺术节的主旋律开始转向普通的市民百姓。"让更多市民登上舞台，让更丰富的文化走进社区"成为第八届文化艺术节之后的办节宗旨。居民开始实现从看台走向舞台，从"路人"变成"主角"，真正成为了艺术节的主力军。

如今的艺术节，各个镇的主题活动是艺术节系列的重点内容。每到艺术节即将开启的时候，各镇的百姓便开始活跃起来，纷纷准备"大展身手""一鸣惊人"。他们自编、自导、自演，聚焦当年区里镇里的"大事"，以多种不同的节目形式讲述自己的理解，展示别样的艺术风采。如白鹤镇的"青龙流觞"广场文艺盛典，节目均为老百姓自创，聚焦当年白鹤吴淞江沿线生态环境综合治理这一主题，展示了青浦与水的"血缘联系"；朱家角镇林家村曾在艺术节举行的"稻花香里说丰年"活动，以雅集的形式开展，以古琴、钢琴和弦乐四重奏等艺术表演为载体，充分表现当代农耕文明背景下的诗歌意趣，并展开青浦新农村文化建设的畅想；练塘镇"文化进村居、惠民乐万家"群众文艺下村巡演活动在每个村上演，其演员都是来自练塘的"本土明星"；华新镇"快乐村民才艺擂台赛"让平日里的观众成为舞台主角，村民可以在擂台赛上尽情展示自己的歌唱、舞蹈、演奏、书画等才艺；重固镇的"福泉山大舞台"，采用海选的形式，通过为期一个月的海选产生重固"草根明星"，在艺术节进行表演。

除了镇里的主题活动，街道更是艺术节的重要表演平台。来自夏阳街道的"周周演"和盈浦街道的社区纳凉晚会是每年艺术节期间街道群众文化的重头戏，广受社区群众的欢迎。通过节目的形式，不但能够展示社区文化建设的成果，同时也推动了社区文化的不断发展。而这些活动全部都是由社区文艺爱好者推动，他们早早地组成了文体团队，选出了文体带头人，将自己完全代入"主人翁"的角色，在艺术节中发光发热。

艺术节要想办得好，节目内容是关键，淀山湖文化艺术节深谙此道，也身体力行地实现了这一点。正是因为百姓的参与，融入了生活中的大小事，掺杂了百姓眼中的国家政策，每年的艺术节才能常开常新，焕发生机，引得不少媒体争相报道，成为当月的焦点内容。持续一月的艺术节，让普通百姓成为了本土的"文化明星"，成为了舞台艺术的创造者，完美地诠释了"艺术的盛会、大众的节日"这一办节宗旨。

## 人人享有文化盛宴

让百姓成为文化艺术节真正主角，让文化节成为大众节日的另一个表现则是人人都能享受到这场文化盛宴。自艺术节推出之初，区里就定了三个"人人"的原则——人人创造文化、人人参与文化、人人享有文化。"人人享有"既是结果，更是目的。

了解艺术节的人都知道，文化艺术节从水乡歌舞到西方芭蕾，从民俗艺术到高雅画展，艺术形态丰富多彩，应有尽有。东方与西方的经典文化、下里巴人和阳春白雪的艺术水乳交融，让人乐在其中，不知不觉使得艺术节成为了文化艺术交流的大平台。"我们青浦的传统文化产品能够走出去，世界经典也愿意走进来"，曾任青浦区文广局局长的曹伟明常说"如此这样让老百姓得到文化、享有实惠就是我们办节的意义"。

对于青浦人来说，当地的海派文化是他们喜闻乐见的，因此文化艺术节以弘扬海派文化为基点，活动的大部分节目也围绕这个内容。特别是对于看沪剧、黄梅戏、滑稽戏等长大的老年观众来说，艺术节期间每天免费的传统节目让他们重温了儿时的味道，也让伴随着电子产品长大的一代在不知不觉间感受到传统文化的魅力。当然，艺术节的活动可不止这些，实现"人人共享"就要覆盖多种人群的文化艺术需求。在活动设计初期，区里就兼顾了居民、农民和"新移民青浦人"。街道的邻里情活动，各种手艺技艺的比赛，艺术节在体现青浦特点的同时，既凸显传统因素，又融入现代风采，最大程度上实现了全方位多层次的交流。

国外优秀乐团来艺术节演出更是活动成效的见证。艺术节早在第九届时，便请来了曾参加上海国际艺术节的俄罗斯车里雅宾斯克乌拉尔舞蹈团，该舞蹈团曾获全俄民间舞蹈家称号，经常参加国际民俗节，足迹遍布全球。这些舞蹈家们共演绎了11个舞蹈节目，贡献了一场视觉盛宴。而作为文化艺术节的组成部分，第六届上海朱家角水乡音乐节则邀请了24支国内外优秀乐队在4大主题会场进行了两天三夜的音乐狂欢演出。这些高规格的外国乐队和舞蹈团的演出均是艺术节推出的精品文化项目。真正让青浦的老百姓不出国门，也能现场看到外国艺术家们的表演。

从起初60万人参与，到现在基本实现区内全覆盖，十几年间，艺术节给青浦人民的"精气神"带来了巨大改变，真正让市民成为最大的受益者。它让青浦的百姓，乃至上海的民众，不管是"原住民"还是"新移民"，不管是本地人还是外来

**2017 上海青浦淀山湖文化艺术节暨旅游购物节闭幕式上鼓乐《圆梦》表演**

务工者，都共享了这场文化盛宴。不讲"大排场"，只求"众参与"，唯有这样，才能保证这场丰盛的文化"食粮"并非"昙花一现"，而是能够根植于百姓的日常生活之中。

## 转型深化谋更好未来

一年一度的文化艺术节，每年都会有新的主题和口号，在传承的基础上不断发展和创新。"如今的淀山湖文化艺术节，更像是青浦公共文化和文化创意产业的一次年度阅兵。"作为曾经的青浦区文广局局长，曹伟明见证了这个艺术节的成长。

作为脱胎于"迎国庆大型群众文艺晚会"的艺术节，它的出现是青浦区经济体制改革和社会经济高速发展的结果，也是市民精神文化渴求增长的结果。从文化的"阳春白雪"到"市井人家"，从"文化独奏"到"全民交响"，从"高端大牌上档次"到"简约亲民有内涵"，从"文化自信"到"文化自觉"，百姓的参与使得艺术

**2018 上海青浦淀山湖文化艺术节暨旅游购物节开幕式**

节的内容常新，艺术节的主题迎合时代发展，艺术节的作用也发挥在更多更广阔的空间。

以 2018 年的主题来讲，在进博会的召开之际，艺术节将其和旅游购物相结合，文化、购物、旅游"三节合一"，有机串联起青浦新兴商圈、经典景区、文化产业、生态特色等资源，实现艺术节更广阔的发展未来。借助转型上的资源整合，文化上集中推出本区较有地域特色的原创艺术精品，能突出展示青浦文化的辐射力、影响力；旅游上充分发挥青浦深厚文化底蕴和独特自然风光兼具的资源优势，以全域旅游为抓手打造人人向往的江南旅游胜地；购物上紧抓进博会在青浦举办这一契机，顺应长三角一体化发展的时代趋势，在进口商品贸易、高端商务服务、江南文化旅游等方面积极拓展功能载体和服务内容。在青浦区"三大两高一特色"的主导产业体系中，"一特色"即为加快发展文旅健康产业。借助淀山湖文化艺术节，充分整合"文、商、旅"活动资源，通过"文化＋商业＋旅游"的资源叠加，以文化推动商业、旅游，以商业带动旅游、文化，由旅游促进文化、商业的创新模式，既能不断丰富人民群众物质和精神文化生活，又可有效提升广大市民的获得感和幸福感。

2010 年上海世博会上，一首用吴侬软语演唱的《上海之源》，融入青浦田山歌元素，成为代表上海形象的声音，由田野走向世界。自创办以来十几年过去了，淀山湖文化艺术节不断转型深化，已成为青浦人民、上海人民乃至国内外各界人士共同参与的文化盛事，实现了文化的"独奏"到文化与经济、科技、旅游的"交响"，为建设经济繁荣、社会和谐、环境宜人、服务高效的"绿色青浦"发挥了积极的推动作用。

城市的发展离不开文化的支撑与滋润。反之，文化的传承和进步也离不开城市的繁荣。而有着上海母亲河的源头——淀山湖的青浦就是这么一个以文化积淀支撑城市发展，以城市繁荣促进文化传承的城市。如今，淀山湖文化艺术节已经成为了青浦的一张城市文化名片。一年又一年文化艺术节的举办，不仅让青浦当地人了解了更多的"青浦故事"，也让更多的人听到了"青浦故事"，展示了青浦 6000 年的历史文化积淀。

通过声音，更了解绿色青浦

# 看剧去处，青浦有戏

夏天的夜晚，卖小玩意儿的摊贩，提前摆好用来占位置的小板凳，簇拥的人群，还有四处乱窜的小孩儿……如此元素夹杂在一起的"剧场"想必只有稍稍上了年纪的人才能回忆起来。20世纪，尤其是在经济条件和物质水平并不发达的乡下，为了满足大家对精神文化的追求，想要在乡里安排一出比较好的剧目，只能找到一片空旷的场地，搭建临时舞台以供演员们的演出。随着社会的进步和经济水平的提高，这种演出形式慢慢淡出了大家的视野，取之以"大剧场""文化馆"的方式。对于青浦的民众来说，这个剧场当之无愧是青浦区文化馆的"青浦有戏"栏目。"看剧啊，当然要去'青浦有戏'，剧目又多又丰富，还免费哦！"

## 初衷：在家门口就有戏看

2018年3月25日，一部在青浦区文化馆上演的由上海京剧院带来的《浴火黎明》燃起了青浦市民的热情，也揭开了青浦区文化馆"青浦有戏"的大幕，完美地实现了市民们在家门口大剧场里看剧的愿望。

谈起"青浦有戏"项目，青浦区文化馆副馆长邹峰总是十分骄傲。作为区文化馆从 2018 年开始重点孵化、孕育、打造的特色品牌文化栏目，可以说"青浦有戏"的出现完全是以百姓的需求为主导，以重新振兴青浦区文化广场为方向的，也是青浦区人民已经期盼多年的。因此，在当下以流行音乐为主导的时代，"青浦有戏"作为一个以戏剧为主的栏目，在成立之初就做到了让青浦区家喻户晓也是不足为奇。

对于一个项目来说，建立的初衷很大部分决定了其未来的发展方向。"青浦有戏"以百姓的需求为主导绝不只是一句口号。众所周知，好的剧目需要好的舞台、好的剧场，而在此之前，青浦区没有一个这样正规的剧场，市民们想要欣赏演出就只能舍近求远。近点的可能去隔壁的松江、嘉定，再远一点就只能去市区。"我们想要实现的就是让青浦区的市民在家门口就能看到高质量高水准的艺术作品。"因此 2018 年 3 月，随着青浦区文化馆内部改造工程的结束，青浦城区唯一的剧场"文化剧场"正式投入使用。为充分发挥区域中心馆的作用，加之了解到的市民需求，青浦文化馆创造出了"青浦有戏"特色文化品牌项目。项目建立后，不但能够引进优质文化资源，搭建百姓秀场，还能助力区文化活动的提档升级，不断提升市民群众的文化获得感。

为了照顾到多层次不同人群的观影体验和兴趣偏向，"青浦有戏"可谓是煞费苦心。将整个栏目分为四个子品牌是文化馆做的第一步。"精品荟"聚焦于高雅艺术的引进；"民星乐"的表演集中于为本土民营乐团提供一个展示的平台；"童趣多"针对少年儿童，以亲子剧为主；"好戏来"以经典戏剧为主。透过四个子品牌，"青浦有戏"涵盖了京剧、沪剧、越剧、黄梅戏、锡剧、滑稽戏、歌舞演出、亲子剧、话剧等众多种类，其中有上海京剧院、上海滑稽剧团、俄罗斯凯特斯歌舞团等著名院团的剧目，也有民营院团、本地戏曲演出团队带来的演出。并在不同的时段重点演出不同的剧目，例如每到暑假，剧院就会增加"童趣多"类别的演出；而到了春节这样的大型节假日，则会推出适合全家观看的喜剧。既引进了一批高质量、高品位、思想性、艺术性、观赏性俱佳的精品力作，也推出老百姓喜闻乐见的剧目和普及性演出，完美地践行了开设"青浦有戏"时的初衷。

# 优化：化钝为利，共建文明剧场

"青浦有戏"开办以来取得了十分良好的效果，但栏目筹办之初，并非一帆风顺。对于主办方青浦区文化馆来说，这既是对项目的挑战，也是进一步提高自己项目效果的机遇。"雄关漫道真如铁，而今迈步从头越。"

第一关，如何提高观剧人员的整体素质。为了满足市民对传统剧目的要求，在剧目的选择上，"青浦有戏"多以戏剧，尤以沪剧为主，因此来看这部分剧的观众大多是年纪稍长的人。也许是他们还不习惯在剧院看戏，在多场演出的组织中，出现了部分观众不遵守剧场秩序的现象。比如不按票面入座、在剧场吃东西且大声喧哗、迟到入场并随意走动等情况。针对这些情况，青浦区文化馆决定招募成立"戏迷俱乐部"，集结起观众群体，让他们亲自参与到"青浦有戏"的活动管理中。在经过将近 5 个月的招募与尝试后，"青浦有戏戏迷俱乐部"就有会员 50 多人，其中绝大部分会员自愿加入了"沁文志愿者服务队"，在馆方安排下轮流参与到剧场的管理中。他们身穿统一的"绿马甲"，大部分是当地居民，有些还是退休干部。对于志愿者队伍，邹峰说："作为志愿者，他们去与观众沟通的效果会比我们工作人员更好，而且我们现在剧场的观看环境确实是越来越文明，越来越好。"2018 年 12 月，为了使志愿者团队更正规，"沁文志愿者服务队"完成了在上海志愿者协会的注册。志愿者队伍的组建，不仅使剧场保持秩序井然，也激发了市民的热情，每个人都乐在其中。因为志愿者们全部是义务劳动，为了激发会员管理观众的积极性，文化馆为这些会员提供了适当的观演福利。如此一来，戏迷朋友们在志愿的服务中体会到"青浦有戏"是一个属于青浦老百姓自己的有温度的文化品牌。

第二关，如何选择和平衡出演的剧团。因为"青浦有戏"的知名度越来越高，观众也越来越多，想要来剧场演出的民营剧团的数量更是成倍增长，因此选择哪个剧团来演出就成为了一个棘手的问题。为此，青浦区文化馆想出了一种遴选方式：让大家用实力来证明谁有资格登台表演岂不更好？ 2019 年春节期间，"青浦有戏"特别推出了"百姓戏曲展演"节目，向全社会征集优秀文艺作品，借助"戏剧周"

平台进行展演、评选。各个团队的扎实功底表演结合专家评分、大众评审和随机观众评审的多方评分结果，最终评选出了三个"人气戏曲奖"和三个"潜力戏曲奖"，并根据名次安排表演次数，力保在剧目安排上的公平公正。这样的方式不仅很好地安排了演出团队，还激发了团队创造更好、更受观众喜爱的剧目，可谓是一种双赢的局面。

锡剧《秦香莲》剧照

## 未来：青浦有戏让生活更有"戏"

作为一个纯公益性的文化品牌项目，"青浦有戏"一经推出就受到了广泛关注，在短短不到一年的时间，已经成为了青浦特色文化品牌。深入百姓心中。目前"青浦有戏"的每一场演出信息都通过"青浦文化馆"微信公众号和"文化青浦云"向大众发布。通过在文章留言区设置抢票功能，想要看剧的观众只需及时留言便可能抢票成功获得该场演出免费的入场券。现在"青浦有戏"几乎每场抢票活动都在几分钟甚至几十秒内结束，甚至出现观众因为没有抢到票而打来的"投诉电话"，真真是一票难求，足以见得广大市民对此的关注与喜爱程度。

"青浦有戏"的理念是"名团进民间，名家进民众"，为了更好地贯彻这个理念，保持原有的初心，让更多的市民有机会参与到活动中来，"青浦有戏"贯穿全年，力求做到一年54周，周周有活动，月月有表演，让更多的群众共享文化成果，将其真正做到青年人热衷，老年人向往，小朋友喜爱，既符合高端小众化，又适合大众普及化，还要让孩子们欢乐开怀的青浦文化风景线。同时，为了让观众对剧目有更深入的了解，较受欢迎的剧目不仅可能加演，"青浦有戏"还增加了"导赏"环节。由剧目的主创团队讲述更多台前幕后的故事，过程中观众也可以进行提问，实现真正的互动，更近距离地接触戏剧。

如今"青浦有戏"还处在不断地摸索、调整阶段。每一场演出落幕，都需要及时反思总结，将这些经验运用到未来的工作中去。"青浦有戏"的日渐茁壮成长，造福了更多的青浦市民，让大家获取文艺信息更便捷，走近各类艺术形式也变得更容易不仅能够看"戏"，也让生活更有"戏"。


随着长三角区域一体化发展上升为国家战略，作为"上海之门"的青浦如要发挥独有的地理优势，"青浦有戏"将会是一个有效的文化发力点，它将跟随长三角一体化发展的战略脚步，不忘初衷，将优秀的文化资源输送到青浦百姓的家门口，促进青浦的现代人文不断发展。

通过声音，更了解绿色青浦

# 走街串巷，泾彩不断

40年前，徐泾一群风华正茂的青年才俊以仓库场地为舞台，以广袤农田为背景，为各村镇送去传统艺术文化；40年后，他们登上灯光设备一流的"大舞台"，汇集音乐舞、沪剧表演唱、京剧、歌曲、独角戏等多种表演形式，融入时代元素，为更多的观众奉献视听盛宴。与改革开放同年成立，迎着改革开放的春风一路走来，徐泾艺术团始终不忘为观众送去"泾"彩。

## 从打谷场走上大舞台

1979年，改革的春风吹向全国，也是在这一年，沪郊一个叫徐泾的乡村小集镇，各生产队的文艺积极分子聚在一起，成立了名为"徐泾沪剧团"的小团体。他们活跃在田间地头，舞台自己搭建、内容自己编导、节目自己演出，为徐泾百姓们贡献出一部部多元多样的文化作品。

谈起当时剧团的情况，曾是剧团演员、现为徐泾镇文体中心图书馆馆长的汤春红滔滔不绝。"我17岁进入了剧团，20岁主演人生中第一部沪剧大戏《痴男怨女》，在全县巡演40多场。"在汤春红的回忆中，那种紧张、兴奋的心情直到现在还记忆犹新。从排《沙家浜》《金绣娘》《阿必大》等"折子戏"起步，到演两个半小时的沪剧大型传统戏，剧团里的演员们除了扎实的戏曲功底，不管是通俗歌、流行曲、民族舞，还是小品、独角戏，都是他们需要学的内容。

对于当时文化条件相对匮乏的农村来说，剧目可以大家齐心协力排练，但舞台条件囿于现实只能稍微"委屈"一下。"我们当时哪有现在这么好的舞台灯光条件哦，都是在村里的打谷场、大仓库演出的。"然而这丝毫没有影响到村民们来看剧的热情。作为土生土长的农民艺术团，沪剧团获得的追捧不亚于现在的"明星大咖"。那时沪剧团的演出好比今天的音乐会，也需要提前排队。每每听说剧团要在哪个打谷场或者仓库演出了，村民们都要提前端着长凳去"轧闹猛"、"抢座位"。正因为沪剧团演的是身边事，演员也是身边人，乡亲们对剧团的表演是格外喜欢。"观众的需求太大了，我们到一个村，今天晚上演出完了以后，我们明天要换一个地方，然后这些观众他们也跟过来的，要看几场，真的是百看不厌。"汤春红回忆到。

随着经济的进步，城市的发展，团里的演出条件也日益变好。1987 年，徐泾沪剧团正式更名为徐泾艺术团，表演作品和形式日渐丰富，培育了一批批"一专多能"的文艺尖兵，创作了一部部"多元多样"的文化作品，如反映改革开放新生活的表演唱《喜看徐泾新面貌》，鼓励农民发展养殖业的《双送兔》等。同时，艺术团也去往了更大更好的舞台。1998 年 8 月，徐泾艺术团代表中国农民远赴日本，把沪剧表演唱《领略一番水乡情》演到了亚洲秧歌节文化交流现场，将青浦的水乡

2018 年 9 月 28 日"进博在徐泾　有您更精彩"徐泾艺术团"五代同堂"沪剧专场晚会

神韵展现到了世界舞台上。

如今的徐泾，"周周有活动，月月有赛事，年年有汇演"。徐泾镇文体中心目前也已培养了以"一镇一村一企"为引领的逾百支文体团队。采用艺术团培训社区团队的形式，双方创作的节目以"文化三下乡""区域化党建"等形式在辖区内巡演，真正地从"打谷场"走上了"大舞台"。

## 苦中作乐担当"多面手"

在大家的印象中，文艺工作者，特别是其中的女孩子都是细皮嫩肉的。然而对于沪剧团最初一代的演员来说，这个猜想不太准确。事实上，她们的手上都有厚厚的老茧，是当年演出搬道具、搭舞台时留下的印记。

20世纪80年代，演员基本由农民组成，他们不仅要管好自家的田，演好自己负责的剧，还要在剧团中"半工半艺"。女演员一天要完成0.1钨丝铜接丝500根；男演员要完成20安培的保险管串焊1000只。产品送货没有车辆，团长需要骑自行车亲自送货，每次200多斤的货件，来回路程4小时之多。还有在果园里除草打农药、在玩具厂里塞玩具、在电器厂里做配件的……17岁时就加入剧团的汤春红笑称大家那时都是"多面手"，"我们又要为了演出唱跳、又要回家种田，还要做木工、搬运工、油漆工等，要干的可多了"。演员们生动地演绎了"台上是演员、台下是小工，所有生活一肩挑"的场景。其中很多剧团里的演员最初只是文艺工作爱好者，从跑龙套起步，一路走来演男的女的、老头老太，甚至演牛，在实践中不断学习磨炼进步，连团长也做过舞台监督、场控，从表演到管理，一点点积累出来。

就是在这样艰苦的条件下，徐泾沪剧团一步步发展壮大为徐泾艺术团。他们骑着自行车走"乡"串"村"，道具自己搬、舞台自己搭、布景自己制、被头铺盖自己带，把巡演礼堂当做"土宾馆"，礼堂副台铺上稻草就是床。晚上为乡亲们演出之后还要进行下一场的排练，经常一两点也结束不了，第二天依旧要早起完成家里和剧团里的农活。

在汤春红这些老演员的眼里，即便是这样的辛苦，他们也能发现其中的快乐。因为是艺术、是自己的爱好，是用汗水与欢笑诉说传统地方戏魅力的地方。每当舞台下掌声中夹杂着眼泪与笑容，每当观众为他们投去赞赏的目光与话语，对他们来说，那就是最大的动力。

## 响应时代常创常新

在徐泾，有一个叫《外乡人》的小品广受观众好评，它讲述的是一位到上海打工的外来务工人员拾金不昧，从开始被怀疑误解，到最终消除误会得到赞扬的故事。这个故事可谓是艺术团的演员们"一手包办"，专门为徐泾的农民工们精心编排的。

位于上海中心城区西郊、与虹桥枢纽中心接壤的徐泾因为其独特的地理位置，经济的快速发展使得辖区内的企业越来越多，接踵而至的是大量的外来务工人员。随着越来越多的"外乡人"成为徐泾新移民中的一员，如何满足农民工的文化需求成为当地党委政府面临的重要工作。对于农民工来说，他们的业余文化生活相对贫乏，睡觉、聊天、闲逛是工作之余的主要内容。艺术团在下乡演出时发现很多的外来务工者都很喜欢看表演，但他们听不懂沪剧。在以前，观众都是本土乡亲，他们最爱的是乡音沪剧，但面对外来人员听不懂沪剧的现象，如何让表演更容易被农民工接受，艺术团的演员们可花了不少心思。首先便是改说普通话，保证每个非本地人看得懂，听得明白。其次专门为他们创造符合其特点的艺术作品，为他们写戏送戏。像《外乡人》这样的演出徐泾艺术团每年都要为当地企业送去超过 100 场次。在艺术团以及整个徐泾的努力下，越来越多的"新徐泾人"把徐泾当成了自己的第二个故乡，用心搭建起了自己的"家"，拆除了老上海人与新上海人的一堵墙。艺术团甚至专门开办"新徐泾人才艺大赛"，只允许"非本地人"参加，让他们也有机会展现自己的风采。

在响应时代要求这件事上，为农民工送温暖只是艺术团做的冰山一角。2019

年是新中国成立 70 周年，也是徐泾艺术团成立 40 周年，当前的徐泾镇深受"长三角一体化发展"和"进博会溢出效应"两大红利，处于发展建设的黄金时期。徐泾镇文体中心通过创新"种文化、送文化、赛文化"——"九字诀"工作模式，以文化凝聚力量，以创新引领发展，坚持"九字诀"，共同建设美丽徐泾、美好家园。艺术团在"九字诀"的引导下，针对不同时代文化特色、不同流行元素已经做出了很多尝试。原先徐泾艺术团只以戏曲类为主，到现在灯光秀、激光舞、话剧、音乐剧、Hiphop、爵士舞等应有尽有。他们在自己的作品上不断创新、不断进步，为的就是给观众送去更好的节目。他们围绕"五违四必"生态综合治理、中小河道整治、创全迎检、"微笑四叶草"志愿服务等热点，创作小品《心通路路通》、舞蹈《水之韵》、国风街舞《一梦千寻》、音乐短剧《微笑》等；围绕党风廉政建设，创作小品《峰回路转》和《虚情假意》；围绕上海新话题"垃圾分类"，也编排了多种形式的节目，让观众们在节目中了解时事，响应政策……

反映新时代邻里关系的小品《爱》

这个艺术团由 1979 年徐泾乡组建的"徐泾沪剧队"发展而来，如今"穿街走巷到村头"式送戏下乡已经维持了40年，他们把文化服务"送"到老百姓家门口，把党的政策"传"给每位观众，把"泾"彩送进了每个人的生活里。

**通过声音，更了解绿色青浦**

# 百姓舞台，秀出快乐

9月的上海，夏日的酷暑开始渐渐散去；9月的华新镇，夏日的激情却悄悄燃起。街头巷尾间，茶余饭后时，上到耄耋老人，下至垂髫小儿，无一不在期待着一年一度的擂台赛——快乐村民秀，因为那是华新镇自己的秀场，是人人能参与、人人能享受的秀场。

第九届快乐村民秀才艺擂台赛进入决赛的五支队伍

## 既是秀场，也是赛场

华新镇的快乐村民秀正式形成于2010年，能成功组建不得不提及镇上热爱文艺、享受文化的村民们。从20世纪80年代的"文艺工厂"到90年代的"文化戏曲沙龙",华新镇这片崇尚文化的土地上,乡间田头聚拢的一批批热情向上的文艺爱好者们始终在这片土地上发光发热。于是借着 2010 年镇党委"村村有文艺"的号召,华新镇有了现在的"快乐村民秀"。

"秀"定了,用什么方式把它展示出来呢?对于观众而言,结束了上半年的农忙季,九月的快乐村民秀是个放松身心、欣赏文艺作品的好时候;但对于村民秀的表演者来说,这不仅是场秀,更是一个"赛"。因为村民秀是以"打擂台"的形式呈现的。

华新镇的村民都知道,每年的快乐村民秀并不是只有一晚时间的表演,而是一个为期半年的竞赛,这也是当初镇里想出的能让人人参与、人人有热情的好方法。4 月先以村为单位对节目开始海选;7、8 月将 21 个村居分为 5 个晚上集中到文体中心进行挑选;9 月进行初赛,同样将挑选出的节目按照村居分为 5 个小组,历经 5 晚的紧张比赛选出 5 个擂主参加总决赛;总决赛一般和整个青浦区的淀山湖文化艺术节相结合,5 个擂主间进行比赛得出最终排名,好的节目还会被选中到区里甚至市里进行演出。同时为了丰富表演形式,方便比赛评选,村民秀还分为三大板块——必选节目、自选节目、嘉宾助演,涵盖了大合唱、舞蹈及地方戏曲等多种文艺形式。就这样,表演者们在寓"赛"于乐中提升了自己的表演水平,观众们也欣赏到了精心准备的节目。

## 村民的秀,快乐的秀

如果说要用一个词来形容华新镇每年"秀"的特点,镇里打出来的名号"华新快乐村民秀"不但给村民秀定了基调,还完美地契合了这个"秀"的内涵,让人一看就明白这个秀的"主角"——村民;"内容"——快乐。

全是村民参与的表演真的能撑起一个这么大、这么优秀的活动吗,会不会只是个噱头?面对这样的怀疑,华新镇可谓颇具底气,因为它确实是真真正正的"村民"秀。小到 7 岁的娃娃,大到 67 岁的老人;从不通"沪语"的外来务工者到建设家园的大学生村官;从妇孺到大小伙子,大家呼朋唤友纷纷走上村民秀的舞台展现自我，展现乡村风情。为了保证参赛人员都是普通百姓，主办方在赛制上绞尽脑汁，怎么才能既好看又能保证村民们的参与度。嘉宾助演版块的赛制安排就是很好的一个例子，在这个板块中，参赛村民们虽然可请外来人员，但外援被同时要求不可是专业人员，否则就算节目再好看也拿不到高分，因为不符合"村民"秀的主旨。

在华新镇文化体育服务中心党支部书记顾德兴的脑海里，他还清楚地记得第一届村民秀的情况。起初由于大家对"擂台赛"的形式还不够了解，节目的质量也都参差不齐，导致海选时大家参与还有观看的情绪并不是特别高涨。但五个晚上的初赛结束之后，街头巷尾都在讨论村民秀的现象让顾书记十分惊喜。"我们第一届的决赛在一个篮球场举行，场地小，没拿到票子的村民都要扒着篮球场外围的网墙上看。"从举办开始直至现在，每年的初赛和决赛地点都人头攒动，一票难求，参加比赛主动报节目的村民们也是越来越多。这样的变化正是因为村民秀让村民们感受到了艺术的魅力，体会到了参与的快乐。

**村民表演**

## 群众参与，社区助力

随着时代的发展，举办经验的增加，华新镇也在不断改善着村民秀。从最开始主要是沪剧演唱到现在逐渐增加歌舞类、小品类节目的比重，目的就是要充分照顾到年轻观众的偏好，让所有村民都能享受到这一文化盛宴，体会到政策利好。为了响应组织号召，迎合时代特色，他们还根据每年不同的形势政策设计不同的主题。2016年为庆祝长征胜利80周年，一大批红色歌曲在华新镇轮番唱响，一支支反映抗战胜利的舞蹈在村民间起跳。村民秀在节目的选择上既凸显传统因素，又融入现代风采，最大程度上实现了全方位多层次的交流。通过这样的交流，成功营造了平等和谐的氛围。

"快乐村民秀"体现的是本土草根的魅力，村民们相互鼓劲，又相互竞争。如何在村民积极参与的基础上进一步做好鼓励支持参赛者的工作，华新镇社区文化中心可是做了不少努力。群众文化的根在基层，因地制宜地开展、考核基层群众文化工作是重点。华新镇社区文化活动中心的干部们从接到任务到走上舞台，从筛选选手到组建团队，从召集创作到组织培训都倾注了大量精力。他们将村（居）日常群文工作与"快乐村民秀"擂台赛的各项组织工作紧密联系在一起，形成了日常管理和重点检查相结合的考核机制。在这样的精益求精中，形成了村村有特色、队队有精品的良好局面。2010年，华新镇更是在全区率先成立了100万元的文化奖励基金，让"快乐村民秀"从此有了更大的动力、更多的保障。

社区的支持在演出节目的质量上有了直观的反映。在最开始的村民秀中，舞蹈合唱大多是阿姨、大妈们自行组织、自行排练出的节目，更像广场舞的升级版。虽说体现出了村民们热爱文艺、主动参与的心，但观赏性实在有些差强人意。有了社区里的支持，节目的创新度、板块的设置、啦啦队的要求都在逐渐提高和完善。历经几届，村民秀的擂台上不仅涌现出了一个又一个的草根明星，更涌现了50多个特色文艺团队。"我们现在的节目，即便是专业的人员来看，都不敢相信是农村的节目。"上海市市民文化节活动部总协调吴榕美看了华新镇的赛事后也啧啧称赞：

"从田间走出来的农家女能跳出这样的舞蹈很不容易，农家舞蹈队完全不输市区的舞蹈团队。"这，就是群众与社区联袂打造出的村民秀。

"快乐村民秀，你秀我也秀。"从乡间田头、大街小巷、千家万户走来的快乐村民秀不仅成为了老百姓自己的大舞台、华新镇的特色文化品牌，更多次入选中国上海国际艺术节群文系列活动、上海青浦淀山湖文化艺术节开幕式活动。这场快乐的秀、村民的秀已然成为这片乡镇土地上的文化标识！

通过声音，更了解绿色青浦

# 为国育人，典瑞流芳

青浦这片土地上，不仅有江南水乡的恬静与轻柔，更有着深厚的文化底蕴。1897 年，我国近代最著名的出版机构——商务印书馆在上海创立，它的创始人夏瑞芳，来自青浦朱家角的沈巷。夏瑞芳完成了文化出版传播的从无到有，为中国文化的传播作出了巨大的贡献，为后世留下"为国育人，变法图强"的精神。

## 初识出版，初创商务

夏瑞芳出生在青浦一个贫苦家庭，11 岁的时候，传教士范约翰接纳了生活无着的夏瑞芳母子俩。传教士见他机灵可爱，便让他在其创办的清心学堂的小型印书馆里学习技术，那里为夏瑞芳打开了一扇新的大门。从学堂毕业，夏瑞芳已经能熟练地捡字、排字了。他先是在文汇报馆做熟悉的英文排字工作，几年后又到中国最大的英文报纸《字林西报》继续工作。不久之后，他又转到了《捷报》，通过个人的努力，年少的夏瑞芳成了排字车间的领班，很快成为了部门负责人。

但是，夏瑞芳不愿忍气吞声为洋人干活，他将想法告诉读书时认识的鲍氏兄弟，这群年轻人一拍即合，中国人自己干！于是，初生牛犊不怕虎的一群年轻人充满了高昂的斗志，决心做出番自己的事业来。他们几个凑了几千块钱，据说是在城隍庙旁边的湖心亭里喝了一壶茶，就此走上创业之路，这便有了后世知名的商务印书馆。

商务印书馆创立之初，夏瑞芳被推选为总经理，谁也不知道，夏瑞芳自此开启的是整个中国的出版行业。一开始，"商务印书馆"只是一个小印刷作坊，开在上海市江西路一个胡同里，在多如牛毛的印刷厂中毫无名声。几台简陋的印刷机器，

上：清末商务印书馆；左下：商务印书馆总厂印刷车间；右下：民国初年商务印书馆照相制版部

承接的也多是印刷招牌、票据、传单和教会图书等工作。再加上人手少，夏瑞芳常常身兼数职，总经理、校对、收账、买办、出店（供销），一个人都得做。

渐渐地，在探索过程中极有远见的夏瑞芳觉得仅仅做印刷只是小打小闹，做出版才能"为国育人，变法图强"，而也正是这一决定，滋养了后来几乎所有的中国文化人。商务印书馆的成立不仅是中国现代出版事业的开端，它更孕育了中国社会的初步现代化，孕育了中国现代的文化和思想。

## 知人善用，一举成名

凭借着夏瑞芳敏锐的嗅觉，商务印书馆打响了一场"成名仗"。当时的上海滩华洋杂处，加之与当时南洋公学的张元济有所接触，夏瑞芳发现，人们对于学习英语的需求十分巨大，于是他就找来当时的中国基督教著述家之一的谢洪赉商量编一部中国人用的英文教材。谢洪赉用一本印度的英语教科书作为框架，在边上用中文做注解，形成第一期的《华英初阶》。此书刚一出版就获得极大的成功，供不应求，一版再版。一时之间商务印书馆名声大噪，从此在众多印刷厂与出版社中脱颖而出，而此时距离他们创立商务印书馆一年的时间都不到。之后，商务印书馆又继续占领成人英文教材的市场，陆续出版了5册《华英进阶》，销路一直长旺不衰。

夏瑞芳除了有卓识与远见之外，还知人善用，给予人才最高的待遇。1902年，在"吾辈当以扶助教育为己任"的共同追求下，夏瑞芳决定聘请张元济入馆。此时，张元济在南洋公学月薪是100大洋，而夏瑞芳为了能吸引张元济，给他开的薪水是原来的三倍多，达到了350大洋！

夏瑞芳与张元济志趣相投，合作的12年间，夏瑞芳对于张元济是完全的信任，最大限度的放权给张元济，由其主持事务、聘用人才，对于张元济的要求，夏瑞芳几乎是言听计从。当年，江南著名藏书楼"皕宋楼"的宋版藏书欲出售，张元济担心国宝外流，心急如焚，夏瑞芳竟然从公司仅有的10万元流动资金中慨然拿出了8万元来支持张元济竞购。

## 文化为上，民族为重

在出版探索的过程中，夏瑞芳与张元济两人共同确定了"开发民智、提高民众文化素质"的出版方针，商务印书馆遵循着这一守则，为中国近现代的文化传播作出了巨大的贡献。后来，商务印书馆又陆续出版《马氏文通》《最新国文教科书》

等教材，再加上张元济的推荐，翻译家严复、林纾、伍光建和蔡元培的译著也先后在该馆出版，把西方新的世界观和方法论介绍到中国，形成了以商务印书馆为平台的新文化阵营。商务印书馆也吸引了一大批文坛的英才，鲁迅的第一篇小说《怀旧》、老舍的第一部长篇小说《老张的哲学》、冰心的第一部小说集和诗集也都在商务印书馆出版过。可以说，商务印书馆顶起了中国文学的半边天。

一直以来，商务印书馆都秉承"文化为上、尊重知识、传播文化"的理念，在为国育人、进而改变中国、变法图存的进程中，商务印书馆逐步确立了它在中国出版业的龙头地位。

1903 年，夏瑞芳又审时度势，与日本金港堂合资，开创了中外合资企业的先河。正是夏瑞芳的远见卓识才能在很短时间内将商务印书馆发展成为纯粹的现代企业。通过此契机，夏瑞芳积极从日本引进先进的印刷技术，同时派人赴日本学习照相制版，用珂珀罗版印书，请美国技师指导试制三色铜版。在不长的时间内，商务印书馆的印刷质量有了很大的进步。通过夏瑞芳的努力，此时商务印书馆已经建立了一个自成体系的发行网。十年内，它的分馆遍布二十多个城市，更是在北京、香港设有分馆，发展成为国内首屈一指的大型文化出版单位。自此之后，商务印书馆

夏瑞芳像

夏瑞芳遇刺前全家合影照

除了出版教科书和各种读物外，陆续创办发行《东方杂志》《教育杂志》《小说月报》《法政杂志》及《少年杂志》等具有影响力的刊物。夏瑞芳还先后举办小学师范讲习所、尚公小学、商业补习学校、艺徒学校和养真幼稚园等。同时，资助爱国女校和清心书院，并将清心书院改为清心中学。夏瑞芳怀揣着一颗匡扶天下文化事业的宏图之志，在工商界赢得了很高的威望，被誉为社会福利家。

到了辛亥革命后，民族情绪高涨，夏瑞芳断然放弃企业利益，不惜一切代价收回日股，并辞退了日方人员。民国三年1月10日，商务印书馆在《申报》上刊登广告，宣布商务印书馆"为完全本国人集资营业之公司，已将外国股份全部购回"。从此，商务印书馆成为独立的民族出版企业。胡愈之说："商务印书馆的创办人夏瑞芳是一个企业家，他首先主张同维新的知识分子结合，再是认清了需要利用日本资本和技术，最后把日本股子收回来，他可说是民族资本家中的一个杰出人物。"青浦区博物馆研究部主任张力华评价说，"这是他的明智之举，他是个爱国的、有民族情结的一个人"。

正当事业如日中天，年仅 43 岁的夏瑞芳惨遭枪杀，无疑是中国近代文化事业的重大损失。

夏瑞芳所代表的精神与内涵早已经超出了出版与文化的范围。他不仅仅拥有超凡的魄力，勇于开创出版的先河，探索出一条天下文化传播之路，更是一位具有开拓精神的企业家，在探索中创立了中国真正的现代企业制度，为现代企业管理做出了范式。他的爱国情怀、仁爱之心、开拓奋斗的精神始终激励着后人。

通过声音，更了解绿色青浦

# 北斗人家，科普人心

在党的十九大报告中，习近平总书记提出"必须把教育事业放在优先位置"。坐落在上海青浦的北斗西虹桥基地一直以来都跟随着党的步伐，在不断完善基地基础设施与服务升级的同时，特别注重科普教育的推广。北斗西虹桥基地不仅在北斗创新与产业化领域作出了卓越的贡献，同时也在青浦竖起了一杆引领科技传播的旗帜，使原本高高在上的科技通过全民科普的形式变得更加亲民。

## 北斗人家初成立

北斗西虹桥基地是由上海市科委和青浦区政府整合各类政府、企业、大学、研发机构资源，投入大量的人力、物力、财力建设起来的战略性新兴产业基地，也是国内第一个投入运营的北斗产业园区。

北斗人家

2016 年 12 月 12 日，孙家栋院士亲自为上海西虹桥北斗导航科普基地题词，冠名为"北斗人家"，到了 2017 年 1 月 12 日，原国家科技部部长徐冠华院士、龚健雅院士等多名导航、遥感和通信领域的院士专家参加了"北斗人家"科普基地揭牌仪式，标志着基地科普特色示范区建设步入新的阶段。

目前，北斗西虹桥基地已经集聚了一百多家北斗相关的企业，相关的产品研发也是走在全国前列，遍布产业链各环节，成为了具有国际影响、国内领先的导航与位置服务专业化、复合化、国际化的技术创新和产业服务基地。

北斗西虹桥基地之所以如此受到重视，一方面是我国科技提升的需要。建立北斗西虹桥基地能够加强大学、科研机构和科技创业企业等之间的深度融合与协作，资源共享，提高创新的效率，加速推动了"北斗 +"产业升级和可持续发展，有力推进上海成为北斗导航产业走向国际化的重要引领者，走出了一条具有上海特色的产业化创新之路。

另一方面，北斗背后的经济效益十分可观。中国卫星导航定位协会的首席专家曹冲教授表示，2018 年一年我国卫星导航行业总产值所获得的税收，把十多年中北斗二号和三号重大工程投入的全部 700 多亿元都收回来了。而实际上，这还只是刚刚开始，还仅仅是在北斗本身的定位导航中应用的"北斗 +"发展阶段，到了后续的"+ 北斗"新阶段其经济效益更是不可估量。

## 北斗科普进人家

作为青浦区的"北斗硅谷"，北斗西虹桥基地不仅是北斗产业集群高地，也是特色科普事业发展的重要载体。顾名思义，"科"指科学性，"普"指普及性。北斗西虹桥基地通过多层级、多主体、多形式的科技普及活动与讲堂，让现代科技变得不再高冷。

通常，人们都会认为科学技术、科研工作似乎是神秘的、遥不可及的，与生活离得很远，但北斗科普就是要让科技从高高在上的神坛上走下来，走进寻常百姓家，通过科普的力量使原本让人觉得神奇而魔幻的高科技贴近人们的生活。

更重要的是，北斗西虹桥基地的科技科普肥沃了科学的"土壤"，在人们心中种下了科技的"种子"，在未来的某一天，这颗"种子"可能就会生根发芽，孕育出一代又一代的科学创造者，引领青浦甚至是整个中华大地的科技腾飞。

北斗西虹桥基地主要围绕"北斗领域"进行科普传播。说到北斗导航系统，人们可能只知道这是一套我国自主研发、独立运行的全球卫星导航系统，它可以在全球范围内全天候为各类用户提供专业、可靠的定位导航等服务，但却不知道北斗导航还有更多的应用，因此让人们意识到这点，扩展人们的科技思维才显得格外重要。

借助北斗西虹桥基地所聚拢的企业优势，科技科普显得生动、真实、亲民。因为，这些企业恰恰就是围绕着北斗进行了不同层面的应用与开发，主要包括与公众息息相关的城市社区生活在自然场景下的定位导航及相关位置服务而形成的应用产品。这些企业涉及的领域包括教育、医疗、交通、餐饮、娱乐等各个方面。第一代北斗导航系统总设计师孙家栋院士曾说，"北斗的用处，只有想不到，没有用不到。限制北斗大众化应用领域发展的只有我们自己的想象力"。

北斗西虹桥基地的科技普及形式主要分为三类，通过西虹桥大讲堂、科创文化互动以及科创教育中心的形式展开，这三种方式相互补充、相互促进，让公众能够更深入地了解北斗科技。

"我们专门做了五讲北斗西虹桥大讲堂。"北斗导航创新研究院院长郁文贤介绍："这个项目包括每年我们为街道的老百姓，为中小学的孩子，包括旅游者，提供北斗整个领域科普性的服务。每年大概有上万人在我们北斗园区参观，由我们来做讲解和介绍。"大讲堂邀请的专家都是经过精挑细选，他们带来的科普主题既有介绍高深科技的，也有介绍科技在生活中的运用的，还有拓展科技思维的，内容充实丰富、妙趣横生，充分满足群众的好奇心和对科学知识的渴望。

其中，徐颖成为了最受大家欢迎的"科技使者"，常常爆出金句，将复杂的、专业的术语转化成简洁的、易懂的白话，生动有趣，让人印象深刻。这源于她对每场讲座认真负责的态度，无论是人多还是人少，徐颖都会做充足的准备。因为她认为，听讲座的不是大学生就是未成年的中小学生，如果都是科学术语，学生们不仅听不明白而且可能会对科学失去兴趣，只会适得其反。因此，每一次的科普讲座都是一次神圣的使命，松懈不得。她表示："科学的发展最重要的不是某个人快速做出了科研成果，而是要有一个好的土壤，大家都投入到科学中来。"

"科创文化互动系列"相对来说注重的就是接受者的体验感了。"有趣""有料"的科创文化活动，让参与者不仅能听到专业的知识讲解、参观高科技展品，还可以体验种类丰富的互动项目。比如亲自操作无人机，听着螺旋嗡嗡的声音，俯视大地；体验"空气中的电脑"，对空气中的立体成像，使用多种手势流畅进行视频图文演示、网页浏览等操作；利用 3D 打印和 VR 技术身临其境地感受敦煌莫高窟的真实场景等。郁文贤表示："科普教育应该看重参与感，要在实践中收获知识。把北斗大数据无人机等更多的机器人放到一个让孩子们能体会的场景里面去，目的还是真正地为青少年将来提供有价值的创新激励的这么一种培养。"

除了青少年科普，未来，北斗西虹桥基地将继续通过平台化和信息化协同共享、丰富的趣味互动和参与体验、常态化的科普活动策划等，力争打造立足青浦、服务上海、面向全国的北斗导航位置服务科普教育中心。要推动全民科普，中国卫星导航定位协会的首席专家曹冲教授认为，情怀是一定要有的。"实际上不单单是青少年，国民都要受科普教育，而且恰恰北斗这个是最容易做到普及的。"

**北斗科普**

北斗西虹桥基地见证了北斗导航产业的快速发展，这是政府、企业、高校等共同协作的成果，它成功激起了大众的民族荣耀感和民族使命感，也让人们对北斗西虹桥基地的未来充满信心和希望。

让科创与科普两翼齐飞，让高大上的科技知识更好地融入寻常百姓的生活，让科学素养浸润更多人的思维，这就是北斗人的社会责任。青浦满载着科技感，在现代化的发展过程中稳步前行，青浦的人民浸润在先进的科技理念中，推动青浦更快的发展。

通过声音，更了解绿色青浦

# 曲水流觞，古韵满园

　　园林艺术，是江南地区一大建筑特色。在上海五大古典园林中，青浦区就独占一座——曲水园。不同于位于黄浦的豫园、南翔的古漪园、嘉定的秋霞圃、松江的醉白池，曲水园并非是曾经的私家园林，而是由当地百姓捐献而成。曲水园，始建于清乾隆十年（1745 年），原是城隍庙的附属园林，位于城隍庙东，供来城隍庙祭拜的香客小坐休憩用。在当时，城隍庙按习俗每年要向当地居民每人募捐一文钱，称作"文愿"，供庙宇维修使用，故曲水园也称"一文园"。

"一文园"与精美的砖雕纹饰

## 移步换景，趣味盎然

　　如果想要了解中国传统文化，园林可以说是一个绝佳场所。经历了时间检验的古建筑，早已深深印刻上过往者的痕迹。大到园林的布局结构、古建筑的设计搭建，小到亭台楼阁的命名、雕梁画栋的图案寓意、奇石盆景的造型都有说法可循，都有故事可讲，都有匠心可见，真可谓是一石一水、一亭一阁皆成意趣，曲水园正是这样一个所在。

曲水园古有二十四景，二百余年间几经兴废，除白云坞、米拜亭、清虚静泰、环碧楼之外，其余景致均得到了修复和保护。整座园林可分为四区，各区之间景色迥异。西园以古建筑群为主，中园则以山水见长，东园野趣横生，另有石鼓文书艺苑作为一区，古意幽幽。从布局上看，整座园林的建筑可看作横纵两条线分布。两条线的交点为凝和堂，纵向上，南大门、凝和堂、小飞来、清籁山房处于一轴，而横向上则从东到西依次排列花神堂、凝和堂、有觉堂三堂，以曲径相通。行于园中，每穿过一座建筑，便可换一番新景致，整座园游下来，没有重复之感，只有流连之意。

细看院内细节，还可发现很多值得玩味的地方。一走进曲水园，仪门上的精致砖雕就以别致造型吸引眼光。南立面上枋刻有琴棋书画，合称"四艺"，象征文化修养、道德品质和技艺才华，而北立面上又刻有象征富贵的牡丹、表示喜庆的二龙戏珠。在凝和堂，堂前的地上有着用卵石和碎缸片铺成的海棠花图案，象征着高贵和风雅，堂后的荷花池畔还有着取自北宋书法家米芾见奇石下拜典故的"米拜石"：福禄寿三块太湖石。

园内各亭台楼阁的命名也十分有趣。最有趣的当属园名"曲水"二字，取典自晋代大书法家王羲之《兰亭集序》中的"曲水流觞"。据传清嘉庆三年（1798 年）年间，江苏学使刘云房应邑侯杨东屏之邀来园中游玩，见一溪贯园、两池绕山，有兰亭之趣，便借此典故为园易名。而今水依旧是曲水园的灵魂，在面积不足 1.82 公顷的园林里，水域面积就占到了 15%，依旧配得上这园名。除了园名，其他楼台的名称也别有一番含义。镜心庐的"镜心"二字出自神秀的偈语"身似菩提树，心似明镜台"，颇具禅意；机云亭的"机云"二字指的则是青浦历史名人、西晋著名文学家陆机陆云兄弟；迎曦亭因曾有道士养鹤在此又被称作"鹤亭"；咏真斋则寄托了"赞真景、抒真情、说真话、感真趣、做真人"之意。

## 古雅石鼓，古韵悠长

除了一个"趣"字，漫步园中，感受最深切的便是"古"。

曲水园古，其一在建筑古。园内古有二十四景，其中"有觉堂"始建于清乾隆十年（1745年），是园内历史最悠久的建筑，也是上海市内仅存的两座无梁殿之一。堂内南北开设有落地长窗，东西则是装饰有大玻璃的方形透视窗，可供四个方向观景用，也因此俗称四面厅。曲水园因四季皆有花，素有"春日樱桃争艳，夏天荷花出水，入秋金桂馥郁，冬令腊梅璀璨"之誉，坐于堂内，凭窗赏花，不失为一乐趣。

曲水园古，其二在苍藤古木。古树是整座园林要想重新建构最难具备的条件，每一株古木的造就，背后往往有着数代人历经百年的呵护。曲水园内共有百年古树54株，为上海市古树群之最。其中最古老的为睡莲池北面一雌一雄两棵银杏，距今近300年。走过通幽曲径，花神堂内有着一株二百余年的罗汉松，还有两棵上海最大的百年白皮松。园林中的植物也有讲究，最常见的就是"金玉满堂"象征吉祥幸福的说法，古人常用金桂代表金，玉兰代表玉，所以，在曲水园里也可在堂前见到大量的桂花和玉兰。上海市内的古桂花多为零星状，而以分布集中著称的只有曲水园一处。

曲水园古，其三在石鼓。在曲水园西部，建成于2006年11月的"石鼓文书艺苑"以古雅著称。院内的石鼓，便是《国家宝藏》中人气爆棚的石鼓的仿制品。所称的原石鼓，是春秋战国时秦之刻石，被称作"石刻之祖"，是我国九大镇国之宝之一，距今约两千七八百年，在历经迁徙与历史变迁后，现藏于北京故宫博物院珍宝馆内。曲水园内的石鼓仿制品是全国唯一的仿制品，共计十座，错落立于杉树林下。每块鼓上都刻有一首歌咏秦国君游猎之事的四言诗，十座石鼓共计六七百字，在石鼓基座上都附有译文。

自石鼓发现以来，历代无数文人学者都对石鼓进行了研究。杜甫、苏东坡、欧阳修、康有为、李叔同等，无不颂之叹之。在石鼓文书艺苑的南北西三侧碑廊上，便嵌有历代大家临写的石鼓文及他们对石鼓文评价的石碑。石鼓亭柱子上的一副楹联，所书之字也出自石鼓文。立足石鼓前，徜徉于石鼓碑廊，闲坐石鼓亭，既有游园赏景之乐，也会有观石叹古之启悟。朝代更迭，帝王盛衰，唯有石鼓不朽，长存生辉。追昔抚今间，传统文脉亦得以弘扬，内存精神亦为游人所感知。

石鼓碑廊内历代名家对石鼓的赞颂和研究诗文

## 书法佳作，传古载今

除了石鼓文书艺苑，曲水园中的御书楼、得月轩、镜心庐等亭台楼阁，也向游客免费展示着书法、扇画、瓷画、紫砂壶等传统国学。院内除了花木古建，见到最多的就属书法作品了。或许是游览的习惯，每至一座建筑前，游客便不由得想要先寻得这建筑的名称，抬头看向那匾额，知晓其名后，便会顺着视线看起了门口左右两边的楹联，等到看完这上左右三面的书法后，才会步入建筑内进行游览。

现今园内的匾额、楹联其实多为后期所题。在2006年前后对曲水园进行全面修整期间，园内景点共新撰写了楹联31副，补书、新书匾额31块。"凝和堂"处的匾额，原匾为清北洋大臣李鸿章手书，在抗日战争期间遗失后，后由海上著名书法家方传鑫先生补书；"竹榭"匾额也曾为青浦秀才沈瘦东所书；而"有觉堂"的匾额为当代古建筑学泰斗同济大学教授沈从周书写。

如果说园内匾额是古人与今人共同书写而成，是古今智慧的共同创造，那么楹联的内容则更多是今人的所思所感，其中也不乏精彩之作。在凝和堂前，52字的长联就结合了青浦地区的特点来撰写。"思往日，小虫施虐，敌寇欺凌，千村薜荔，万户萧疏，庶黎运命何偃蹇；看今朝，巨擘运筹，民众创建，百业兴旺，九州欢乐，祖国前程正炽昌。"联中的"小虫"讲的是青浦历史上曾经出现的血吸虫病灾害，"巨擘"指的则是改革开放总设计师邓小平。1957年，陈云副主席在青浦调查血吸虫病防治工作时曾来到过曲水园凝和堂，这副楹联所反映的正是青浦所发生的沧桑巨变。

园内有一些楹联则是突出了景致特色、建筑特点，"舟居非水"一处的"脚下终无狂浪起，眼前却有碧溪洄"形象地写出了游客在旱舫上的感受；"恍对飞来"一处的"盈盈一水，山亭恍对；脉脉两情，风月频传"则写出了在亭内所看到的山水相对、风月传情的景致。还有一些楹联则是咏史兼具抒怀："机云亭"处的"闭门十载玉出昆冈，入狱一朝鹤唳华亭"概括了陆机陆云兄弟的悲壮一生；"有觉堂"前的"难得糊涂处，便是有觉时"则是巧借难得糊涂抒发了人生感慨。

在这样古意幽幽的园林里，传统文化恰恰与这古园林和谐交融。纵使院外街道

曲水园

上人来车往，但游人从步入曲水园的那一刻起，心便不由地静下来。在园中小憩片刻，在感受这一方古韵的同时，恍然间也会生出置身世外之感。

青浦曲水园于 2019 年被评定为"上海市五星级公园"，在上海市公园名录中，曲水园是青浦区唯一的历史名园。如今的曲水园，不仅是向外来游客展示青浦古文化的重要窗口，更是深深融进了青浦人的日常生活。或于阳光明媚时扛着相机来园里捕捉瞬间，或与合唱团的小伙伴共聚此地深情吟唱当年的流行歌曲，或约二三好友在树下谈古论今，或带着家人在茶余饭后信步片刻。曲水园，在古建与今人的交会中呈现出新的活力，也成为了青浦人民心中一个不曾褪色的文化符号。

通过声音，更了解绿色青浦

# 艺术与美，浸润乡土

2018 年 5 月，坐落在青浦练塘镇金前村金田路 428 号的可·美术馆正式开馆，这是上海市首家乡村美术馆。来到这里，放眼望去不见高楼大厦，只有一大片的茭白田。美术馆的白墙青瓦，简洁流畅的房顶线条，与周边田野很是和谐，低调雅致且浑然一体，一白一绿两相呼应，相得益彰。

可·美术馆外景

## 定位所思，平行上海

随着城市化的进程，人们发现越来越多的城市趋向于同质化发展。城市的同质也随之带来了城市美术馆的同质化，同一座城市内的诸多画廊、不同城市间的美术馆，除了展览的主题不时改变外，其差异化又会体现在何处。伴随着我国城镇化发展进入新阶段，越来越多的青壮年劳动力离开农村，乡村逐渐衰落，而美丽乡村作为当前重要的新农村建设任务呼唤乡土元素的回归，让乡村重新走进人们的视野。乡土的东西需要得到保留，乡村的美感亟待发掘。于是，有关乡村美术馆的概念应运而生。

乡村美术馆，是位于乡村里的美术馆。对于乡村美术馆的定位思考，既是一个关于艺术的问题，也同时是一个对城市与乡村关系进行梳理的过程。虽然世界范围内已有一些乡村美术馆的实践，但针对不同乡村的特点，美术馆的定位有着差别性的要求。对于可·美术馆这座定位于建设成"最美乡村美术馆"的场馆来说，如何让美术馆与练塘镇产生实际的文化联系，是从美术馆的构思之初就一直被思考的问题。

美术馆从开馆至今已陆续办了几次展览，开馆展所定的主题为"平行·上海"。策展人陈瑞在讲解这个主题的选取时，提到了"折叠北京"的概念。一种排列的形式与城市名称的结合，竟表达出了文字之外的含义。而在他看到朱家角镇两条平行的铁轨延伸向远方后，关于上海与"平行"的结合便浮现在脑中。"平行·上海"所思考的正是现在上海所面临的本土与国际、传统与现代、乡村与都市并存的发展问题。

作为开幕展，这个主题的定位恰恰扣住了上海青浦所居于的特殊地位。上海，作为国际性的大都市，汇聚着来自全世界的文化的交流，正如这次国际展邀请到了当代来自世界各地的几十位中外艺术家，带来了不同国家的艺术家对于城市与乡村主题的想法。而青浦处于苏浙沪三省交界处的特殊地理位置，又在其中体现了海派文化与其他文化的包容与并行。在这样的背景下，在乡村美术馆里讨论古镇乡村与高楼城市共生的发展，最为合适不过。展览上所陈列的诸多艺术品也正体现了上海青浦所呈现出的这些特征。

## 田字旁，受众与初衷

每一次展览的选题都需要反复思考，尤其是在乡村美术馆的定位下更是要精心规划。如果说第一次展览已经给出了对乡村与城市关系的回答，那么第二次的展览

"田字旁"，则更为贴近练塘、贴近乡土，重视土地的情境。田字旁，是汉字偏旁部首，也可看作是位于农田旁的美术馆，或者从另一个角度来讲，反映的是现代社会"田"代表的农耕文化居于客位的社会现实。就这个选题，展览从两个角度出发，探讨了乡村与美学的话题：从江南地域出发，对美丽乡村做美学性表达；通过邀请艺术家们在练塘当地短期生活，利用当地素材，邀请村民们共同进行创作。

针对主题和创作的自由，"田字旁"也激发了艺术家们极大的创作活力，所创作的作品也突破了馆内展览的限制，出现在了屋顶上、田地间、水沟中，可以说，这是一次无墙的美学展览。从走进美术馆前，馆前稻田内可以发现很多挂在竹竿上、随着电池驱动而扇动翅膀的玩具鸟，由这个《停在金色上空》的装置设计开始，开启了田字旁的故事。场馆内，可以看到很多造型别致但能够引起呼应的设计，像是展览入口和出口处用旧时家电、桌凳立柜的老式物件堆叠形成的立方体《Anotherbeing》，纪念现代化进程中的某个记忆；或是《万物生长》所移植的两平方米茭白田而搭建的装置；又或是《无名高地》那一组拆迁过后留下的断壁残垣，讲述着农村的变迁。因为在设计的过程中有居民的参与，展示的内容有着村民们熟悉的稻田、生活中的物件，这次展览对于当地人民来说更容易看得懂，更能触发认同感。

村民，是乡村美术馆的主要参观者。开办展览，并不意味着必须有艺术基础才能看懂。同样的作品，只要有基本的情绪感知能力，不同的人结合自身不同的生活阅历，都会有所感受，都会有自己的观展体验。正如策展人林书传所说："对于艺术，有些懂是身体懂，有些懂是眼睛懂，有些懂是嘴巴懂。"城市美术馆或许会满足城市人的精神需要，但村民们同样需要一个机会从忙碌的日常生活中短暂抽离。哪怕只是在参观的过程中曾有那么一个瞬间，静静地在作品前驻足站一会，有些许关于美的体验和感受生发，都已实现美术馆开办的初衷。

## 关于未来，润物细无声

除了当代、前卫的艺术展览，美术馆也做了很多其他类型展览的尝试。有当代大写意花鸟画艺术家郑正老先生的"田园寄情"书画艺术展，也有集合了全国传统八大美术学院与其他四所综合性大学美术学院作品的"学院光谱"师生艺术联展。对于练塘居民与外来游客来说，能够在可·美术馆里获得的文化体验是综合性的，而在互动中，美术馆也发现除了新颖的现代性的内容，很多传统的中国画也同样受当地居民们的欢迎。

馆内一隅

在与观众的互动中实现教育职能是美术馆的一个重要功能，如何在乡村美术馆的定位下，更全面地行使美术馆的职能，是美术馆未来发展所要思考的。美术馆理事长杨明辉博士介绍说，展览只是美术馆的一部分，未来馆里还会结合"三色练塘"做更多有关于练塘特色的展示，如练塘记忆馆、伟大革命家陈云的图书展，"来参观的游客不仅能看到现代的艺术品，还有当地特色的一些东西"。

针对美术馆与农田相结合的特点，馆里还为小朋友们设计了不少集教育与趣味于一体的活动。可·美术馆多次开展中国画主题的实践项目，对中小学美术的国画专题进行讲解，同时还组织美术教师们体验瓷上绘画，以此来丰富日常教学形式。

馆内还在开发农事课程，通过利用美术馆周围的农田资源，让小朋友有机会参与农事活动，在亲身尝试中增加对农事的了解，培养兴趣。

建筑对于周围人的影响是潜移默化的，正如美术馆带来的影响，润物细无声。从"可·美术馆"开设至今，当地的村民们已经慢慢发生了变化，从一开始的好奇，到只要有空了、闲下来，就愿意带着老人孩子一起走进去看一会。看不看得懂是其次，但都已明显地被吸引，想要主动地接触这些有关美的体验。可·美术馆就立在那田间，哪怕只是去下地前路过远远地看上那么一眼，都已慢慢地成为了村民们心里一个美的标签。

乡村需要美术馆。可·美术馆将好的艺术品带到乡村，让缺少机会进入都市和国外美术馆的民众们能够增长见识，同时也借助这个场馆思考与探索，在城市发展中如何满足居民精神生活需要的命题。"最美乡村美术馆"的形态不是它最初的建造者决定的，而是由艺术家、场馆工作人员和村民们一起在一次次的互动中所构建的，它有着艺术的美感，更因美术馆与周边环境的结合、所承载的文化态度和教育价值而增添了更多的美感，更具生命力。

**通过声音，更了解绿色青浦**

**图书在版编目(CIP)数据**

寻·青浦/上海市青浦区农业农村委员会,上海市
青浦区文化和旅游局编. —上海:上海人民出版社,
2019
ISBN 978 - 7 - 208 - 16200 - 6

Ⅰ.①寻…　Ⅱ.①上…　②上…　Ⅲ.①农业-传统文
化-介绍-青浦区　Ⅳ.①F329.513

中国版本图书馆 CIP 数据核字(2019)第 282452 号

**责任编辑**　夏红梅　史尚华
**封面设计**　一本好书

**寻·青浦**

上海市青浦区农业农村委员会
上海市青浦区文化和旅游局 编

| 出　　版 | 上海人民出版社 |
|---|---|
| | (200001　上海福建中路 193 号) |
| 发　　行 | 上海人民出版社发行中心 |
| 印　　刷 | 江苏凤凰数码印务有限公司 |
| 开　　本 | 787×1092　1/16 |
| 印　　张 | 17.75 |
| 插　　页 | 3 |
| 字　　数 | 273,000 |
| 版　　次 | 2019 年 12 月第 1 版 |
| 印　　次 | 2019 年 12 月第 1 次印刷 |

ISBN 978 - 7 - 208 - 16200 - 6/F · 2617

| 定　　价 | 68.00 元 |
|---|---|